COMMENT REGARDER UN MATCH DE FOOT ?

LES CLÉS DU JEU DÉCRYPTÉES

ISBN : 978-2-263-07168-3

Code éditeur : S07168/08

Dépôt légal : février 2016

Retrouvez-nous sur www.solar.fr

Solar | un département **place des éditeurs**

place
des
éditeurs

COMMENT REGARDER UN MATCH DE FOOT ?

LES CLÉS DU JEU DÉCRYPTÉES

Raphaël COSMIDIS | Gilles JUAN | Christophe KUCHLY | Julien MOMONT

La rédaction de ce livre s'est achevée en décembre 2015. Zidane n'était pas encore entraîneur du Real Madrid, Bielsa n'était toujours pas sélectionneur du Mexique, Furlan venait d'être remercié par le président troyen. Que s'est-il passé entre le point final mis au manuscrit et le moment de la parution ? Quels auront été les ravages du mercato d'hiver ? Zidane est-il toujours sur le banc des Merengues ? Nous espérons que l'instabilité du monde du football n'aura pas rendu obsolètes certaines informations contenues dans l'ouvrage.

PRÉFACE
DE CHRISTIAN GOURCUFF

Les sports collectifs, et notamment le football, ont beaucoup évolué depuis une trentaine d'années, et l'aspect tactique est devenu une composante primordiale du jeu. La tactique, c'est l'art de coordonner l'action de chaque joueur afin d'atteindre un objectif, objectif de jeu avant celui de résultat. La « philosophie », ou plus simplement la conception du sport, induit des principes de jeu qui se traduisent par des choix tactiques qui mettent en application ces principes. L'équipe doit être « une » : unité de pensée d'abord, puis unité d'action dans laquelle chaque joueur connaît son rôle et celui de ses partenaires pour une harmonie et une efficacité maximales.

Le jeu est séquencé en phases (la dualité phase offensive et phase défensive est la plus basique) qui sont des repères collectifs sur l'action à mener (replacement, pressing, attaque rapide, remontée du ballon…). L'équipe devient alors un « système » complexe, vivant d'interactions cohérentes suivant l'évolution constante des situations de jeu. La tactique dépasse très largement le choix d'un dispositif (4-2-3-1, 4-3-3, 4-4-2...), comme le grand public le conçoit trop souvent.

Quand on s'intéresse à l'évolution du football, on est passé du WM[1], où le jeu se résumait à une succession de « duels », dans lequel le défenseur se contentait de défendre et l'attaquant d'attaquer, à un jeu où l'espace est considérablement réduit, avec une notion de bloc-équipe dont la densité permet la relation entre chacun des joueurs et une participation constante à l'action. Le 4-2-4 hongrois puis brésilien, qui se distinguait par un décrochage d'un ailier (Mario Zagallo) au milieu, a été une première étape dans la construction d'un jeu plus collectif, avec une réduction des espaces entre les joueurs ; les Pays-Bas (puis le Dynamo Kiev), avec un pressing tout terrain axé sur une grande débauche d'énergie, ont apporté une vision plus dynamique du jeu ; Arrigo Sacchi, avec l'AC Milan, a fait la synthèse, en théorisant la défense de zone et en organisant de façon rationnelle le pressing ; le Barça de Guardiola a lui « anobli » la possession de balle de façon spectaculaire.

On est passé d'une idée empirique des aspects tactiques, lorsque le joueur a baigné dans cette idée du jeu, à une structuration des principes, par un découpage séquentiel du jeu, rendu nécessaire compte tenu

---

1. Voir, p. 457, le lexique en fin d'ouvrage.

de la mondialisation, avec des transferts de joueurs de plus en plus fréquents et rapides. Il y a encore trente ans, chaque football avait un style identitaire : le Brésil, l'Argentine, l'Italie, l'Angleterre, l'Allemagne et même la France. Aujourd'hui, à part l'Espagne, sous l'influence barcelonaise, et à un degré moindre l'Allemagne, aucun football n'a de véritables attributs identitaires.

Les caractéristiques d'une sélection nationale sont surtout l'émanation de la culture des joueurs acquise en formation ou dans leurs clubs (souvent étrangers). Le peu de temps de préparation disponible rend plus difficile l'acquisition des principes tactiques, même si l'exemple de la sélection chilienne montre qu'un minimum d'investissement dans le temps permet de construire un style propre.

La tactique doit être un code dans la microsociété qu'est l'équipe. Elle ne se réduit pas à des actions stratégiques ponctuelles sur un match mais doit faire émerger une intelligence collective qui favorise la créativité, critère essentiel de l'efficacité, et lui confère une véritable identité.

Christian Gourcuff

INTRODUCTION

« Tout le succès d'une opération
réside dans sa préparation. »

Sun Tzu, *L'Art de la guerre*

On se moque volontiers des tacticiens, au prétexte qu'ils oublieraient l'essentiel. Ils feraient abstraction de la dimension psychologique de la confrontation, de la motivation des équipes, de l'état de forme des joueurs, des coups d'éclat des stars pour réduire les matchs à des questions logiques. On les accuse de trop intellectualiser, de confondre ce jeu trop humain qu'est le football avec une partie d'échecs. On leur reproche de simplifier abusivement, en faisant du footballeur une pièce qu'un entraîneur déplace sur des cases, alors qu'il est avant tout un joueur plus ou moins technique et physique, qu'il faut prioritairement motiver avant le coup d'envoi et bouger à la mi-temps. On sépare d'ailleurs les entraîneurs qui insistent d'abord sur les vertus mentales et les stratèges. « Le meneur d'hommes, c'est celui qui va convaincre, entraîner, fédérer, détaille Stéphane Moulin, entraîneur d'Angers, qui nous a reçus pour parler tactique. On peut être meneur d'hommes à un moment de sa carrière et changer après. Un meneur d'hommes va s'appuyer essentiellement sur des valeurs mentales, sur l'aspect psychologique, motivationnel. Le tacticien va plus s'intéresser à la méthode employée, à la stratégie utilisée sur un moment donné. Je pense qu'il faut les deux. L'un est complémentaire de l'autre. L'aspect tactique, sans les valeurs mentales, n'est pas suffisant. Le plan de jeu, la manière de s'y prendre n'ont d'intérêt que si l'on y met aussi tous les ingrédients qui vont avec. » « Tu ne peux pas être entraîneur de première division si tu n'es pas meneur d'hommes, comme tu ne peux pas être entraîneur de première division si tu n'es pas tacticien, nous précise Élie Baup, ancien entraîneur de Saint-Étienne, Bordeaux (champion de France en 1999), Toulouse, Nantes et Marseille (vice-champion de France 2013). Ça fait partie de l'essence même du métier. Rolland Courbis, par exemple, pour le connaître, il est à la fois meneur d'hommes et tacticien. On ne peut pas dire que ce n'est pas un tacticien. Christian Gourcuff, quelque part, il est aussi meneur d'hommes. »

Aucun tacticien n'est aussi stupide et ignorant au point de limiter exclusivement un match de foot à ses enjeux tactiques. L'analyse tactique n'est ni le premier facteur explicatif à rentrer en ligne de compte (le foot, c'est d'abord taper dans un ballon), ni le seul (la tactique n'explique jamais tout). Se demander « comment regarder un match de foot » ne consiste donc pas à remplacer une façon de voir par une autre, qui serait tactique. Il s'agit plutôt de présenter des témoignages, des références historiques, des définitions, en un mot des repères, pour regarder un match aussi comme une opposition tactique. « Le football est un tout, professe l'ancien entraîneur toulousain Alain Casanova. Il faut le considérer comme un ensemble dynamique et interpénétré. Tout ce que nous mettons en place ne tend qu'à un seul objectif : donner à l'équipe les moyens de gagner en permettant à tous les joueurs de lire le jeu de la même manière. » « L'aspect tactique entre en compte à tous les instants du match, on n'en sort quasiment pas, reprend Stéphane Moulin. Mais pour moi, l'aspect tactique a vraiment une valeur s'il est accompagné de toutes les valeurs qui font les sports collectifs. L'aspect tactique, si c'est simplement pour dire : "On coulisse, on coulisse !", mais qu'on ne met jamais d'agressivité, cela n'a pas de sens, pas d'efficacité. Tout l'aspect tactique, tout l'aspect du jeu n'a de valeur que s'il y a de l'efficacité au bout. S'il n'y a pas d'efficacité, cela ne m'intéresse pas. »

On se moque volontiers des tacticiens, mais aucune chaîne de télévision n'a encore trouvé, pour présenter les matchs de foot, autre chose que la composition des équipes et la disposition sur le terrain. Avant que la bataille ne commence, avant les hymnes, avant les gros plans sur les gueules concentrées, on présente les forces en présence dans leur disposition de combat. La lutte sur le rectangle vert est préalablement dessinée sur un tableau noir.

Le champ lexical utilisé, on l'aura remarqué, appartient au registre militaire. « Le match est une guerre tactique », disait même le technicien uruguayen Pablo Correa (Nancy, Évian Thonon-Gaillard) en 2006. De fait, le mot « tactique » lui-même appartient au vocabulaire de l'armée. La politique fixe les buts et fournit les moyens de les remplir ; la stratégie s'applique à traduire les intentions politiques en conduite militaire concrète ; la tactique, enfin, se met en place sur un secteur du front. La tactique, cette « action coordonnée entre plusieurs joueurs par laquelle on cherche à atteindre un objectif donné », *dixit* Carlo Ancelotti, est donc localisée, elle règle le conflit concret. Par analogie, le président du club fixe les objectifs ; la stratégie tente de les réaliser, par exemple en sacrifiant la Coupe d'Europe au profit d'un championnat où l'on veut bien figurer pour se qualifier en Coupe d'Europe, ou en imprimant telle ou telle philosophie de jeu, ou bien, autre exemple à plus long terme, en misant sur le développement d'un centre de formation ; la tactique, enfin, consiste à disposer une équipe et à organiser les déplacements lors du match, l'opposition concrète dans le stade. « D'un point de vue collectif, la tactique, c'est avoir la même idée au même moment selon des principes définis en amont », précise Stéphane Moulin.

« Les livres peuvent dire beaucoup de choses, mais un entraîneur doit avoir ses propres concepts et, pour moi, ça s'appelle la "stratégie" ou "stratégie de jeu", enseigne le sélectionneur uruguayen Óscar Tabárez, dans le onzième numéro du trimestriel britannique *The Blizzard*. Pour moi, la stratégie de jeu est la manière de jouer idéale, comment vous voulez que votre équipe évolue. La tactique entre en ligne de compte quand il y a un adversaire, mais souvent, vous entraînez votre équipe sans savoir quand la compétition commencera ou qui sera votre adversaire. Dans ces moments-là, vous travaillez sur la stratégie de jeu, qui est un idéal, quelque chose d'inaltérable, avec des fondements techniques, tactiques et psychologiques. La tactique mise en place avant un match sera toujours basée sur cette philosophie de jeu que vous prêchez depuis longtemps et qui est la pierre angulaire de tout ce qui est travaillé ensuite sur le terrain. » Cet ouvrage abordera tous ces points : à la fois les grands principes de jeu des entraîneurs et leurs choix plus conjoncturels pour des matchs précis, leurs adaptations aux adversaires et aux circonstances principalement. « La tactique, c'est comment résoudre le problème de l'adversaire, par une organisation de jeu qui va permettre de marquer des buts, confie Élie Baup. Il y a ceux pour qui la première des idées est de gêner le jeu des adversaires pour ne pas perdre. Mais ce n'est pas l'idée première d'un entraîneur. L'idée première d'un entraîneur, en termes tactiques, de stratégie de jeu, c'est de savoir comment on peut faire pour gagner un match face à un adversaire qui, lui aussi, a une stratégie. »

On se moque volontiers des tacticiens, au prétexte qu'ils ont une approche trop intello et trop abstraite – mais c'est tout le contraire ! Les tacticiens savent que donner un « poste » à un joueur, le ranger quelque part sur le terrain, commander son attitude face aux adversaires est loin d'être une question théorique. C'est une utilisation concrète des compétences d'un joueur dans le but, pas du tout théorique, de les optimiser. « Le but de la tactique, c'est d'accomplir cet effet multiplicateur sur les capacités des joueurs », disait le stratège italien Arrigo Sacchi. C'est une volonté lucide de quadriller un terrain beaucoup trop grand pour onze joueurs. C'est un effort quotidien pour créer les fameux « automatismes ». Et si c'est bien d'une sorte de guerre qu'il s'agit, le tacticien sait qu'elle est, elle aussi, psychologique : il va falloir, par le choix d'un mode de jeu, faire craquer la défense de l'adversaire et résister à ses assauts en retour. « Le football est plein d'inattendus, résume Óscar Tabárez. Vous ne pouvez pas seulement juger le résultat final pour comprendre ce qui s'est passé. »

Ce livre a pour objectif d'aider le lecteur à regarder cela : la vie des systèmes de jeu sur un terrain de foot. Les fans sont d'ailleurs de plus en plus nombreux à se régaler en les décortiquant pendant les rencontres. Le jeu vidéo en donne des exemples criants. Le succès, depuis plus d'une dizaine d'années, des simulations d'entraîneurs, comme le temps passé par les joueurs à composer leur équipe avant de passer au match dans les jeux traditionnels (dont certains proposent de distinguer les compositions en phase d'attaque et de défense) prouvent le plaisir qu'il y a à prendre la place non plus seulement du buteur spontané, du technicien habile ou du défenseur accrocheur, mais de l'entraîneur, du chef d'orchestre – du tacticien.

Parallèlement, les ouvrages, les blogs, les hors-séries de magazines, les « influents » des réseaux sociaux qui se spécialisent dans l'approche tactique sont de plus en plus nombreux. Ceux à qui les présidents de club remettent les clés de la tactique, les entraîneurs, sont de leur côté devenus des personnages médiatiques, voire des stars. Ainsi se moque-t-on volontiers des spectateurs férus de tactique, qui excluent soi-disant de leurs analyses la transpiration du maillot et la chaleur du vestiaire. Mais qui oserait contester que les choix tactiques des Marcelo Bielsa, Pep Guardiola, José Mourinho, Rafael Benítez et consorts ne sont pas des positions purement rationnelles, mais reflètent en partie leur personnalité ? La France compterait soixante-six millions de sélectionneurs. Ce livre est écrit pour que chacun, exprimant sa personnalité, le fasse aussi en mobilisant une culture tactique.

La démocratisation de la « data » a elle aussi participé au développement de l'intérêt pour la tactique. La multiplication des analystes, l'accès facilité aux données aussi précises que diversifiées, n'est sans doute pas une chose tactique par définition (la donnée qui chiffre la proportion de frappes cadrées de tel joueur ne renseigne pas sur la tactique), mais la multiplication de ces données a permis un aperçu de plus en plus précis et quantifiable de ce qui se passe sur le terrain. Sous l'influence du journalisme américain notamment, à l'image du site Internet FiveThirtyEight, les médias ont trouvé dans la prolifération de la data des outils pour donner à l'analyse une nouvelle consistance, une légitimité accrue par ces informations, des reflets synthétiques et mesurables d'éléments objectifs. La tactique est directement concernée, des choix des entraîneurs aux remarques des commentateurs, qui disposent désormais de multiples indicateurs (distances parcourues, nombre moyen de passes, de centres, position moyenne des joueurs sur le terrain…). « Les statistiques sont la conséquence de ce qu'il s'est passé, nuance Stéphane Moulin. Comme on ne parle que de ça, on ne retient que la possession de balle, le nombre de tirs, de hors-jeu, mais moi je m'en fous de tout ça ! L'important, c'est comment on a fait pour y arriver. » Ces données n'expliquent donc pas tout, mais elles constituent un bon complément pour une analyse plus approfondie des mécanismes mis en place, comme le confirme Rafael Benítez : « La chose à laquelle je me fie avant tout, c'est mon ressenti, ce que j'ai vu. C'est seulement après que je confronte ça aux données statistiques. »

En bref, chacun sent bien désormais, compte tenu de la démocratisation de cet angle d'analyse, que les matchs de foot sont tous « très tactiques », et pas seulement ceux qui sont fermés (et potentiellement pénibles). Trouver un système dans lequel Lionel Messi court là où il le veut (ou ne court pas) n'est pas moins « tactique » que le *catenaccio*. Il s'agit dès lors de donner au lecteur les outils pour motiver et faciliter l'observation fine des matchs et de leurs clés tactiques. Regarder les dispositifs, les alignements, les dédoublements, les débordements, les replacements, les marquages, les appels. Considérer les révolutions qui peuvent concerner tous les postes, et observer cela en ayant conscience des vertus et des limites de chaque option, grâce à l'analyse des modèles forgés par l'histoire du football, en prenant exemple sur les témoignages des premiers concernés, les entraîneurs, tout en pointant précisément les grandes évolutions de l'histoire de la tactique. « Pour moi, la tactique veut simplement dire "Comment ?", expose Andy Roxburgh, directeur technique de la confédération asiatique, dans *The Blizzard*. Est-ce qu'un joueur sait comment récupérer rapidement le ballon, comment presser dans des zones avancées ? Sait-il comment utiliser les angles ? Comment opérera-t-il dans un certain contexte ou situation ? L'un des dons des meilleurs entraîneurs modernes, c'est leur capacité à poser des questions. » Discerner également des variantes en fonction des pays : la chose tactique ne jouit pas de la même considération partout. « Il n'y a pas [en Angleterre] le même appétit (dans les médias) pour la tactique qu'en Italie ou en Espagne, observe Rafael Benítez. Je devais davantage évoquer la passion, l'investissement, les joueurs. En Italie c'est : système, système, système. »

En somme, il s'agira de guider le lecteur pour que, devant chaque match, il puisse répondre à la question : « Comment le terrain est-il occupé ? » Et ce, en ayant conscience des implications éventuelles de chacun des choix des entraîneurs, que l'on ne connaît pas a priori et dont on n'a toujours qu'une idée partielle a posteriori. L'observation hors stade n'est certes ni facile ni favorisée : la télévision préfère les gros plans qui magnifient la technique et l'exploit individuel ; elle laisse volontiers hors champ le travail que cet individu fait en relation avec ses partenaires et avec l'adversaire, quand il n'a pas le ballon, notamment. Il s'agira donc de résister un peu à cette attirance bien naturelle pour la balle au pied et de se focaliser sur les trajectoires, les mouvements d'équipe, les esprits d'équipe concrétisés par telle ou telle option tactique (balle au pied aussi, évidemment, mais sans faire de hiérarchie qui dénigrerait le jeu sans ballon) – se focaliser sur ce que la télévision n'a pas complètement mis de côté, soyons honnêtes ; elle évacue le plan d'ensemble pour le direct, mais elle y consacre aussi de plus en plus d'émissions, à l'image de la récente « Data Room » sur Canal+. « Je regarde les systèmes, l'organisation », témoigne Stéphane Moulin, qui s'autorise parfois, aussi, à regarder un match comme simple spectateur, pour le plaisir, et non plus exclusivement comme un professionnel. « Je me dis toujours : "Qu'est-ce que le coach leur a demandé ?"

J'aime bien lire les réactions des entraîneurs, pour vérifier que si ce que j'avais vu correspond à ce qu'ils avaient demandé, sur deux-trois idées marquantes. C'est enrichissant. » À condition que les questions d'après-match des journalistes soient orientées sur la compréhension du processus qui a mené au résultat plutôt qu'à des détails superficiels, ce qui n'est généralement pas le cas. « Ça ne me gêne pas d'expliquer, y compris quand cela ne marche pas, reprend l'entraîneur d'Angers. On ne va pas jouer à Marseille comme à Ajaccio. On ne s'y prend pas de la même manière, et tout ça est intéressant. C'est l'essence même de notre métier. Mais on répond aux questions que l'on nous pose, et si l'on nous pose des questions superficielles, on donne des réponses superficielles. C'est peut-être ce qui intéresse le plus de monde... Le foot reste un sport populaire, et on nous demande si on est content d'avoir gagné. Ben oui, je suis content d'avoir gagné... »

Il s'agit d'aider à observer autant que possible la tactique, donc, mais aussi de la juger. Pas seulement comprendre : apprécier, contester, évaluer. Car en formulant des repères pour guider le jugement de ce qui se joue tactiquement sur un terrain, en alimentant l'ouvrage de portraits, de citations, de schémas, il n'est pas tant question de dresser un bilan – puisque la tactique ne cesse de se réinventer – ou de prescrire autoritairement quelque choix que ce soit – puisque chacun ses goûts, et tous ont déjà gagné à un moment ou à un autre dans l'histoire – que de donner la possibilité au lecteur de participer aux polémiques, de se prononcer sur les révolutions ou les classicismes, d'argumenter pour afficher ses préférences, ses lubies, ses idées. « Il n'y a pas de football parfait », récapitule Pep Guardiola. Il y a ceux pour qui le résultat prime partout et toujours sur la manière : le sélectionneur de l'équipe de France, Didier Deschamps (« Pour moi, le plaisir ne peut exister qu'avec le succès ») ; l'Argentin Carlos Bilardo, champion du monde 1986 (« Ce qui compte dans le football, c'est gagner et rien d'autre ») ; Carlo Ancelotti (« Ceux qui disent qu'ils ont bien joué alors qu'ils ont perdu ont tort. La défaite, c'est une sanction ») ; Pablo Correa (« Si tu veux du spectacle, va au cirque ») et bien d'autres. D'autres pour qui le résultat est magnifié par la manière de l'obtenir, et Guardiola, alors sur le banc du FC Barcelone B, ne disait rien d'autre dans sa chronique pour le quotidien espagnol *El País*, en 2007 : « À Barcelone on concède que l'on puisse gagner de mille manières. Toutes valides. Toutes utiles. Il en faudrait encore d'autres. Mais, à Barcelone, on pense aussi qu'on ne peut gagner et continuer de gagner d'une manière qui ne ferait pas vibrer. » « Dans le foot, il y a la place pour ceux qui gagnent 1-0 et pour ceux qui l'emportent 5-0, synthétise dans *L'Équipe* René Girard, champion de France surprise avec Montpellier en 2012 et critiqué, à tort ou à raison, pour un style jugé défensif. Pour ceux qui ne prennent pas de buts et ceux qui en marquent beaucoup. Je ne suis pas raciste. C'est quoi le spectacle ? Uniquement les buts ? »

En d'autres termes, les auteurs savent que l'on moque encore volontiers les tacticiens, sous prétexte que leur approche du match est prétendument froide, à l'opposé de la chaleur de l'Ultra en virage. Mais en vérité, ce livre est écrit par une équipe qui a le goût de la tactique, donc parfaitement placée pour savoir que le tacticien est lui aussi, avant toute chose, un fan de foot, un supporter. Comment regarder un match de foot ? En continuant à gueuler et à s'engueuler, à encourager ou à se décourager, à vibrer ou à s'ennuyer – mais en le faisant aussi pour des raisons qui appartiennent à la tactique.

LES SYSTÈMES DE JEU

« Au début, c'était le chaos et le football n'avait pas de forme. » C'est par ces mots que le journaliste anglais Jonathan Wilson débute sa passionnante analyse historique de l'évolution des schémas tactiques, dans son ouvrage *Inverting the Pyramid*. Lorsque le football prend son envol, à la fin du XIXe siècle, les formations au sens moderne du terme n'existaient pas, même si « on reconnaissait que l'arrangement des joueurs sur le terrain faisait une différence significative dans la manière dont le jeu était joué. [...] S'il y avait une formation, elle aurait probablement été classée comme deux ou trois derrière, neuf ou huit devant ». À l'époque, la répartition des rôles n'était pas aussi poussée qu'aujourd'hui, et le football n'avait pas encore subi près d'un siècle et demi de réflexions logiques, visant à optimiser les approches et organisations tactiques.

C'est à partir des années 1870 que Jonathan Wilson discerne les premiers systèmes « à trois lignes », les standards modernes. La première rencontre internationale entre l'Écosse et l'Angleterre, le 30 novembre 1872, aurait ainsi opposé un 2-2-6 à un 1-2-7 (cet acte de naissance de la tactique se solda par un 0-0). L'apparition de la fameuse pyramide daterait, elle, de la décennie suivante, avec le système qui sera la norme pendant plusieurs décennies : le 2-3-5. De ce 2-3-5 généralisé au début du siècle dernier jusqu'à l'inversion en 5-3-2, en passant par le WM (le W représente la forme des cinq joueurs offensifs, le M des cinq défensifs, dans ce qu'on appellerait aujourd'hui un 3-2-2-3), le 4-2-4 ou le 4-3-3, toutes les organisations cohérentes et équilibrées semblent avoir été passées en revue, consacrant globalement l'équilibre et la solidité défensive. La professionnalisation du sport, l'exacerbation de ses enjeux et une approche de plus en plus théorique ont aboli le chaos relatif des débuts pour tendre vers un quadrillage lucide du terrain. « Le 4-4-2, pour moi, c'est l'organisation, nuance d'emblée Raynald Denoueix. Pour tous, c'est la tactique. Surtout pas ! Ce qui est tactique, pour moi, c'est de prendre des informations, de les analyser et de décider. Une fois qu'on est organisé, le joueur, à chaque seconde, va décider sur le terrain en fonction des références qu'on lui aura données. » « Le système, c'est la position des footballeurs, et la tactique, ce sont leurs mouvements sur un terrain, acquiesce Rafael Benítez (Valence, Liverpool, Inter, Chelsea, Naples, Real Madrid). Si tu ne sais pas occuper l'espace, le restreindre ou le conquérir, le système ne sert à rien. » Cet objectif est le premier enjeu majeur : comment disposer ses forces pour optimiser l'occupation de l'espace de jeu ?

Cette question rejoint celle de l'épuisement des possibilités schématiques. « Nous sommes la génération d'entraîneurs qui utilise les vieilles formations ; nous n'en inventons pas de nouvelles », affirmait ainsi Arsène Wenger, technicien pourtant tout sauf conservateur, notamment dans son utilisation pionnière de la data. « Je ne vois pas beaucoup d'évolution [dans le jeu], affirmait même Francis Gillot, ancien entraîneur du RC Lens, du FC Sochaux et des Girondins de Bordeaux, dans *La Voix des Sports*, en 2014. Aujourd'hui, on est en 4-4-2, en 4-3-3. Ce n'est plus comme quand on inventait le WM. Le 3-5-2 sortait un peu de l'ordinaire, mais il devient assez commun aussi. » Si l'on s'en tient strictement aux systèmes numériques, ces fameux schémas que l'on associe au tableau noir, il est en effet très improbable de voir apparaître, aujourd'hui, une formation inédite au coup d'envoi d'une rencontre.

On remarque, de plus, une certaine tendance des entraîneurs à adopter des schémas qui fonctionnent chez les autres. Les succès du FC Barcelone ont conduit à une généralisation des systèmes à trois milieux axiaux, 4-3-3 et 4-2-3-1, devenus dominants. En France, récemment, les expériences plutôt réussies de Lille avec René Girard et de Lyon avec Rémi Garde en 4-4-2 en losange ont conduit à répandre un système auparavant très rare de ce côté-ci des Alpes, alors qu'il est très prisé des techniciens italiens.

« Quand des équipes parviennent à bien utiliser une tactique, cela donne des idées à d'autres entraîneurs, opine Éric Carrière, ancien milieu international du FC Nantes et de l'Olympique Lyonnais, consultant pour Canal+. C'est un peu ça qui donne le ton. Comme l'ancienne mode du 4-4-2 avec deux meneurs excentrés, à l'image de Bordeaux en 1999 avec Johan Micoud et Ali Benarbia sur les côtés. »

Lyon 0-2 AS Roma – Ligue des champions 2007

Mais parfois, un entraîneur n'a pas vraiment le choix. Il doit s'adapter à des éléments qu'il ne peut totalement contrôler. Ce fut le cas de l'Italien Luciano

Spalletti sur le banc de l'AS Roma, lors de la saison 2006-2007. Son schéma préférentiel était un 4-2-3-1 classique, avec Francesco Totti, le joueur emblématique du club de la louve, en *trequartista* (voir *Lexique*), c'est-à-dire en soutien de l'avant-centre. Mais lorsqu'une hécatombe de blessures frappa ses attaquants, Spalletti n'eut d'autre choix que de le faire monter d'un cran. Mais, et encore aujourd'hui à 39 ans, Totti ne jouera évidemment jamais comme un avant-centre traditionnel. Ce n'est pas son jeu. Il décroche, se déplace librement, participe à la construction des actions. Le fameux 4-6-0, schéma sans véritable attaquant de pointe et aux six milieux de terrain, était né.

« Au début, il était perplexe, mais je l'avais bien observé, s'est souvenu Spalletti dans une interview accordée à *So Foot*. Il sait où sont les cages, même dos au but. On dirait qu'il a un radar. Restait à le convaincre. Totti, contrairement à ce qu'on croit, c'est un bosseur qui est prêt à beaucoup de choses pour l'équipe. Je savais qu'il se prêterait au jeu. C'était un pari, mais ça a fonctionné. » Et pour cause : Totti inscrira cette saison-là 26 buts en 35 rencontres de Serie A, le meilleur total de sa carrière. Mais ce n'était donc même pas une invention choisie, sinon une invention subie. Une adaptation aux contraintes posées à un instant T, ce qui est somme toute un bon résumé du rôle d'un entraîneur.

Luciano Spalletti a ainsi lancé les bases du « football sans attaquant », même si l'expression est volontairement provocatrice et caricaturale. Dans son sillage,

Pep Guardiola est allé encore plus loin, un soir de décembre 2011, avec le FC Barcelone. Face à Santos, en finale de la Coupe du monde des clubs (4-0), le technicien catalan a disposé son équipe en « 3-7-0 » une bonne partie de la rencontre, l'« avant-centre » Lionel Messi évoluant en position de faux numéro 9 *(voir Lexique)*, tandis que les Barcelonais ont fini la rencontre avec seulement trois défenseurs. La dénomination numérique est de l'entraîneur adverse, le Brésilien Muricy Ramalho, et même si Pep Guardiola l'a rejetée, elle illustre la philosophie de ce dernier, qui rêverait presque d'une équipe exclusivement composée de milieux de terrain. « Ce sont des joueurs intelligents qui doivent réfléchir à l'équipe comme un ensemble, justifiait-il à l'issue de la rencontre. Ce sont des joueurs désintéressés qui comprennent le jeu mieux que personne. »

Si ces innovations schématiques restent extrêmement rares et soumises à interprétation, il ne faut pas oublier que les règles du football ne sont pas définitivement figées et peuvent rebattre les cartes : de même que celle du hors-jeu avait nécessairement entraîné son lot d'adaptations au fil des modifications[1], peut-être le

---

1. Dans les premières lois du jeu, en 1863, un joueur était hors jeu s'il était situé devant le ballon. Trois ans plus tard, il était en jeu si trois adversaires (gardien compris) se situaient entre lui et le but. En 1873, le hors-jeu commença à être jugé au moment de la passe, et non plus de la réception du ballon. En 1907, on ne pouvait plus être signalé hors jeu dans son propre camp. À partir de 1921, il n'y eut plus de hors-jeu sur une touche. En 1925, il ne fallait plus que deux adversaires entre un joueur et le but pour qu'il soit en jeu. Sans compter les évolutions récentes sur la question du hors-jeu de position.

football réservera-t-il d'autres évolutions (exclusions ou changements de joueurs temporaires, interdiction de revenir dans sa moitié de terrain comme au basket, suppression du hors-jeu, instauration de temps morts...)[1] qui bouleverseront à l'avenir les convictions des pragmatiques comme des idéologues. « Il faut être en éveil en permanence, confie Stéphane Moulin. Ça change tellement vite... »

En attendant, qui dit rareté de systèmes inédits ne dit pas absence de nuances originales. Tous les 4-4-2 ne sont évidemment pas identiques. Les différences se font notamment à l'échelle micro-tactique (profils de joueurs, changements de position, consignes de déplacements, modifications de l'approche de jeu...) plutôt que dans l'organisation générale. « Nous n'avons toujours pas de nouvelles formations en tant que telles, mais des variations de thèmes existants qui apparaissent à travers la qualité individuelle », analysait ainsi Andy Roxburgh, ancien directeur technique de l'UEFA et sélectionneur de l'Écosse, aujourd'hui directeur technique de la confédération asiatique, dans *The Blizzard*. Chaque saison génère en définitive son lot d'innovations, de nouvelles tendances dont l'ampleur ne sera véritablement perceptible que plusieurs années plus tard. « C'est faux de dire que l'on ne peut rien inventer de nouveau dans le football, objecte d'ailleurs Antonio Conte, sélectionneur

---

1. Par le passé, l'interdiction de la passe en retrait de la tête au gardien avait été évoquée pour le Mondial 1998, comme l'interdiction du tacle ou le hors-jeu à partir des 16 derniers mètres.

de l'Italie après avoir conduit la Juventus Turin à trois titres de championne entre 2012 et 2014. Le football est en constante évolution, comme n'importe quelle autre discipline. Il faut rester constamment à jour. »

Occuper le terrain

Sur le papier, une tactique paraît rigide, figée. Les dénominations, qui servent notamment les discours journalistiques visant à donner du sens à l'observation, contribuent à cette immobilité théorique. « Il y a une obsession à créer des noms pour des choses, des étiquettes », indique ainsi Juan Manuel Lillo, l'un des mentors de Pep Guardiola. Le terme de « poste » lui-même trimballe son sens militaire : un endroit précis où l'on reste en place pour exercer une mission bien identifiée – sauf que le joueur de foot n'est pas une pièce figée, et le terrain de football n'est pas divisé en 64 cases. Aussi l'application d'un système tactique est-elle toujours dynamique (certes à différents degrés, en fonction de l'approche plus ou moins fluide adoptée par un entraîneur). « Certains vont te dire : "Moi, je suis inflexible sur le 4-4-2", d'autres qu'ils sont plus à l'aise sur un 4-2-3-1, mais tout ça, tu ne le perçois que lors de la photo aérienne prise avant le coup d'envoi, soulignait l'entraîneur argentin Mauricio Pochettino dans *So Foot*. Une fois le match démarré, ça n'a plus vraiment de valeur. » Il ne faudrait cependant pas en déduire que la disposition de l'équipe n'offre qu'un aperçu vague et superficiellement géométrique du système choisi. À un moment donné, il faut en passer par des duels concrets sur un terrain, avec un ballon entre les pieds, mais chaque duel sera précédé et préparé par des décisions relatives à l'occupation du terrain.

La tactique existe car il y a nécessité de disposer efficacement les joueurs sur un espace délimité. L'objectif : gérer, dans les meilleures conditions, toutes les situations théoriques sur le terrain. « Le football repose sur quatre fondamentaux, affirme Marcelo Bielsa. 1. la défense ; 2. l'attaque ; 3. comment tu passes de la défense à l'attaque ; 4. comment tu passes de l'attaque à la défense. » « Ce sont ces quatre phases qui font la musique du football », ajoute Élie Baup. Ajoutons en guise de précision qu'il n'est pas nécessaire d'avoir le ballon pour attaquer, comme on peut défendre en l'ayant entre les pieds. Nous y reviendrons.

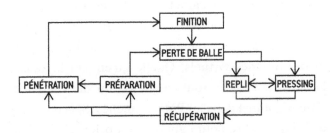

Chez certaines équipes, la forme globale reste plus ou moins la même, quelle que soit la phase de jeu. On parle alors de systèmes rigides, qui favorisent l'efficacité défensive en conservant une structure organisée, mais peinent à créer le désordre offensivement. « Une organisation à plat est facile à contrer, juge Élie Baup. La lecture défensive est facile avec seulement trois lignes en face. » « Quand tu as le ballon, si tu ne bouges pas trop, tu vas être en place tout le match, constate Raynald Denoueix. "On est en place", ça veut dire être en place pour défendre. Sauf que si tu ne veux pas être surpris, tu ne vas pas vraiment surprendre. Et si tu as deux équipes qui sont sur des schémas calqués, tactiquement, les duels sont évidents. Par contre, si un ailier n'arrête pas de rentrer, et que c'est le latéral qui monte, ça va un peu plus perturber. » Le modèle le plus pur de système rigide est sans doute celui du baby-foot dont les alignements varient toutefois d'un pays à l'autre.

Quelle tactique adopter au baby-foot ?

C'est peut-être le caractère cyclique des modes, ou bien la nostalgie, ou encore un retour de bâton après des années de délaissement des jeux tangibles au profit des mondes virtuels. Quelle qu'en soit la cause, le baby-foot est en tout cas de retour dans les bars miteux comme dans les PMU branchés. Si la question technique est toujours abordée en priorité (liée à la nature plus ou moins souple des balles), le jeu n'est jamais abordé d'un point de vue tactique. Or cette question aussi est décisive : comment jouer *tactiquement* au baby-foot ?

Assumer un système rigide

Alors que le football « normal » n'arrive toujours pas à régler certaines questions (à quel point l'arrière latéral doit-il s'autoriser à monter ? Combien de joueurs pour animer le jeu au milieu du terrain ?), les spécialistes s'accordent, au baby-foot, autour d'un 1-2-5-3 des plus précis et des plus audacieux.

Le football moderne fait du gardien un libero ; le baby-foot fait un choix à la fois plus radical et plus restreint. Plus radical, parce que le gardien n'est pas un joueur différent des autres : il lui est interdit de prendre le ballon avec les mains. La mélancolie du gardien, son accoutrement singulier (un pantalon ! une casquette !), ses passe-droits sont ignorés au baby-foot, et c'est tant mieux pour l'équité. En contrepartie, on lui demande généralement de rester sur sa ligne – ce qu'il vit avec d'autant moins de frustration qu'on lui laisse l'opportunité de mettre des grosses patates pour marquer, alors qu'au foot, on lui demande, dans le meilleur des cas, d'être seulement le premier relanceur.

Devant lui, deux défenseurs. Si l'on demande de plus en plus systématiquement aux latéraux de monter, pourquoi ne pas les laisser plus haut ? Il faut aller au bout de ses idées en leur demandant de ne plus redescendre. Le baby-foot le fait. Cela exige, en revanche, que les deux arrières centraux ne montent jamais et protègent toujours le gardien. Ils sont fort heureusement d'autant moins tentés de rejoindre la surface adverse qu'il n'y a pas de corner à reprendre de la tête. L'infériorité numérique par rapport au nombre d'attaquants adverses pose-t-elle un problème ? À l'inverse des choix d'un Marcelo Bielsa, les joueurs de baby-foot reviennent à l'origine du foot, en choisissant d'avoir toujours un joueur de moins que le nombre d'attaquants. La défense compensera de deux façons :

- en limitant les déplacements à des mouvements horizontaux, pour consacrer toute l'énergie à couvrir la largeur du terrain ;
- en renonçant à jouer le hors-jeu pour se focaliser sur un marquage en zone, avec le seul objectif de rester entre le ballon et la cage.

C'est d'ailleurs là tout le génie tactique du baby-foot, reproduit à chacune des lignes : les joueurs coulissent en bloc et gardent rigoureusement leurs distances. Quelques vrais joueurs, isolés (Alou Diarra au centre du terrain, Bafétimbi Gomis le long de la ligne du hors-jeu, malheureusement trop imaginaire pour qu'il la situe bien), ont certes essayé de réduire leurs déplacements à l'horizontalité, mais si toute l'équipe ne le fait pas, ça ne sert à rien.

Un jeu entre les lignes

Les manipulateurs de baby-foot ont généralement compris, eux, qu'un terrain est moins large que long, et qu'en faisant courir les joueurs dans le sens de la largeur, sur trois lignes distinctes, on optimisait les dépenses d'énergie de chacun, à la fois pour porter le danger par les passes et contrer l'adversaire. La bonne densité au milieu du terrain va dans ce sens : c'est un peu plat, mais on ne pourra pas reprocher aux joueurs de tout faire pour que le ballon ne passe pas. D'ailleurs, l'adversaire renonce généralement à dribbler.

Tout cela manque un peu de variété ? Sans doute. Il n'y a pas vraiment de complémentarité des rôles en fonction des postes : tous, sur chaque ligne, ont la même fonction. Y compris devant, où l'on pourrait dire, à la rigueur, que le joueur dans l'axe doit être meilleur finisseur, mais rien n'est moins sûr, surtout dans les tournois officiels, où les pissettes (but avec l'ailier droit) sont autorisées.

Mais il faut estimer la recherche permanente du jeu entre les lignes. Le choix tactique au baby-foot mise tout sur le démarquage, permettant à chaque joueur à la fois d'être disponible pour recevoir le ballon et d'avoir le temps de le contrôler, de lever la tête et de prendre la bonne décision – notamment celle de mettre son pied sur le ballon et de défier l'adversaire direct. Quand on n'a pas le ballon, on fait le choix d'un pressing à la fois mesuré (on ne se jette pas) et intense (on veut rester coûte que coûte sur la trajectoire anticipée du ballon).

Les avantages du système de jeu mis en place au baby-foot sont d'ailleurs tels que, généralement, l'adversaire est contraint d'adopter un système, mais aussi une animation parfaitement symétriques s'il veut avoir une chance de résister.

À l'autre extrémité, les formations choisies par Pep Guardiola au Bayern Munich sont parfois ardues à déchiffrer, tant le technicien catalan prône ce que l'on pourrait appeler un « chaos organisé ». Les postes ne sont plus fixes, ils évoluent constamment en fonction de la situation de jeu, du placement de l'adversaire comme des coéquipiers. Le système est un repère de base, les possibilités d'interprétation sont multiples, les mouvements incessants, le cadre s'estompe derrière les permutations, dézonages, décrochages et couvertures. L'organisation n'est jamais la même en phase défensive ou offensive ; de quoi compliquer la tâche des observateurs, privés d'informations précieuses permettant de déterminer ce qui est du ressort de la liberté individuelle et ce qui est issu de consignes tactiques spécifiques. « D'abord, je regarde comment les deux équipes sont organisées, j'ai besoin de le savoir, témoigne Raynald Denoueix, désormais presque entraîneur par procuration, souvent avec les équipes de Pep Guardiola. C'est bien de savoir comment elles sont organisées, comme ça je peux jouer avec elles, je vois comment elles fonctionnent. C'est un ensemble complexe, il faut voir comment ça marche. J'espère voir des combinaisons… Je ne peux pas le regarder distraitement. » « Dès qu'on tombe sur le Bayern, ça interpelle, nous confie Guy Lacombe. On est allés voir Guardiola (avec les entraîneurs stagiaires du BEPF) et on lui a demandé s'il ferait pareil avec une équipe moyenne. Il a répondu : "Oui, j'aurais la même philosophie." »

Comme le 24 octobre 2015, contre Cologne (4-0), en Bundesliga. Ce jour-là, le 4-1-4-1 de base bavarois se transforme en 2-3-5 en phase d'attaque, ressuscitant ainsi le rôle oublié d'inter (attaquant en retrait dans un WM, l'un axe gauche et l'autre axe droit), tandis que les latéraux Philipp Lahm et Rafinha se positionnent dans l'entrejeu en phase de possession. Comme un retour au premier schéma clairement organisé de l'histoire du foot. La boucle est bouclée. « C'était très intéressant, avec les latéraux qui sont venus se mettre au milieu, analyse Raynald Denoueix. Comme les autres étaient en 5-4-1, ils sont restés à deux derrière. Alaba et Lahm sont venus comme deux milieux devant les deux centraux. Mais on dépend des joueurs, et tout le monde n'a pas ce type de joueurs. Tout le monde n'a pas les joueurs qu'avait Guardiola pendant sa période Barça. Mais Guardiola a son idée, et il va au bout du bout. Il se fait critiquer. Parfois il a fait faire des trucs à ces joueurs, il faut que ça fonctionne là-haut [dans la tête]. Parce que lui, ce sont des changements de position pendant l'action. Ça veut dire qu'on n'arrête pas de s'organiser différemment en fonction d'où on a le ballon. »

« J'aime la manière dont il pense le football et sa flexibilité tactique signifie qu'on a joué dans plusieurs systèmes, confiait l'ailier néerlandais Arjen Robben au sujet de son entraîneur en février 2015, dans les colonnes du quotidien britannique *The Guardian*. Ce n'est pas comme si nous étions une équipe de 4-4-2. Nous utilisons tous types de formations avec Pep. Cela veut dire que je peux jouer vers l'intérieur ou vers l'extérieur, juste derrière les attaquants ou même en tant que buteur. » Pourtant, dans la famille Guardiola, tout le monde n'est pas aussi dithyrambique. « Ma femme Cristina se plaint parfois de mes tactiques, s'amusait ainsi Pep en mars 2014. Elle me dit que je devrais recommencer avec la même équipe que celle qui vient de gagner le match précédent. Essayer de lui expliquer mon principe de turnover est plus difficile que de dire à Arjen Robben : "Tu seras sur le banc ce soir." »

Bayern Munich 4-0 Cologne – Phase offensive du Bayern

L'entraîneur munichois pourrait rétorquer à Cristina que la vérité tactique d'une rencontre n'est pas celle de la suivante, comme nous l'explique Raynald Denoueix : « Ce qui est dur, dans le foot, c'est que même si un match c'est toujours onze contre onze, il y a toujours de petites nuances. Ce qui est valable le samedi contre une équipe ne sera pas valable le mercredi contre une autre équipe. Les circonstances sont toujours différentes. »

De toute façon, selon la formule consacrée, « l'important n'est pas le système, mais l'animation ». « Le système d'une équipe, tu le vois quand tu n'as pas le ballon, affirme Didier Deschamps. Quand une équipe a le ballon, ça change systématiquement. » Dès lors, « l'ordre n'est plus dans le système ou le bloc, il est dans l'individu », *dixit* Guy Lacombe.

« Il faut que cela soit mobile, précise Stéphane Moulin. On ne veut pas de choses fixes et stéréotypées. On joue plutôt en 4-1-4-1 pour défendre et en 4-3-3 pour attaquer. Mais ça peut se transformer en 4-2-4, parce que j'ai souvent au moins un des trois milieux axiaux qui participe au jeu offensif. » « Même si on a beaucoup parlé à Nantes du 4-2-4, le mouvement permettait en réalité d'interpénétrer davantage de joueurs à l'intérieur du jeu, explique Jean-Claude Suaudeau dans *Vestiaires*. Quand j'ai pris l'équipe, j'ai beaucoup insisté sur cette capacité à changer de rôle. On avait certes des positions de départ, qui étaient des repères, mais on évoluait ensuite librement, tout en se référant aux critères collectifs que l'on avait développés afin qu'il n'y ait jamais de déséquilibre. Je disais aux joueurs : "On improvise dans l'organisation, mais on ne s'organise pas dans l'improvisation." » Une manière, tout de même, de nuancer l'importance des schémas sur le papier. « Dans le football moderne, le système existe seulement en phase défensive, affirmait même Clarence Seedorf lors de son entrée en fonction à l'AC Milan, en janvier 2014. En attaque, la fluidité est totale, six joueurs qui bougent de façon continue sans donner de point de repère. Ces questions sur le système, moi, cela m'ennuie. »

Élie Baup est du même avis. Ses Girondins de Bordeaux, champions de France 1999, évoluaient en 4-4-2 à plat défensivement. Mais une fois le ballon récupéré, c'était une autre histoire. « En phase défensive, il faut une équipe courte et compacte, souligne-t-il. C'est pour ça qu'on appelle ça un "bloc-équipe". En phase offensive, à l'inverse, c'est long et sur toute la largeur. C'est une question d'espace. À partir de là, le système de jeu devient modulable. À Bordeaux, les latéraux montaient beaucoup, et les joueurs de côté venaient en soutien des deux attaquants. Micoud rentrait, Benarbia rentrait. En fonction du côté du ballon, l'un des deux était plus bas, dans une position médiane. Un attaquant plonge et l'autre vient en point d'appui par rapport au côté du ballon. Pour les deux milieux, l'un restait tout le temps en retrait et l'autre venait plus haut. Donc, ça se transformait. Tout dépendait où était le ballon. » L'organisation offensive n'avait alors plus grand-chose d'un 4-4-2, toujours avec cette idée qu'attaquer implique un certain désordre organisé. « On pouvait avoir parfois cinq lignes, qui permettaient de trouver du relais, du mouvement, poursuit Baup. Quand j'ai le ballon, il faut différentes hauteurs de lignes. Par les mouvements, les interlignes, je peux trouver des joueurs, du mouvement et du jeu vers l'avant. Si je n'ai que trois lignes, quatre, quatre et deux, c'est prévisible. » Structure rigide en défense, flexibilité en attaque : c'est ce qui explique que, sur les schémas des tacticiens, les joueurs sont d'abord disposés en fonction de leur position défensive, leurs mouvements offensifs étant plutôt représentés par des flèches.

L'animation n'en reste pas moins balisée par des repères cruciaux pour l'expression individuelle et collective. « Le système permet de donner des réponses sur le plan collectif », résume Stéphane Moulin, l'entraîneur angevin. Un schéma tactique partage les responsabilités. Cette division du travail s'appuie sur deux critères principaux : d'une part, les qualités des joueurs ; d'autre part, les zones du terrain à occuper (les deux étant évidemment liées). Pour résumer, l'organisation tactique est une répartition optimisée des tâches sur un terrain trop grand et exigeant des savoir-faire trop diversifiés pour que onze joueurs aient le loisir de s'y mouvoir librement. « Les systèmes, d'après une définition générale, c'est disposer des joueurs et les associer, nous explique Raynald Denoueix. Point final. Comme dans n'importe quelle boîte, on s'organise, on sait qui fait quoi. Et ensuite, comme dans une société, le mec a des décisions à prendre. Sur un terrain, à chaque seconde, on se pose des questions. Et la plupart du temps, c'est pour se déplacer. Où est-ce que je vais ? » Les systèmes ne sont pas seulement des repères pratiques pour l'analyse : ils impliquent une définition – et donc une limitation – des tâches de

Girondins de Bordeaux 1999

chacun pour le bénéfice de tous. Les révolutions tactiques consistent d'ailleurs moins à quadriller autrement le terrain qu'à redéfinir le savoir-faire exigé à telle ou telle position, ou à repenser la mise en relation des compétences.

Les schémas classiques et leurs variantes

Le premier niveau d'analyse d'un match consiste à repérer les formations tactiques des deux équipes.

On l'a évoqué, il peut y avoir des variantes entre les phases offensive et défensive. Mais c'est cette dernière qui révèle généralement les schémas « sur le papier ». Sauf dans certains cas extrêmes de pressing tout terrain et de marquage individuel jusqu'au-boutiste à la Marcelo Bielsa, la majorité des équipes s'appliquent avant tout, une fois le ballon perdu, à retrouver sa forme initiale. Les lignes, parfois confuses en phase offensive, se font plus distinctes, une nécessité pour assurer un quadrillage optimal du terrain, primordial pour bien défendre – tout au moins dans une approche de zone, nous aurons l'occasion d'y revenir.

Trois chiffres représentent les trois secteurs de jeu qui divisent le système : défense, milieu de terrain, attaque. Le gardien de but, lui, n'est pas inclus dans les dénominations numériques en France, mais il l'est parfois ailleurs, en Espagne notamment (où l'on parle alors de 1-4-4-2, par exemple). En soi, rien n'interdit de nuancer en ajoutant des lignes. Le 4-2-3-1 démarque ainsi les milieux défensifs et offensifs. Le profil des joueurs amène d'ailleurs à faire des distinguos et à séparer les lignes : un 4-4-2 en losange peut être disséqué en 4-3-1-2 si la pointe haute du losange est un pur meneur de jeu voire un troisième attaquant, ou en 4-1-2-1-2 si l'on pousse le découpage à l'extrême. Tout dépend du degré de détail adopté pour analyser une disposition. On reprochera au plus réducteur de généraliser des rôles et positionnements pourtant différents ; au plus précis de renier la notion

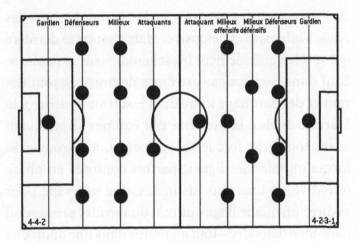

de cadre structurel collectif en individualisant chaque ligne à outrance[1].

L'uniformité du terrain et l'équivalence des forces en opposition (onze contre onze au coup d'envoi) semblent exiger la répartition symétrique des joueurs sur la largeur (en tout cas sur le papier). Mais rien n'interdirait de penser autrement la disposition des équipes. Par exemple, en plaçant les joueurs verticalement et asymétriquement cette fois : deux éléments dans le couloir gauche, cinq dans l'axe du terrain, trois côté droit. « Sur un côté, ce n'est jamais un,

---

1. Les schémas télévisuels, les métaphores désignant ces organisations (pyramide, sapin de Noël...), le vocabulaire évoquant les mouvements sur le terrain (monter, redescendre, écarter...) partagent la même convention de schématisation verticale : les équipes sont organisées par couches horizontales, dans une vue en plongée où l'objectif implicite – la cage adverse – est en haut. La télévision, disposant les équipes « à gauche » et « à droite », entretient cependant l'usage d'une visualisation horizontale du terrain.

s'exclamait ainsi Jean-Claude Suaudeau dans *France Football*. C'est trois. Minimum ! Donc, à gauche, c'était Pedros, Pignol et un milieu du cœur du jeu en appui comme Ferri. Je pense avoir fait avancer l'approche du jeu dans les couloirs. Avant, il n'y avait guère qu'une notion de duel entre l'ailier et l'arrière latéral. C'est vraiment avec Nantes qu'on a bâti quelque chose de plus élaboré dans ce secteur, avec des mouvements coordonnés à trois joueurs au moins. Même chose à droite avec Le Dizet, disons Karembeu et Makelele. »

Il reste évidemment commode de conserver le principe classique des trois couches horizontales : cela permet de clarifier les préceptes globaux, d'en faire des repères clairs que chaque entraîneur de chaque match s'appropriera et nuancera à sa façon, et que nous, supporters, téléspectateurs ou observateurs, pourrons aisément discerner. Il est aussi possible que cette convention soit solidaire d'un aspect essentiel de la formation des footballeurs dont il faut spécialiser les compétences pour les consolider : on est défenseur avant d'être latéral, de la même manière qu'on est d'abord compétent pour jouer derrière ou devant, plutôt qu'à un poste central ou excentré.

Vues du stade, les différentes lignes sont souvent assez faciles à séparer. Grâce à la vision d'ensemble dont dispose le spectateur, et de la liberté qu'il a de regarder ce que bon lui semble au moment où il le souhaite. Le regard du téléspectateur, en revanche, est dirigé par le réalisateur de rencontres parfois produites « comme un grand film avec la machinerie du

cinéma », *dixit* François-Charles Bideaux, directeur
de la production sports du groupe Canal+, à l'image
du PSG-OM d'octobre 2015 (35 caméras déployées
dont 28 pour le terrain). La réalisation use (et abuse,
parfois) de gros plans et de ralentis, au risque de faire
manquer certains aspects ou phases de jeu. « Les
Lillois, l'année de leur titre (2011), étaient constamment dans l'accélération du jeu, du coup, pour nous,
les espaces pour passer des ralentis sont devenus
beaucoup plus réduits », regrettait presque le réalisateur Laurent Lachand dans une interview à *L'Équipe*
en 2012. Michel Denisot, ancien commentateur pour
la chaîne cryptée et ex-président du PSG, se plaignait
de cette façon de mettre en scène les matchs dans
L'Équipe, en avril 2015. « On a été au bout de la prolifération des moyens, être partout, etc. C'est au détriment de la vision du jeu. J'en ai déjà parlé à Canal,
comme ça, autour d'un café. Je rêve d'un match filmé
à cinq caméras, avec un excellent réalisateur, de bons
cadreurs et du bon son – ça, c'est formidable – et
qu'on ait une vision du jeu globale, et moins de gros
plans, de plans de coupe sur le banc de touche et un
commentaire moins bavard. » Ce découpage visuel,
qui vise notamment à rythmer les retransmissions
des rencontres, nuit à la perception et à la compréhension globales du jeu, au profit des performances
balle au pied. Plus les plans larges sont rares ou brefs,
plus il est compliqué de distinguer les organisations
et mouvements collectifs.

Les réalisateurs français détestent-ils la tactique ?

Deux options pour la retransmission des matchs nuisent à l'appréciation du football comme jeu tactique.

La première concerne la valeur des plans : le plan rapproché est de plus en plus plébiscité. Le spécialiste de la question, Jacques Blociszewski, s'amuse régulièrement à compter les plans isolant un joueur. Jean-Jacques Amsallem et François Lanaud s'approchent volontiers des 200 gros plans sur un visage par match, auxquels il faut ajouter plus de 100 plans isolant un joueur du reste. Les réalisateurs français isolent notamment le porteur de la balle pendant que l'action se déroule. On insiste : les réalisateurs français, car leurs homologues anglais ou allemands font quatre fois moins de plans rapprochés... La télévision française donne la priorité à ce que le joueur fait, avec le ballon, au détriment de la perception de ce qu'il pourrait faire, réduisant ainsi l'action à ce qu'un joueur entreprend de technique, balle au pied, au détriment du jeu tactique et des choix du joueur, des partenaires, des adversaires.

La seconde option concerne le nombre de plans : la retransmission est hachée, la succession pressée de plans courts séparés par des cuts perturbe la lecture de la continuité du jeu. Laurent Lachand et Fred Godard montent plus de 1 000 plans par match. La durée moyenne des plans larges s'amenuise, de perturbants raccords entre deux plans sont même effectués pendant des centres. Lors du Mondial 2014, la moyenne de 700 plans par match a grimpé à cause des 900 plans de

François Lanaud, tandis que l'Anglais Jamie Oakfoard résistait en ne montant qu'un peu plus de 500 plans.

On donne en France la priorité à ce qui est technique et à ce qui est, selon une approche assez simpliste et réductrice, soi-disant plus émouvant. Mais le téléspectateur ne se fiche-t-il pas des gros plans ? Y compris le téléspectateur jeune, avide de cinéma américain et de jeux vidéo ? Les développeurs de ces derniers ont bien compris, d'ailleurs, comment filmer un match de foot. Ils savent que se mettre à la place des joueurs, les incarner, doit prioritairement consister, dans les jeux vidéo, à percevoir, en plan large, les options de passes, de tirs, de transversales, mais aussi de dribbles (car les plans d'ensemble ne sont jamais si distants qu'ils empêcheraient d'apprécier un dribble). Qui regrette que les buts partis de la défense de Maradona ou Messi aient été filmés dans ce cadre assez large permettant de percevoir la trajectoire de la course et les obstacles éliminés un à un ?

« À droite ! », « Change d'aile, putain ! » sont des cris de supporters de plus en plus réservés à ceux qui vont au stade, ces gens sur place que les télés aiment tant filmer s'ils sont célèbres, tandis que le jeu se déroule.

Avant d'en arriver à la présentation des schémas tactiques principaux, un mot sur les dimensions du terrain. Le rapport entre la largeur, la longueur et la dimension des cages conditionne manifestement les possibilités tactiques. Six joueurs à peu près à plat sur la largeur se marcheraient dessus ; deux seraient aisément contournés. Occuper la largeur du terrain est sans doute essentiel, mais on ne marque pas au foot comme au rugby ; il faut nécessairement, à un moment donné, sauf cas exceptionnels ou très chanceux, rapprocher le ballon du centre (et y trouver un joueur) pour s'ouvrir un angle de frappe. Enfin, le nombre de joueurs évoluant sur cette pelouse est parfaitement inapproprié au terrain, si l'on peut dire, au sens où ce nombre est à peine insuffisant : impossible de bâtir tranquillement un mur infranchissable, mais on peut quand même produire les efforts en espérant y parvenir.

Tous les terrains ne font toutefois pas la même taille. Les aires de jeu étroites, comme en Angleterre, réduisent les espaces et pourraient faciliter le travail de la défense. Avant une confrontation épique contre Chelsea en demi-finale retour de la Ligue des champions 2009 (match nul 1-1 grâce à un but d'Andrés Iniesta dans les arrêts de jeu), Pep Guardiola refusait toutefois de se servir de ce paramètre comme d'une excuse potentielle : « Si on ne se qualifie pas, les mensurations du terrain ne seront pas un prétexte. L'an passé, avec le Barça B, nous avons joué toute la saison sur des terrains de troisième division et on est montés quand même. Quand on veut bien jouer au football, on doit être capable de le faire n'importe où. » Quand bien même, à Stamford Bridge (l'enceinte des Blues), les dimensions du terrain étaient alors de 101 mètres de long et 63 de large, contre 105 de long et 68 de large au Camp Nou, soit 777 mètres carrés de surface jouable de différence.

Dessiner le système d'une équipe révèle beaucoup

de choses, surtout lorsque l'on identifie les profils des joueurs placés aux différents postes. Un schéma tactique n'est qu'une forme, et celle-ci n'existe concrètement que lorsque les joueurs lui donnent consistance. Mais un schéma tactique concrétise aussi des philosophies de jeu, permet de façonner des automatismes, de fournir des repères, de donner des « certitudes », comme on dit abusivement pour désigner la confiance des joueurs et des entraîneurs dans le système. « La tactique doit devenir une seconde nature, expliquait Christian Gourcuff à *France Football* en 2004, alors qu'il évoluait en Ligue 2 avec Lorient. L'idée, c'est de la cultiver tous les jours pour que les joueurs soient en confiance, qu'ils puissent avoir l'esprit libéré en l'utilisant pendant la rencontre. Il faut ancrer ces automatismes pour qu'ils deviennent un confort pour le joueur. À l'intérieur de ce cadre, le joueur peut alors inventer. » Chaque schéma comporte des vertus, qu'il s'agira d'exploiter, et des vices, qu'il faudra compenser, tout en maintenant une cohérence avec le projet de jeu global. Si Gourcuff est ainsi un grand adepte du 4-4-2 à plat, c'est au contraire un système rejeté par José Mourinho : « Ce que je n'aime pas, et ce que je n'adopterai jamais pour mon équipe, est le 4-4-2 traditionnel, avec deux lignes de quatre, et seulement deux attaquants dans l'axe, autant dire des joueurs qui passent leur temps à courir d'un bout à l'autre du terrain, détaillait l'entraîneur portugais peu de temps après son arrivée à Chelsea, en 2004. Ce n'est pas mon football. Je n'aime pas ça. Après... Que nous jouions en triangle ou en losange m'importe peu ; ce qui m'importe, c'est de créer un réseau de lignes de transmission du ballon, et d'y évoluer avec élan, créativité et dynamisme. » Où l'on retrouve la notion de cadre d'expression pour les joueurs.

Les schémas tactiques principaux

4-4-2 à plat

Vertus

Le 4-4-2 à plat rend possible un quadrillage optimal du terrain, dans la largeur notamment. Les deux lignes de quatre défenseurs et quatre milieux permettent de présenter un bloc défensif compact, efficace en marquage de zone. C'est pourquoi de nombreuses équipes, quelle que soit leur organisation offensive, se replacent en 4-4-2 une fois le ballon perdu.

En phase offensive, il permet un placement équilibré des joueurs, une présence dans la surface importante et offre de bonnes possibilités de combinaisons sur les ailes.

Vices

S'il est appliqué de manière trop rigide, le 4-4-2 à plat est pénalisant offensivement, car « le nombre de lignes d'attaque est insuffisant », pour citer Carlo Ancelotti. Les relais manquent entre la défense et le milieu ainsi qu'entre l'entrejeu et l'attaque.

La symétrie, utile défensivement, peut être néfaste offensivement car elle débouche sur un jeu prévisible et stéréotypé, sans élément de déstabilisation structurel pour l'adversaire.

Les joueurs doivent, par ailleurs, être complets pour assurer l'équilibre entre phase défensive et offensive.

Équipe étendard

L'AC Milan d'Arrigo Sacchi (1987-1991), dont le 4-4-2 reste une référence historique en termes d'organisation et de quadrillage du terrain, avec une défense en zone complète et un piège du hors-jeu orchestré magistralement par le libero Franco Baresi. À la clé, un titre de champion d'Italie (1988), deux Coupes d'Europe des clubs champions (1989 et 1990) et deux Coupes intercontinentales (1990 et 1991).

Fabio Capello a par la suite récupéré ces préceptes pour ajouter une Ligue des champions (1994) et quatre *Scudetti* (1992, 1993, 1994 et 1996).

L'avis de Christian Gourcuff (magazine Vestiaires *de septembre 2009)*

« Le 4-4-2 m'apparaît comme le plus souple pour qu'on l'adapte. Il favorise l'équilibre de l'équipe et permet une transition très rapide entre la phase défensive et offensive. C'est un système qui n'est pas figé, ouvert à tous les profils. C'est à l'entraîneur de trouver la bonne coordination et les bonnes complémentarités entre les joueurs. »

4-4-2 en losange (ou 4-3-1-2)

Vertus

La densité axiale du 4-4-2 en losange lui assure généralement une supériorité numérique au cœur du jeu, utile pour exercer un pressing efficace dans cette zone, mais aussi pour mettre en place une possession du ballon basée sur des passes courtes.

La proximité des quatre milieux offre plusieurs circuits de passes possibles à proximité du porteur du ballon.

Le trio offensif est en outre flexible, en fonction des profils qui le composent.

Vices

Dépeuplé dans les couloirs, ce système nécessite des mécanismes de couverture efficaces de la part des milieux excentrés du losange pour soutenir les défenseurs latéraux, livrés à eux-mêmes dans le cas contraire.

L'ensemble du bloc doit également être en mesure de coulisser efficacement d'un côté à l'autre en cas de renversement de jeu adverse. Mais cela implique que les milieux excentrés aient une large zone à couvrir. Avec la fatigue, des espaces risquent de s'ouvrir.

En phase offensive, si les arrières latéraux, les milieux excentrés ou les attaquants n'apportent pas suffisamment de solutions sur la largeur, le jeu de l'équipe risque d'être trop étroit et trop axial, et ainsi facilement neutralisable.

Équipe étendard

L'Argentine des années 1960 aurait été la première à utiliser ce système, aujourd'hui largement répandu, principalement en Italie. En Ligue 1, les entraîneurs l'ont redécouvert depuis plusieurs saisons dans le sillage de René Girard à Lille et Rémi Garde à Lyon. Willy Sagnol à Bordeaux, Michel Der Zakarian à Nantes, Dominique Arribagé à Toulouse, Claudio Ranieri à Monaco, Laurent

Blanc à Paris, mais aussi Didier Deschamps avec l'équipe de France figurent parmi ceux, nombreux ces dernières saisons, qui y ont eu recours.

L'avis de Christian Gourcuff

« Avec un joueur devant la défense et deux milieux excentrés qui jouent beaucoup plus bas que dans un 4-4-2 traditionnel, on obtient le 4-3-1-2. Cette ligne de trois, en termes d'occupation d'espace, est assez sécurisante. Le problème se situe ici au niveau du pressing sur le porteur. Si le ballon part sur le latéral adverse, qui va presser ? C'est en fait à l'initiative des joueurs. C'est moins carré, moins cohérent sur le plan de la répartition des tâches et de l'occupation du terrain. »

4-3-3

Vertus

Le potentiel offensif des couloirs est important, avec deux ailiers généralement offensifs, voire attaquants reconvertis, et des latéraux appelés à leur venir en soutien.

Les deux milieux relayeurs sont censés apporter fluidité et soutien offensif, permettant de multiplier les « lignes d'attaque » chères à Carlo Ancelotti.

Les combinaisons possibles sont multiples via des jeux en triangle naturellement suggérés par l'organisation de base. Le positionnement du trio de l'entrejeu est adaptable à l'adversaire, la symétrie n'étant pas une nécessité pour obtenir une mise en place équilibrée.

La sentinelle de l'entrejeu est censée assurer une couverture efficace de l'ensemble des joueurs offensifs et couper le jeu entre les lignes, dans une organisation qui se rapproche généralement d'un 4-1-4-1 défensivement.

Vices

S'il manque de soutien, l'avant-centre peut se retrouver excessivement isolé et coupé de ses coéquipiers, notamment si les milieux relayeurs n'apportent pas suffisamment offensivement.

Si, en revanche, ces derniers sont trop portés sur l'offensive, la pointe basse de l'entrejeu risque de prendre l'eau face aux grands espaces à couvrir.

Équipe étendard

Le FC Barcelone de Pep Guardiola (2008-2012), qui a mis le 4-3-3 au service de son jeu de possession, exploitant à l'extrême les diagonales permises par cette organisation ainsi que les circuits de passes courtes. Les trophées ont suivi, avec notamment trois Ligas (de 2009 à 2011) et deux Ligues des champions (2009 et 2011). Le 4-3-3 reste encore aujourd'hui la marque de fabrique du Barça, comme il était celui du grand OL des années 2000, au redoutable milieu en V.

L'avis de Christian Gourcuff

« Le plus souvent, il se transforme en 4-5-1. Les deux attaquants dans les couloirs évoluent plus bas. Le 4-3-3 suppose d'avoir des profils très spécifiques. D'une façon théorique, il permet tout de même d'utiliser toute la largeur au niveau de la ligne d'attaque, donc une plus grande occupation de l'espace, ce qui a pour conséquence d'étirer le bloc adverse. C'est donc plus facile d'avoir du poids offensif. Mais le 4-3-3 est beaucoup plus strict, moins souple, adaptable et évolutif que le 4-4-2. »

4-2-3-1

Vertus

Ce système offre une bonne occupation des zones intermédiaires, ces espaces entre les lignes habituellement recherchés par les attaquants pour se défaire d'un marquage et créer des décalages.

Le duo devant la défense (« *doble pivote* », pour reprendre la dénomination espagnole) assure une bonne assise défensive.

Les relais offensifs sont multiples et répartis sur la largeur, tandis que l'attaquant de pointe dispose d'un soutien direct et rapproché.

Vices

L'équipe est potentiellement coupée en deux entre les six éléments à vocation défensive et les quatre offensifs. Un constat qui risque de surgir avec encore plus de force si aucun des deux milieux de terrain devant la défense ne se projette pour faire le lien.

Comme le 4-4-2, dont il est une évolution, le 4-2-3-1 risque de pâtir d'une certaine rigidité sur le plan offensif.

Équipe étendard

L'Espagne de Vicente Del Bosque (depuis 2006) a majoritairement connu ses succès internationaux (Euro 2008, Coupe du monde 2010, Euro 2012) dans ce système, sorte d'adaptation du 4-3-3 à la barcelonaise qui était son influence majeure.

L'avis de Christian Gourcuff

« Si l'on possède un seul véritable attaquant de pointe, le 4-4-2 se transforme souvent en 4-2-3-1 où le deuxième attaquant évolue dans une position plus reculée. Les deux milieux excentrés, eux, jouent un peu plus haut pour permettre une occupation rationnelle de l'espace. Et on a toujours nos deux milieux récupérateurs. La difficulté avec ce système est de conserver un bloc court dans la phase offensive. Le 4-2-3-1 étire le bloc dans sa longueur, ce qui peut s'avérer intéressant, mais ce qui entraîne aussi beaucoup moins de richesse dans les relations. »

3-5-2

Vertus

Lorsque les latéraux sont relativement proches des trois défenseurs centraux, le 3-5-2 assure une couverture efficace du terrain sur toute la largeur. Il offre également de bonnes conditions pour mettre en place des mécanismes de compensation, notamment avec la couverture des deux latéraux par les deux défenseurs centraux excentrés.

Ce système est, dans cette optique, particulièrement efficace sur les phases de transition, puisque ces mécanismes permettent d'annihiler des contre-attaques adverses. Le 3-5-2 permet aussi, à la récupération du ballon, aux latéraux de se projeter rapidement vers l'avant, dans l'espace libéré par leur adversaire direct dans leur dos.

Le nombre de joueurs au milieu de terrain doit assurer une bonne solidité défensive ainsi que de multiples solutions pour le porteur du ballon.

Vices

Avec un seul élément dans chaque couloir, il y a un risque d'infériorité numérique face à une équipe disposant de deux éléments sur les ailes. Ce système ne favorise par ailleurs pas une attaque en nombre, d'où des difficultés potentielles sur les phases d'attaques placées pour trouver des solutions dans le camp adverse.

Équipe étendard

L'Argentine de Carlos Bilardo et Diego Maradona, championne du monde en 1986 au Mexique. Dans ce système appliqué avec rigueur et discipline, le génie du « Pibe de Oro » a pu s'exprimer librement, parfaitement compensé par une organisation sans faille.

L'avis de Christian Gourcuff

« À trois derrière, on n'occupe pas toute la largeur du terrain. La ligne de quatre au milieu s'avère obligatoire pour occuper la largeur. Le rééquilibrage défensif demande une grande intelligence tactique de la part des deux excentrés, dont le jeu sera un peu stéréotypé, rectiligne, et dont la fonction demande ici un gros volume athlétique. L'intérêt, c'est qu'en phase offensive, on reste toujours à trois derrière. Les défenseurs restent des défenseurs, avec un vrai profil de défenseurs centraux. »

Sans qu'on ne puisse jamais le réduire à une opposition tactique, c'est pourtant étudié à travers ce prisme que l'affrontement entre deux équipes est parfois le plus excitant à suivre. La tactique est une approche rationnelle du combat, mais qu'un schéma soit prudent ou ambitieux, classique ou audacieux, il consiste avant tout à disposer efficacement les joueurs sur un terrain pour optimiser une philosophie de jeu.

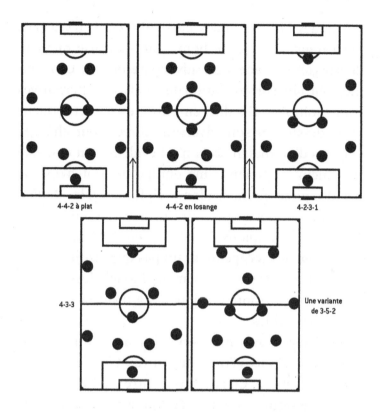

L'opposition structurelle

On doit évidemment passer une formation tactique au révélateur : est-elle appropriée à l'adversaire ? Un système existe pour animer une opposition concrète où les luttes se dénoueront, sans doute, à l'échelle micro-tactique, mais où elles seront mises en place à l'échelle de l'opposition structurelle et collective. Cette opposition ne connaît guère de règles générales, il n'y a que des circonstances particulières. Il n'y a pas, par essence, une seule bonne ou mauvaise manière de s'organiser face à un adversaire donné. Le résultat final fait souvent autorité, mais les alternatives sont multiples. Il suffit, en outre, qu'un seul joueur ait le dessus sur son adversaire direct pour changer le cours d'un match. Cela n'est évidemment contesté par aucun tacticien : une équipe de foot n'oppose pas des pions noirs et blancs de force égale. De là à dire que n'importe quel entraîneur aurait remporté la Ligue des champions en 2009 et en 2011 avec le FC Barcelone, il y a cependant un pas qu'il serait imprudent de franchir trop calmement. Lionel Messi ou pas, un match confronte des joueurs à d'autres dans des zones prévisibles.

Première sous-question : les deux formations sont-elles calquées l'une sur l'autre ? C'est le cas pour un duel de 4-4-2. Ça l'est aussi entre un 4-2-3-1 et un 4-3-3 classiques : chaque équipe est en supériorité numérique au niveau de sa défense centrale, mais pour le reste, tous les joueurs ont généralement un adversaire direct dans leur zone. Dans ces situations où les structures se neutralisent, la différence se fait ailleurs : dans les confrontations directes sur les plans physique, technique et mental ; dans l'animation et l'interprétation du système, qui conduiraient in fine à un déséquilibre structurel, que cela soit au profit ou au détriment de sa propre équipe. Les dézonages tant décriés de Nicolas Anelka avec l'équipe de France de Raymond Domenech entreraient plutôt dans cette dernière catégorie : en quittant son poste en attaque pour venir toucher des ballons plus bas sur le terrain, au niveau des milieux, l'ancien joueur de Chelsea dépeuplait la ligne offensive des Bleus sans pour autant améliorer significativement la construction de leurs actions. « Ça apporte de la variété, ça t'ouvre des espaces, rétorque pourtant Carlo Ancelotti, son entraîneur à Chelsea entre 2009 et 2011. Je n'ai eu aucun problème avec Nicolas. Il est très intelligent tactiquement. Nicolas aime toucher le ballon, se trouver au cœur du jeu, de l'action.

4-4-2 vs 4-4-2

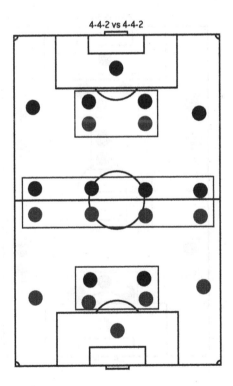

S'il est avant-centre et qu'il "décroche", ce n'est pas un souci. Ça donne un côté plus imprévisible au jeu de ton équipe, c'est plus difficile pour la formation adverse de lire ton jeu, de le comprendre. Ça peut être plus efficace qu'un avant-centre qui ne bouge pas. Si Nicolas décroche, c'est à un ailier ou à un milieu offensif de devenir alors numéro 9, de coulisser. » Plus que les déplacements d'Anelka, c'était donc peut-être le manque de compensations efficaces qui était en cause avec les Bleus.

4-3-3 vs 4-2-3-1

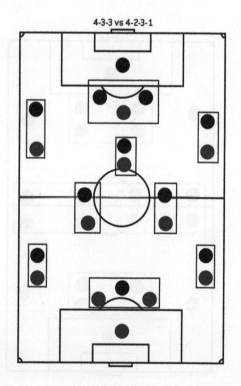

À l'inverse, lorsque les deux organisations ne se superposent pas, il y a un décalage à exploiter offensivement et à combler défensivement, par des compensations et des couvertures plus ou moins systématisées. Par exemple, un 4-4-2 opposé à un 4-2-3-1 sera en infériorité numérique dans l'axe, au milieu de terrain. Pour y remédier, en phase défensive, les deux milieux excentrés peuvent resserrer vers le centre et défendre de manière plus étroite lorsque le jeu s'y déroule ; l'un des deux attaquants peut également décrocher et venir renforcer son entrejeu. « Être bien organisé, c'est se mettre dans de bonnes conditions pour s'exprimer, enseigne Raynald Denoueix. Si tu es constamment deux au milieu de terrain et que les adversaires sont trois, tu as beau prendre les informations, tu es toujours submergé. Si tu es en déséquilibre, tu vas morfler. Si le 4-4-2 reste à plat, que les attaquants ne font pas d'effort, derrière eux, un milieu va pouvoir organiser le jeu. » « Même si tu possèdes deux milieux axiaux avec un gros volume, malgré tout, tu es à deux contre trois, notait également Didier Deschamps dans *France Football*, en 2011. Tu peux toujours essayer de combler cette infériorité avec un de tes deux attaquants, mais dans la possession de balle et la construction du jeu, tu te retrouves donc vite en difficulté. Le principal souci, c'est surtout l'espace que tu peux laisser dans ton carré défensif entre tes deux centraux et tes deux milieux. Face à une équipe qui a un joueur susceptible de se mettre entre ces deux lignes-là, ça peut rapidement te créer un gros souci. »

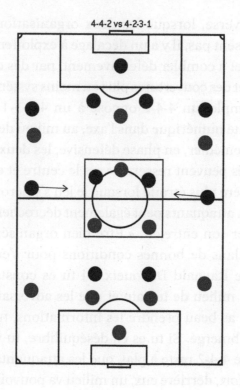

Pour l'équipe qui attaque, il s'agit globalement de trouver l'un ou l'autre de ces décalages ; pour celle qui défend, de contrecarrer cette intention de l'adversaire. Un bon dribbleur transforme des situations symétriques en situations favorables. Lionel Messi, même directement marqué par un ou plusieurs adversaires directs, parviendra de lui-même à briser la neutralisation systémique. Mais en attendant d'en arriver là, un schéma tactique se méfie donc de l'asymétrie avec la disposition de l'adversaire.

On observe, en tout cas, qu'un schéma tactique est

toujours soucieux d'être en mesure de défendre, c'est-à-dire, comme on le verra plus en détail par la suite, de savoir « conserver » (qu'il s'agisse de la maîtrise de l'occupation de sa moitié de terrain quand l'adversaire a le ballon, ou du ballon si on l'a). Symétrique à celui de l'adversaire ou pas, un schéma tactique refuse concrètement la situation d'infériorité numérique en défense. Cela n'exige pas que l'on prévoie autant de systèmes qu'il y a d'adversaires : aucune équipe ne jouera avec quatre attaquants n'effectuant aucun travail défensif. La crainte de ne pas avoir le nombre en défense est partagée dans les deux camps.

Florent Toniutti : « Le manque de cohésion est généralement ce qui saute le plus aux yeux »

Analyste vidéo, consultant pour « La Data Room » sur Canal+.

Que demandent les sélections ou les clubs dans un rapport ?

C'est finalement assez basique par rapport à ce que l'on peut imaginer : système de jeu, profil des joueurs à suivre (qui est le principal organisateur de la relance ? Quel attaquant est le plus dangereux ?), etc. Ce qui intéresse surtout les équipes, ce sont les points faibles : sur quoi appuyer pour déstabiliser l'adversaire ? Généralement, c'est autour de ça que se construisent les séances ensuite. Autre point utile, voir comment l'équipe organise sa relance... et jusqu'où presse-t-elle ?

Qu'est-ce que vous regardez d'abord quand vous analysez un match ? Systèmes de jeu, animation ? Y a-t-il un ordre de pensée ?

Il n'y a pas vraiment d'ordre, tout est lié de toute façon. Le plus important, c'est de ne pas manquer les premières minutes de jeu. C'est à 0-0 que l'on a le plus d'informations sur la manière de jouer d'une équipe. Après, qu'il y ait un but marqué ou encaissé, l'équipe va modifier plus ou moins son approche initiale. Il y a toujours des notes à prendre, mais cela devient secondaire. Personnellement, ce que je regarde d'abord, c'est le système de jeu et le comportement des blocs-équipes : quelle position ? Quelle réaction à la perte du ballon ? Jusqu'où font-ils le pressing ? Dans le football actuel, où les transitions pèsent énormément, je pense que ce sont ces infos qui priment et permettent de définir le style d'une équipe.

Quelles sont les faiblesses que vous voyez le plus souvent chez les équipes que vous analysez ?

Le manque de cohésion est généralement ce qui saute le plus aux yeux. Beaucoup parlent des distances entre la défense et le milieu de terrain, mais au plus haut niveau, c'est clairement celle qui sépare le milieu de l'attaque qui peut décider du sort d'une rencontre. Sans cohésion entre ces deux lignes, le pressing est quasi impossible et l'équipe est condamnée à jouer bas, ce qui peut toutefois faire partie de son projet de jeu. Le Real Madrid de Rafael Benítez avec la BBC (Gareth Bale, Karim Benzema, Cristiano Ronaldo), le Chelsea de José Mourinho, les grosses équipes qui rencontrent

LES SYSTÈMES DE JEU

des difficultés ont souvent ces problèmes de cohésion. À l'opposé, le FC Barcelone et le Bayern sont de vrais modèles sur ce point actuellement.

À quoi juge-t-on qu'une équipe marche ou ne marche pas ?

Tactiquement, il y a le projet de jeu initial et la capacité de l'équipe à trouver des réponses quand l'adversaire réussit à la sortir de ses habitudes, de ses envies. Pour moi, une équipe qui marche, c'est une équipe capable de garder le contrôle sur la partie quel que soit ce que propose l'adversaire. Et cela dépend notamment du coach et de ce qu'il peut apporter sur le plan tactique pour préparer ses équipes à toutes les situations. Il n'est d'ailleurs pas étonnant que les équipes qui réussissent ces derniers temps en Ligue des champions sont des formations hybrides qui maîtrisent séquences hautes, basses, parfois dans des systèmes de jeu différents, comme le Real Madrid de Carlo Ancelotti (vainqueur de la Ligue des champions 2014) ou la Juventus de Massimiliano Allegri (finaliste de la Ligue des champions 2015).

Quelle est l'équipe ou quel est le coach le plus dur à analyser ?

Je ne vais pas être original : le Bayern Munich et surtout Pep Guardiola. Il n'y a pas un projet de jeu plus riche et élaboré à l'heure actuelle. Toutes les phases de jeu, offensives comme défensives, donnent l'impression d'être travaillées chaque semaine. Collectivement, il n'y a aucune improvisation et malgré tout, les individualités ne sont pas bridées. L'analyse est difficile parce qu'il faut toujours être aux aguets. D'une minute à l'autre, il peut tout changer en repositionnant David Alaba ou Philipp Lahm quelque part ou en faisant permuter ses ailiers. La moindre faiblesse qu'il détecte chez l'adversaire, il peut en profiter dans la minute qui suit. Généralement, au bout d'un quart d'heure, on a déjà le gros des informations pour l'analyse finale du match et on peut un peu se relâcher. Pas avec le Bayern Munich.

Marcelo Bielsa, entre 3-3-3-1 et 4-2-3-1

Pendant son année (agitée) passée sur le banc marseillais, de l'été 2014 à son départ surprise et soudain en août 2015, Marcelo Bielsa aura été l'attraction de la Ligue 1. Un personnage unique, insaisissable pour les médias, mais exquis pour les amoureux du jeu. On a rarement entendu, ces dernières années, un entraîneur détailler autant son approche, justifier en détail ses choix tactiques et annoncer presque systématiquement la composition de son équipe deux jours avant les rencontres. Technicien jusqu'au-boutiste, philosophe presque extrémiste et obstiné dans la défense de ses idées, « El Loco » a livré des trésors de compréhension du jeu pour qui souhaitait les entendre, là où d'autres préféraient s'attarder sur son regard fuyant ou sa fameuse glacière.

L'une des grandes controverses tactiques ayant accompagné l'aventure marseillaise de Marcelo Bielsa aura été son adaptation structurelle permanente au schéma de jeu de son adversaire, quel que soit son statut. L'Évian Thonon-Gaillard ou le Paris Saint-Germain étaient traités de la même manière : face à deux attaquants axiaux, l'Argentin optait pour une défense à trois centraux ; face à un avant-centre, il choisissait une défense avec deux centraux. Une posture guidée par l'application d'un principe simple : la supériorité numérique défensive par rapport aux attaquants adverses. Bielsa n'a donc alterné qu'entre deux systèmes à l'OM : le 4-2-3-1 (26 fois au coup d'envoi) et le 3-3-3-1 (à 12 reprises). Ce dernier est sa marque de fabrique depuis plusieurs années, adopté auparavant, avec une petite nuance numérique, avec la sélection chilienne[1]. « En 3-3-1-3, j'établis une série de mouvements pour structurer l'équipe chaque fois qu'un des dix joueurs est éliminé, confia-t-il un jour en conférence de presse. En fonction du joueur éliminé, une structure se crée. Si le latéral gauche est éliminé, il y a adaptation défensive pour la perte de ce joueur. Si le 8 est éliminé, on se renforce depuis le côté. Je dis toujours aux joueurs qu'il faut être proche et prêt. Parce que s'il y en a un qui est loin, même s'il a envie, il n'arrivera pas à temps. Tandis que s'il est proche, même s'il n'a pas envie, il sera là. Proche et prêt. »

---

1. Même si Marcelo Bielsa n'est évidemment pas le seul ni le premier à l'avoir utilisé : la sélection olympique espagnole a décroché l'or aux JO de 1992 dans cette organisation, tandis que Louis Van Gaal a parfois aligné son Bayern Munich de cette manière, comme il l'avait fait à Barcelone à la fin des années 1990. De même pour Gian Piero Gasperini avec l'Inter en 2011. Le Costa Rica l'avait utilisé dans le match amical contre l'équipe de France à Fort-de-France, en Martinique, en novembre 2005. La liste n'est évidemment pas exhaustive.

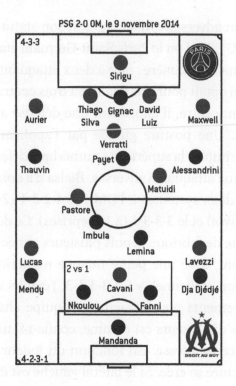

En 3-3-3-1, toutefois, Marseille a souvent rencontré des problèmes d'équilibre au milieu de terrain, en raison de l'isolement excessif du joueur devant la défense, Giannelli Imbula généralement. L'ancien Guingampais a d'ailleurs reconnu lui-même, à l'époque, qu'il « [s]e sentai[t] mieux avec un deuxième 6 ». Cela a d'ailleurs conduit certains entraîneurs adverses à adopter un système inédit pour eux face à l'OM pour que Bielsa aligne ce 3-3-3-1 en retour. Michel Der Zakarian a ainsi instauré pour la première fois un 4-4-2 en losange en avril 2015 à la Beaujoire contre les Phocéens, initiative

Nantes 1-0 Marseille, le 17 avril 2015

couronnée de succès avec une victoire 1-0. « C'est vrai, que Giannelli [Imbula] est souvent tout seul au milieu, au duel avec deux ou trois adversaires, relevait le latéral olympien Brice Dja Djédjé. C'est compliqué pour lui, mais c'est à nous de trouver des réponses pour l'aider. Ce n'est pas un problème tactique. Il ne faut pas chercher des excuses. »

« Ce qui m'embête, c'est que Bielsa s'adapte à l'adversaire alors qu'il est en pleine bourre et qu'ils sont irrésistibles quand ils jouent en 4-2-3-1 », déplorait Reynald Pedros, consultant sur Canal+, au lendemain d'une défaite injuste à Lyon (1-0), fin octobre 2014. « Au contraire de certaines opinions, je pense que c'est un dispositif qui améliore et augmente les possibilités de mieux défendre, a rétorqué Marcelo Bielsa. Car, aux trois défenseurs centraux s'ajoutent des latéraux qui ont l'habitude de couvrir à l'intérieur pour compenser les déséquilibres qui peuvent se produire. Les latéraux dans une ligne de quatre sont habitués à couvrir leurs centraux, mais aussi à couvrir dans leur dos. C'est pourquoi, avec trois centraux et deux latéraux, je considère que ce système est plus efficace que celui à quatre. » Au-delà de la question de l'équilibre de l'entre-jeu, objet de nombreuses discussions à l'époque, c'est aussi le marquage individuel parfois extrême demandé par Marcelo Bielsa qui a déstabilisé sa propre équipe.

Ce fut le cas, par exemple, lors du match retour contre le PSG (2-3), le 5 avril 2015 au Vélodrome, dans lequel l'OM s'est retrouvé complètement désorganisé face à un 4-3-3 auquel Bielsa ne s'attendait pas, ayant anticipé un 4-4-2 en losange parisien en alignant une défense à trois centraux. Les latéraux Benjamin Mendy et Brice Dja Djédjé se sont ainsi retrouvés dans des endroits incongrus en raison du positionnement imprévu de l'adversaire qui leur avait été attribué. « Je crois que la clé du match, c'est le fait que l'on n'ait jamais été à l'aise et que l'on n'ait jamais pu imposer notre jeu », analysa Bielsa à l'issue de la rencontre. Ses adaptations ont un fil rouge philosophique, mais sont empreintes de contextes conjoncturels précis. « On distingue la fragilité défensive d'une équipe de différentes façons, enseigne-t-il. La première, ce sont les erreurs individuelles. Une autre, ce sont les répercussions que génèrent des erreurs qui ont lieu ailleurs que dans le secteur défensif. La troisième, ce sont les erreurs de fonctionnement, visibles quand il y a plus de joueurs de l'équipe adverse dans une zone dangereuse. Le dernier facteur qui indique qu'une défense défend mal, c'est lorsqu'il y a incompatibilité entre celui qui défend et celui qui attaque. Si un attaquant de 1,90 m se bat face à un latéral de 1,70 m, il y a évidemment une erreur dans la construction de l'idée défensive. » D'où une adaptation défensive permanente à la problématique posée par un adversaire donné.

Grèce 2004, la surprise du siècle

En juin 2004, personne n'imaginait la Grèce remporter l'Euro. L'Allemand Otto Rehhagel avait récupéré, trois ans plus tôt, une équipe perdue, déjà hors course pour la Coupe du monde 2002. « Il y avait des joueurs de talent, mais ce n'est pas suffisant pour faire une équipe », justifiait-il. Dans son équipe, aucun joueur majeur, au contraire du Portugal de Luis Figo et Cristiano Ronaldo, à domicile, de l'Espagne de Raúl, de la France de Zinedine Zidane ou de l'Angleterre de David Beckham. Mais les Grecs, comme les invités surprises danois en 1992, ont démontré, l'espace de trois semaines, la puissance redoutable d'un collectif parfaitement huilé. L'application parfaite du précepte « la star, c'est l'équipe ». « [Otto Rehhagel] a amélioré l'équipe de façon incroyable, soulignait à l'époque le milieu Stelios Giannakopoulos dans le *Guardian*. Une énorme part de la victoire lui revient. » Une équipe caractérisée par un bloc défensif parfaitement organisé, très solide, mais aussi adaptable à l'adversaire. La préparation de chaque match était ainsi avant tout axée sur la destruction du jeu de l'opposant, en adoptant même parfois une posture de miroir. « Otto donne les ordres et nous les suivons », résumait Giannakopoulos.

Dans le cas grec, la volonté de préserver une supériorité numérique défensive visait avant tout à compenser par le nombre un déficit de talent individuel par rapport aux adversaires. « Par le passé, les joueurs faisaient ce qu'ils voulaient. Maintenant, ils font ce qu'ils peuvent », disait leur sélectionneur. Deuxième du groupe A, derrière le Portugal, mais devant l'Espagne au nombre de buts marqués, la Grèce a donné une leçon d'efficacité, d'organisation et de solidité à partir des quarts de finale. L'emblématique gardien Antonios Nikopolidis n'a ainsi encaissé aucun but après la phase de poules. « La discipline, la rigueur, le sens tactique, tout cela est essentiel pour faire des résultats », expliquait à l'époque Otto Rehhagel.

En quart, contre l'équipe de France et son duo d'attaque David Trezeguet-Thierry Henry, les Grecs défendent en 3-5-2 (ou 3-4-1-2), avec trois arrières centraux : deux au marquage individuel strict (Michalis Kapsis et Yourkas Seitaridis, habituellement défenseur latéral), un en couverture (Traïanos Dellas). « J'ai dit aux gars : "N'ayez pas peur si Thierry Henry apparaît dans vos rêves la nuit" », avait confié Otto Rehhagel avant la rencontre, lui qui voulait aussi « connaître l'après-rasage utilisé par chaque joueur en Europe », référence à son appétence pour un marquage individuel très serré. L'attaquant des Gunners, auteur de 30 buts en Premier League lors de la saison 2003-2004, celle des Invincibles d'Arsenal, est muselé par Seitaridis. Victoire 1-0 des Grecs, but d'Angelos Charisteas, futur flop à Arles-Avignon. « Indéfendable », titre *L'Équipe* le lendemain. « Les joueurs ont gardé le contrôle et ont parfaitement appliqué tout ce qui avait été demandé », se satisfait le « Roi Otto », ancien défenseur du Hertha Berlin et de Kaiserslautern.

France – Grèce (0-1) – Euro 2004

L'approche est la même en demi-finale, cette fois face au géant tchèque Jan Koller et à l'attaquant de Liverpool Milan Baros. Avant le match, *France Football* vante une sélection « devenue une équipe à faire déjouer, à rendre fou, un peu comme l'Irlande des années 1990 ». Victoire 1-0 sur un but en argent de Dellas. « Les Tchèques étaient meilleurs techniquement, mais la passion et la volonté étaient de notre côté », réagira Rehhagel après le match. « Une nouvelle fois, ils ont réalisé une grande performance collective, faite de solidarité, de grandes vertus morales, mais également de belles qualités techniques et tactiques pour emmener le favori tchèque jusqu'à la prolongation, dans un combat rude et équilibré, écrivait de son côté l'envoyé spécial de *L'Équipe*, Didier Braun. Leur victoire a été celle de la cohérence d'un fort collectif. »

« Nous avons battu la France, les Tchèques et nous avons éliminé l'Espagne, pourquoi ne pourrait-on pas continuer et gagner l'Euro ? clamait Panagiotis Fyssas avant la finale. Le Portugal est favori. On les affronte dans leur stade et ils ont une raison de plus de nous battre, puisqu'ils nous ont battus au premier tour. Mais on va travailler très dur pour les arrêter. » Cette dernière phrase résume la posture grecque. Face au 4-2-3-1 portugais avec le seul Pauleta, alors joueur du PSG, en pointe, Otto Rehhagel aligne deux défenseurs centraux, Dellas et Kapsis, dans un 4-3-3 hybride. Au final, la Grèce signe l'exploit le plus retentissant de la décennie : victoire 1-0, but de Charisteas. « Cet été au Portugal, c'était notre moment, s'est souvenu Otto Rehhagel en 2010, pour le magazine *World Soccer*. C'était une aventure unique et extraordinaire. [...] On a pris notre chance et on avait l'impression que rien ne pouvait nous arrêter. Il est peu probable que cela arrive à nouveau. »

Cet exploit grec est l'exemple ultime de la victoire tactique d'un David contre plusieurs Goliath, une épopée sans équivalent depuis. Au-delà du cas d'école d'adaptation numérique défensive à ce que propose un adversaire, il donne aussi des pistes pour les petits qui espèrent créer l'exploit face aux grands. Guy Lacombe s'est retrouvé dans cette situation avec Sochaux en 2003, lors du deuxième tour de la Coupe de l'UEFA contre le Borussia Dortmund. « L'important, c'est d'embêter l'adversaire, mais de rester soi-même, nous enseigne-t-il. Il faut rester sur ses valeurs, garder la confiance et les convictions acquises par l'équipe, mais à la fois s'adapter un petit peu. » Pour l'entraîneur sochalien d'alors, c'est le duo d'attaque Jan Koller-Ewerthon qui posait le plus gros dilemme. « Ils allaient sur les axiaux, les excentrés montaient, c'était du quatre contre quatre. Je reste en quatre contre quatre derrière ? Non. J'ai préparé un 3-4-3 qui devenait un 5-4-1 défensivement, pour être à trois contre deux derrière. La couverture a été très intéressante par rapport aux déviations de Koller (2,02 m), qui nous auraient embêtés à un moment donné. Comme ils étaient extrêmement forts et puissants devant, on mettait un joueur de plus. Quand on y réfléchit, le 3-4-3 s'adapte très facilement au 4-4-2, c'est pour ça que certains l'adoptent aujourd'hui. J'ai aussi vu qu'il y aurait des possibilités grâce à Santos et à Frau. J'ai mis Frau sur un côté. Dans ce schéma, je savais pertinemment qu'on allait jouer sur les faiblesses de Dortmund, notamment leurs latéraux. Mais tout en gardant les mêmes principes ! On l'a travaillé trois semaines. Chaque semaine, je faisais une séance uniquement en vue de ce match de Coupe d'Europe. On prépare un peu plus ces matchs spéciaux. » Résultat : un match nul (2-2) au Westfalenstadion de Dortmund, et une large victoire (4-0) au retour au stade Bonal.

Il serait toutefois réducteur de limiter cet exploit à un cadre strictement tactique. « Il y a le psychologique, c'est évident ! s'exclame encore Guy Lacombe. Ils jouent Sochaux, c'est où Sochaux ? En tant qu'entraîneur, j'ai joué là-dessus. C'est comme la Coupe de France, quand vous jouez un petit, vous leur dites : "Faites gaffe, les gars !" Vous leur préparez des vidéos, mais si les joueurs ne sont pas dans le truc, s'ils s'en foutent... C'est tout un ensemble de choses qui mènent à la performance. La tactique ne peut pas tout expliquer. Mais il est évident que sans tactique, sans stratégie, sans projet, c'est très difficile. Même en 1992, quand le Danemark devient champion d'Europe alors qu'il n'était pas qualifié[1], certes ils n'étaient pas prépa-

---

1. Le Danemark a pris part au championnat d'Europe 1992 en Suède à la suite de l'exclusion de la Yougoslavie de la compétition en raison de la guerre en Bosnie.

rés, mais ils avaient déjà une base, notamment de jeu de zone. Comme ils sont arrivés avec une fraîcheur exceptionnelle... C'est là tout le rôle d'un entraîneur qui entre en jeu : c'est de savoir bonifier tous les points positifs et diminuer tout ce qui est négatif. »

*

Au-delà des exemples Bielsa, grec et même sochalien, il existe par ailleurs des cas de déséquilibre structurel volontaire, liés à l'approche définie par un entraîneur. Une équipe qui s'attend à subir le jeu et s'estime incapable de rivaliser au milieu de terrain peut opter pour une défense renforcée, afin de neutraliser son adversaire plus bas dans son propre camp. Aligner trois défenseurs centraux face à un seul attaquant de pointe, comme l'AS Saint-Étienne au Parc des Princes face au PSG de Zlatan Ibrahimović, le 31 août 2014 (défaite 5-0 des Verts), se paie dans l'entrejeu, mais est censé assurer une sécurité défensive supplémentaire. Cette stratégie est toutefois risquée, puisque être acculé devant son but expose à d'autres aléas moins maîtrisables, comme les coups de pied arrêtés. À la stratégie tactique se greffe alors la consigne de ne pas commettre de fautes à proximité de la surface de réparation, un aléa impossible à maîtriser complètement, sauf à renoncer à tout duel.

Plus généralement, quel que soit le système adopté, il y aura toujours de l'espace quelque part, des zones inoccupées. Charge à l'entraîneur de définir lesquelles il sera le moins préjudiciable de laisser libres, qu'elles se trouvent proches du but adverse ou, au contraire, dans son propre camp.

Tous les coachs n'optent toutefois pas pour cette situation de supériorité numérique défensive. Certains adoptent ce qu'Arrigo Sacchi, ancien gourou de l'AC Milan, appelle un « système pur », qui consiste en une égalité numérique des défenseurs par rapport aux attaquants. C'est une stratégie risquée, qui dépend beaucoup du pressing exercé en amont sur l'adversaire pour l'empêcher de trouver ses joueurs offensifs dans de bonnes conditions. Pep Guardiola en est un adepte régulier.

Précisons par ailleurs que les cas d'infériorité numérique globale, en raison de l'expulsion d'un joueur ou d'une blessure qui ne peut être compensée faute de remplacements restants, sont très particuliers et résultent de facteurs extérieurs. Ils contraignent les entraîneurs à s'adapter en cours de match et perturbent leur plan de jeu. Une équipe à dix contre onze, si elle veut rester solide, adoptera généralement un schéma en 4-4-1, afin de conserver deux lignes de quatre compactes. Mais on a également vu des cas réussis de réorganisation en 4-3-2, pour avoir plus de présence en contre-attaque. Ce fut le cas de l'Olympique de Marseille, revenu de 0-1 à 1-1 à dix contre onze contre l'Olympique Lyonnais le 20 septembre 2015, dans un match où les incidents en tribune avaient plus marqué les esprits que le coup tactique réussi par Míchel, l'entraîneur phocéen.

Marseille 1-1 Lyon – Septembre 2015 – Seconde période

L'adaptabilité et la variable joueur

L'un des enjeux majeurs à l'échelle structurelle est donc une gestion des rapports de force numériques dans les différents secteurs : accepter une infériorité dans l'un pour la compenser ailleurs, prévoir la formation et l'approche adverses pour en atténuer les forces et en exploiter les faiblesses. Sans toutefois pousser la logique trop loin au risque que l'équipe « ne joue plus son jeu », selon la formule consacrée. « Tu essaies de mettre en place un truc pour contrarier l'adversaire, mais ce n'est pas fait que par rapport à lui, abonde Michel Der Zakarian, entraîneur du FC Nantes et ancien défenseur canari. Tu t'appuies aussi sur tes forces. »

Une approche partagée par Stéphane Moulin, qui a accompagné l'excellent début de saison du promu angevin au cours de la saison 2015-2016 (deuxième place après vingt journées). « Mettre une organisation en place, je pense qu'aujourd'hui tout le monde sait le faire. Mais il faut être capable de suivre sa philosophie tout en prenant en compte les qualités de l'adversaire. C'est ça, la grande difficulté, sur le plan tactique : ne pas perdre son identité, ses principes, mais être aussi capable de s'adapter, de jouer sur les faiblesses de l'adversaire. La marge de manœuvre est très fine. L'idée, c'est de moduler notre façon de faire sans se renier, sans changer. Il ne s'agit pas de donner des réponses, mais de donner des pistes. Ce serait préten-tieux de prétendre tout prévoir. » Raynald Denoueix a un exemple précis en tête : « Une fois, au Parc des Princes, on joue contre le PSG, il y avait Laurent Robert, superbe frappe du gauche. J'ai demandé : "Lui, quoi qu'il arrive, surtout, on le met sur son pied droit." Pas de problème. Sur une action où on attaque, une passe est trop longue et arrive jusqu'au gardien, qui relance rapidement. Laurent Robert passe entre Nicolas Laspalles et Alioune Touré et rentre dans l'axe, face à Micka [Landreau]. À 20 mètres, du pied droit, il nous fout une lucarne. »

José Mourinho, lui, va beaucoup plus loin. « Dans

la semaine qui précède le match, tout le travail et tous les exercices sont donc axés en fonction des caractéristiques de l'adversaire afin de pouvoir exploiter parfaitement ses points faibles, raconte le Portugais Tiago, qui a évolué sous les ordres de son compatriote à Chelsea lors de la saison 2004-2005. Il possède une capacité d'analyse extraordinaire, il établit tous les scénarios à l'avance, il met donc les joueurs dans les meilleures conditions, il leur transmet de la confiance et, surtout, il anticipe toutes les manœuvres de l'autre entraîneur durant la partie. Avec lui, on sait donc toujours ce qu'on a à faire et ce qui risque d'arriver sur le terrain. Et selon qu'on mène 1-0, par exemple, ou qu'on est menés 1-0, tout est prévu… » Mourinho, réducteur extrême d'incertitudes.

Ces ajustements impliquent, en tout cas, une préparation minutieuse de plusieurs systèmes et non d'un seul, afin de pouvoir s'adapter au mieux à n'importe quelle problématique posée par un adversaire. « Chaque entraîneur doit être capable d'avoir plusieurs solutions pendant un match », souligne Marcello Lippi dans l'ouvrage *Soccer Modern Tactics*, d'Alessandro Zauli. « Chaque équipe doit pouvoir évoluer dans trois systèmes, détaillait même le milieu de terrain espagnol Xabi Alonso en 2014, dans une interview au *Daily Mail*. Il faut s'adapter à chaque match, en fonction des circonstances. Ce n'est pas une question de loyauté envers une identité. Non, non, non. Il s'agit de connaître ses forces et montrer à ses joueurs ce qu'il faut faire à chaque match pour se préparer de la bonne manière. »

L'entraîneur espagnol Unai Emery est du même avis :
« On me critique parce que je change souvent de système. J'ai plus de 20 joueurs à mon service, des centaines de combinaisons possibles. Pourquoi devrais-je
m'en priver ? » Pour Roberto Martínez (Swansea,
Everton), cette faculté d'adaptation est primordiale.
« Dès que les joueurs sont à l'aise, change le système,
change la profondeur du bloc, dis-leur qu'ils doivent
défendre bas pendant quinze minutes, dis-leur qu'ils
défendent à cinq pendant dix minutes, conseillait-il
à Tim Lees, entraîneur de jeunes dans l'académie de
Wigan. Je veux des joueurs flexibles tactiquement en
fonction de la gestion des matchs. » Rafael Benítez partage les mêmes attentes : « J'aime changer. Je veux que
mon équipe soit capable de passer d'un 4-2-3-1 à un
4-4-2 voire à un 3-4-3. Elle doit même pouvoir évoluer
en cours de match, en fonction de ce qui se passe. »
    Stéphane Moulin, lui, a longtemps été un adepte
d'un seul et même système. « Pendant huit ans, je n'ai
fait que du 4-4-2 à plat avec toutes les équipes que
j'avais, confie-t-il. Pour moi, c'est l'organisation la plus
rationnelle sur le terrain. C'est ce qu'il y a de plus équilibré. Après, tout dépend des joueurs dont on dispose.
Le 4-4-2 à plat, dans l'animation offensive, nécessite
beaucoup de mouvement, beaucoup de permutations.
C'est un jeu très basé sur les couloirs. » Lors du mercato hivernal de la saison 2014-2015, le SCO d'Angers vend son meilleur joueur, Sofiane Boufal, à Lille.
Sixième de Ligue 2 à la trêve, à cinq points de la troisième place synonyme de montée dans l'élite, le club

du Maine-et-Loire, prétendant régulier à l'accession en L1, semble parti pour passer une nouvelle fois son tour. Mais Stéphane Moulin va trouver les réponses collectives à la perte de ce joueur primordial. Et notamment en décidant d'aller à rebours de ses propres convictions. « J'ai modifié le système à la trêve par rapport aux joueurs que j'avais, parce que c'est ça, la priorité, raconte-t-il. Mais c'était aussi pour surprendre les adversaires. Je m'étais aperçu qu'on était trop lisibles, trop prévisibles. Il n'y avait pas d'effet de surprise. Et puis, même pour les joueurs, changer de temps en temps, c'est les maintenir en éveil, en leur proposant quelque chose de nouveau. » Résultat : Angers ne perd que quatre matchs au cours de toute la phase retour et décroche son accessit pour l'élite, vingt et un ans après l'avoir quittée. Puis réalise dans la foulée, avec cette même organisation, un début de saison surprenant en Ligue 1.

Lors de son passage sur le banc toulousain (2008-2015), Alain Casanova a, lui, entrepris une démarche plutôt originale en Ligue 1 : il a imposé comme système de référence le 3-5-2, plutôt rare de ce côté-ci des Alpes. Depuis les équipes de jeunes jusqu'à l'équipe première, se détournant ainsi de son 4-1-4-1 initial. Ce qui a motivé cette décision ? un mélange de convictions personnelles, d'optimisation du potentiel de son effectif et d'identification aux principes d'une autre équipe : la Juventus Turin. « Je pensais le mettre en place à l'intersaison de 2013, raconte-t-il. J'ai suivi la Juventus la saison précédente. J'ai regardé tous ses

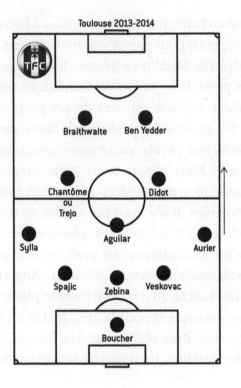

Toulouse 2013-2014

Braithwaite Ben Yedder

Chantôme Didot
ou
Trejo

Sylla Aguilar Aurier

Spajic Veskovac
Zebina

Boucher

matchs – une fois, deux fois, trois fois… Son système de
jeu correspondait à ce que je voulais faire. J'ai envisagé
notre passage à trois derrière (au printemps 2013) en
tenant compte de trois choses : d'abord on jouait de
plus en plus avec la volonté d'avoir la possession du
ballon, avec des joueurs qui participaient davantage,
notamment les latéraux. À la perte de balle, on était
souvent fragilisés. Notre jeu de position n'était pas
assez performant. Les lignes étaient étirées. On était
trop vulnérables sur notre transition défensive. Ensuite,
ma philosophie de jeu. Je voulais avoir le ballon, mais
je voulais être capable de défendre plus haut et plus

rapidement. Le système en 4-1-4-1 ne le permettait pas. Enfin, le profil des joueurs que j'avais. Notamment [Wissam] Ben Yedder. C'est un formidable footballeur et j'avais l'impression de le brider dans ce système, dans un rôle de faux numéro 9, un peu à la barcelonaise. Il a été satisfaisant – il a marqué 15 buts en L1 la saison passée –, mais je pensais qu'il pouvait nous apporter plus dans un système à deux attaquants. »

Une trentaine d'années plus tôt, Johan Cruyff cherchait, à travers les systèmes de jeu, à obtenir un ascendant structurel décisif sur ses adversaires, comme il l'a détaillé dans sa chronique pour *De Telegraaf* en septembre 2015 : « Dans les années 1980, quand j'étais entraîneur de l'Ajax, tous nos adversaires jouaient en 4-4-2 avec deux attaquants. Dans le but d'obtenir un avantage tactique, on a décidé d'aligner trois défenseurs, en passant du 4-3-3 à un 3-4-3, dans lequel notre milieu de terrain formait un losange. En réalité, ce n'était pas un 3-4-3, mais plutôt un système en 3-1-2-1-3, dans lequel deux lignes supplémentaires se créaient, qui perfectionnaient l'exécution du jeu de position. Le "numéro 10" était la pointe haute du losange qui jouait derrière les trois attaquants. À l'Ajax, j'ai choisi John Bosman dans cette position, et plus tard au Barça, ce fut José María Bakero. Après quelques années, les adversaires ont découvert cette petite astuce et ils ont décidé d'aligner trois attaquants. Ils jouaient parfois avec un axial et deux ailiers, ce qui nous a obligés à revenir à quatre défenseurs. Avant ça, aligner un 10 supposait une situation de risque. Pour préserver l'équilibre adéquat, le milieu ne devait pas s'aligner en attaque, mais plutôt dans une position plus reculée. Il fallait donc mettre un "numéro 6" à la place d'un "numéro 10". Il faut juste jeter un coup d'œil aux deux numéros qu'il y a au milieu de la formation pour voir qu'avec un 10, deux joueurs sont derrière et un devant (2+1), alors qu'avec un 6 il y en a un derrière et deux options de passe devant (1+2). De cette manière, tu fais d'une pierre deux coups. Tant défensivement qu'offensivement, tu as un joueur de plus. Si tu joues avec un 10, il y aura des problèmes quand l'adversaire réalisera une passe longue vers un des attaquants. Dans ce cas, il y aura seulement deux milieux défensifs – au lieu de trois – qui devront couvrir les 60 mètres de largeur du terrain. Et ça, c'est impossible à faire. »

L'approche globale voulue par un entraîneur n'est donc pas le seul et unique facteur de choix, bien au contraire. On n'a d'ailleurs que superficiellement évoqué le plus important : le joueur, cet « interprète privilégié des rêves et sentiments de milliers de personnes », *dixit* César Luis Menotti, ancien sélectionneur champion du monde avec l'Argentine en 1978 et apôtre lyrique du beau jeu. Un joueur qui influe directement sur le choix de l'organisation, les rôles attribués à chaque poste et l'animation du système (même si le schéma choisi guide parfois en retour le recrutement ou la sélection...). « Le système, l'organisation dépendent des joueurs que l'on a, c'est clair et

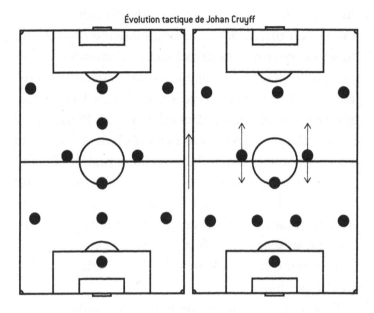

Évolution tactique de Johan Cruyff

net, martèle Raynald Denoueix. Le maître mot dans
le foot, c'est être cohérent. Donc avec les joueurs que
l'on a, on essaie de s'organiser, parce qu'on veut s'animer d'une certaine manière. Tout ça, c'est lié. » « Vous
êtes tributaire des joueurs que vous avez, confirme
Philippe Montanier (Valenciennes, Real Sociedad,
Rennes). On peut parler de tactique, de méthodes,
de ceci, de cela. Mais ce qu'il faut, d'abord, ce sont
les joueurs. » « Pour avoir eu différents niveaux
d'équipes, différents joueurs, il faut être pragmatique
dans le sens où l'organisation de jeu générale doit cor-
respondre aux caractéristiques du groupe, au potentiel des joueurs à notre disposition, ajoute Élie Baup.
À Bordeaux, à l'époque, j'avais Micoud et Benarbia,
deux numéros 10. Je ne me sentais pas d'en mettre

un seul sur le terrain. Je voulais utiliser les deux joueurs au mieux. C'est de pragmatisme dont il faut faire preuve : on a ces deux joueurs, comment utiliser les deux ? » Guy Lacombe s'inscrivait dans la même logique lors de son passage à Sochaux : « J'avais trois très bons attaquants : Mickaël Pagis, et Pierre-Alain Frau et Santos, qui étaient deux flèches. Au lieu d'en laisser un sur le banc, dans certains matchs j'ai fait le fameux trident, dans ce qu'on appelle maintenant le 4-4-2 en losange. C'est à vous de connaître votre effectif. Il faut être dans ce qu'on sait faire de mieux, là où on se sent le plus fort. L'expérience vous amène à un projet d'équipe. Pour moi, ce qui prime, c'est la qualité des joueurs. »

Il faut parfois un peu de temps aux jeunes entraîneurs pour intégrer cette donnée, comme le raconte Carlo Ancelotti dans *Mes secrets d'entraîneur* : « J'ai commencé à entraîner en appliquant le module 4-4-2, mais, face à la réalité du terrain, aux difficultés rencontrées, le temps et l'expérience m'ont conduit à penser qu'un système de jeu est comme un costume taillé sur mesure, avec lequel l'entraîneur doit habiller le groupe de joueurs dont il dispose. » Aujourd'hui, il ne renoncerait donc pas à recruter un Roberto Baggio, comme il l'a fait lorsqu'il entraînait Parme, au simple prétexte qu'il ne le voyait pas entrer dans son cadre strictement établi d'alors.

Cette évolution caractérise également Louis Van Gaal. Longtemps, le Néerlandais a été un fondamentaliste du 4-3-3. « Je joue toujours en 4-3-3 », affirmait-il d'ailleurs dans une interview à Fifa TV en décembre 2013. Une rigidité qui dépasse d'ailleurs le simple cadre tactique[1] et qui lui valut, par le passé, de nombreux clashs avec des joueurs qu'il peinait à faire entrer dans son cadre préétabli, comme le Brésilien Rivaldo au Barça. Alors à l'approche de la Coupe du monde 2014, au Brésil, le plan de jeu de ses Pays-Bas était clairement défini. Mais un coup dur est venu tout chambouler : la blessure au genou du capitaine oranje, Kevin Strootman, à trois mois du début de la compétition. « Nous n'avons pas de deuxième Strootman, constatait Van Gaal. Il avait une dynamique capable d'instaurer un équilibre dans le milieu de terrain. J'avais envie de jouer avec un milieu de terrain créatif, un qui soit dynamique et un qui joue un rôle défensif. Je dois maintenant y renoncer. Nous ne pouvons plus jouer comme j'en avais l'intention. Je dois trouver une autre approche. » Et renoncer à son 4-3-3, presque un blasphème au pays de (son ennemi) Johan Cruyff et du football total.

Inspiré par l'organisation défensive du Feyenoord Rotterdam, Louis Van Gaal décide, en concertation avec ses leaders Robin Van Persie et Arjen Robben, d'adopter une défense à trois et une approche réactive, basée sur la contre-attaque. Pari gagnant : les Oranjes, très flexibles tactiquement en fonction de

---

1. Lors de son premier passage à la tête des Pays-Bas, il avait imposé le port des chaussettes à ses joueurs et à son staff en toute circonstance. Lors de son arrivée à Manchester United, à l'été 2014, l'une de ses premières mesures a été d'imposer un déjeuner quotidien à 13 heures pile.

leur adversaire, décrocheront une troisième place surprise au Brésil, grâce à une organisation défensive
remarquable, compensant parfaitement les lacunes
individuelles, et des attaques rapides dévastatrices qui
ont emporté l'Espagne dès le premier match (5-1). « Je
n'attendais pas autant de buts, mais la façon dont on
a marqué, elle, était attendue, affirma Louis Van Gaal
après la rencontre. C'est le résultat de l'investissement
des joueurs et de leur volonté d'exécuter un système
qu'on travaille depuis plusieurs semaines. »

En plus d'en définir la forme, le joueur donne à une
formation son visage concret, son application dynamique. « C'est le coach qui met en place le système,
mais ce sont quand même les joueurs qui l'animent,
juge Stéphane Moulin. Le top, c'est quand tout le

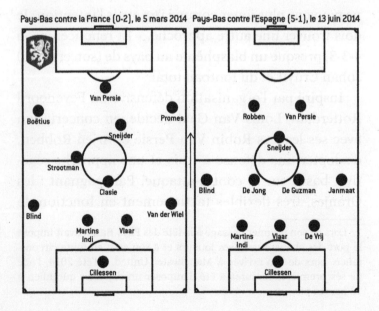

Pays-Bas contre la France (0-2), le 5 mars 2014 Pays-Bas contre l'Espagne (5-1), le 13 juin 2014

monde pense la même chose au même moment. Parce que ça donne quelque chose de cohérent et difficile pour l'adversaire. Quand tout le monde anticipe ce que va faire le partenaire, à la fois avec ballon et sans ballon, c'est déjà un grand pas de fait. »

Il existe toutefois en France un rare exemple de l'approche opposée, permis par la continuité offerte par un club à son entraîneur. À Lorient, Christian Gourcuff a pu construire une équipe à partir de son approche, recrutant au fil du temps des joueurs choisis pour leur compatibilité tactique notamment. Au fil de ses trois passages (1982-1986, 1991-2001, 2003-2014), l'entraîneur breton a fait monter le club merlu de la Division d'honneur (sixième échelon) à l'élite du football français grâce à sa méthode rigoureuse et minutieuse, imprégnée de son passé de professeur de mathématiques. « Au FC Lorient, nous avons choisi une organisation qui reste immuable, parce que travailler les automatismes impose de ne pas changer de système à tout bout de champ, racontait-il dans une conférence en 2009, retranscrite par le magazine *Vestiaires*. Cette organisation doit être suffisamment souple pour s'adapter aux qualités des uns et des autres, et suffisamment stable pour favoriser les mécanismes collectifs. À ce titre, le 4-4-2 répond bien à ces exigences. Il apparaît comme le système le plus rationnel, notamment en termes d'occupation de l'espace. Chacun peut y trouver sa place. » Et il ne changera pas, hormis un rare moment de passage à trois derrière, pour profiter de trois bons stoppeurs et placer Stéphane Pédron en meneur de jeu d'un 3-4-1-2, sous l'influence du 3-4-3 d'Alberto Zaccheroni avec l'Udinese (1995-1998). Pour Christian Gourcuff, ce système en 4-4-2 est capable de régler tous les problèmes que peut poser un adversaire. « On ne s'adapte jamais aux adversaires. Ce qui ne veut pas dire qu'on ne tient pas compte de l'adversaire. On considère que notre organisation doit répondre aux problèmes que l'on va trouver sur le plan offensif ou défensif. La semaine, on se prépare donc à ces problèmes, quelle que soit l'équipe en face. Simplement, on sait qu'avec certaines formations, les problèmes seront plus ou moins présents. »

Les joueurs allaient et venaient, beaucoup ont vu leur carrière s'accélérer grâce à leur passage lorientais. Les hommes passaient, l'organisation restait, avec la même efficacité. « J'ai aimé et j'étais assez impressionné par le fait qu'il perdait tous les ans ses meilleurs joueurs, et qu'il était capable de reconstruire une équipe avec les mêmes principes de jeu, glisse Stéphane Moulin. Les joueurs changeaient, mais le style, le système restaient en place, avec toujours autant de cohérence. C'est une sacrée marque de fabrique. Et après, il savait choisir des joueurs capables de jouer dans son système, avec ses principes. » « Christian Gourcuff faisait un club, souligne Raynald Denoueix. Il choisissait donc des joueurs capables d'entrer dans son organisation et dans son idée de jeu. À partir de là, ceux qui arrivaient pouvaient jouer en 4-4-2. C'est particulier, parce que

Gourcuff a passé quelques années à Lorient, comme Guy Roux à Auxerre. Donc les joueurs qu'ils prennent, ils savent qu'ils vont pouvoir répondre à ce qu'ils vont demander. » Tous les entraîneurs n'ont pas ce luxe, et beaucoup doivent composer avec un effectif qu'ils n'ont pas choisi.

Le successeur de Christian Gourcuff sur le banc lorientais, Sylvain Ripoll, est imprégné des mêmes principes, en raison de son passé de joueur merlu puis entraîneur adjoint. Il a donc, d'abord, reconduit systématiquement le fameux 4-4-2 à plat devenu marque de fabrique du club. Mais la donne changea lorsque Lorient fut en difficulté en fin de saison 2014-2015. Pour solidifier son entrejeu et sécuriser son arrière-garde, l'entraîneur breton passa à un schéma en 4-1-4-1, une première fois au Parc des Princes, contre le PSG. La défaite finale (3-1) concédée dans les dix dernières minutes résuma mal la bonne prestation lorientaise. Après une série de contre-performances dans la foulée, Sylvain Ripoll retenta un 4-1-4-1 au Vélodrome contre l'Olympique de Marseille de Marcelo Bielsa le 24 avril 2015, lors de la 34e journée. Spectaculaire victoire 5-3 en guise de validation de ce choix fort. Lorient était 18e et premier relégable au coup d'envoi, il sortira du week-end 16e et ne retournera plus dans la zone rouge de la saison. « S'il suffisait qu'on change d'organisation pour être performant, ça se saurait, nuança Sylvain Ripoll après le match. C'est une petite modification qu'il fallait apporter, car elle correspond aux états de forme, par rapport aux manques qu'on avait. » « Parfois, le cadre tactique, ça sécurise les joueurs, ils se disent : "Le coach a trouvé un truc, on va être plus forts", relève toutefois Guy Lacombe, tuteur de Sylvain Ripoll dans le cadre du BEPF. Les entraîneurs français sont créatifs. Regardez bien. Une équipe marche bien pendant un moment, l'adversaire commence à comprendre le système et met en place des choses pour le contrer. On est pas mal, en France. On n'est pas italiens, mais on est pas mal. »

Ce débat parfois volontairement simpliste de la primauté du joueur ou du système recoupe celui de la responsabilité du joueur par rapport à celle de l'entraîneur. On distingue deux écoles de pensée définissables parmi un large éventail de points de vue. D'abord celle pour qui l'organisation prime sur l'individualité. « Quand les gens disent que je ne peux pas jouer en 3-4-3, 4-3-3 ou 4-2-3-1, je pense que c'est un mensonge, explique ainsi Diego Simeone, le fougueux entraîneur argentin de l'Atlético Madrid, dans son livre *Partido A Partido* ("Match après match"). Un joueur, quand il veut et qu'il y a des gens au-dessus de lui qui l'amènent à être confiant en ce qu'il fait, pourra évoluer dans n'importe quel système. » De l'autre côté du spectre, il y a ceux qui insistent plutôt sur l'impact des joueurs, même dans un cadre plus ou moins imposé, ce qui reste d'ailleurs un choix tactique en temps que tel. « Je dispose soigneusement les joueurs sur le terrain, mais ce qui se passe, c'est qu'ils bougent une fois le match commencé... » disait l'ancien sélectionneur argentin Alfio Basile dans *So Foot*.

« Il n'y avait pas de poste fixe, mais une position de départ, expliquait pour sa part Jean-Claude Suaudeau au sujet de son FC Nantes, qu'il a entraîné de 1982 à 1988 et de 1991 à 1997. Après, chacun évoluait librement, en s'efforçant de recouvrir toujours l'espace que l'autre avait libéré. »

« L'organisation tactique est un moyen de permettre à vos talents d'être efficace, de gagner un match, résume l'Espagnol Roberto Martínez. Il y a un danger à essayer d'être trop intelligent. Le système parfait n'existe pas, ce sont les joueurs qui font que le système a l'air parfait. Je ne veux pas me reposer sur un système pour gagner un match, je veux me reposer sur un joueur. » Car, après tout, « les systèmes de jeu ne sont pas aussi importants que la motivation, sans laquelle une équipe ne peut avoir aucune organisation, indique le tacticien italien Arrigo Sacchi. Je ne pense pas que le dispositif importe. Ce que je veux dire, c'est que l'équipe ne doit pas être influencée par lui. Ce qui est important est son interprétation. Quand j'étais au Milan [...], notre vraie formation n'avait pas de chiffres, c'était le mouvement, un mouvement en lien avec le ballon, l'adversaire et le terrain. » Quel que soit le système, l'objectif reste de « mettre le joueur dans les meilleures conditions pour qu'il exprime tout son potentiel ». Car, comme l'indique le Roumain Mircea Lucescu, « c'est l'organisation du jeu qui aide les grands joueurs à se transcender et à être bons sur le terrain ».

« Le système, c'est le moins important, confirme

Ricardo Zielinski, entraîneur de Belgrano, à *So Foot*. Tous les systèmes ont été champions, tous les systèmes ont été relégués. L'important, c'est les joueurs, toujours. » « Si vous demandez aux initiés ce qu'est un système de jeu, je pense que beaucoup d'entre vous répondront qu'il n'est que la disposition des joueurs sur le terrain (et, j'ajouterais, surtout dans la phase défensive du jeu), complète Carlo Ancelotti. Très peu – voire personne – vous diront combien sont, en revanche, fondamentaux les rôles assignés à chacun des joueurs. »

Le problème survient lorsque l'intelligence tactique de ceux-ci, que l'on pourrait définir comme la faculté à résoudre les problèmes posés, est limitée. « Ce qui est difficile, c'est d'avoir des bons joueurs qui savent interpréter le jeu, qui ont cette intelligence », acquiesce le chef d'orchestre espagnol Xabi Alonso. « L'intelligence tactique, c'est prendre l'information, insiste Raynald Denoueix. Informez-vous, regardez ! La grosse différence, c'est savoir avant de recevoir. Prendre des infos, les trier, décider, exécuter. L'exécution, c'est technique et physique à la fois. Le physique et la technique, ce sont des moyens, mais d'abord, tu réfléchis, et tu exécutes ce que tu as pensé. L'ordre chronologique, c'est d'abord tactique, d'abord penser. Tu penses avant de taper dans le ballon. Mais il y a ceux qui font l'inverse, et là ça ne va pas, les bourrins. » « Ce sont les joueurs qui décident et qui doivent prendre les décisions sur le terrain, mais tous ne voient pas la solution, déplorait également Louis

Van Gaal dans *El País* en février 2006. Guardiola était un joueur intelligent. Il discernait toujours le besoin de l'équipe. Xavi en est capable aussi. Xavi interprète. Et puis il y a un autre problème : communiquer. Il y a des joueurs qui voient, mais ne parviennent pas à communiquer. Et il y a ceux qui communiquent, mais ne comprennent rien. Que ceux-là se taisent. Ils sont dangereux. »

Il y a une part d'inné, mais l'éducation est également primordiale. « Un 4-4-2 basique, tous les joueurs le maîtrisent, car ils l'ont tous pratiqué dans leur jeunesse, explique ainsi Éric Carrière. À l'inverse, un milieu en losange, cela demande une réflexion les uns par rapport aux autres. À quel moment faut-il monter sur l'adversaire, par exemple ? Il faut une sacrée intelligence de jeu, et elle doit être commune. » Elle fait parfois défaut, mais ceux qui en sont pourvus se démarquent aisément. « Le sens tactique, pour le joueur, c'est donner une réponse la plus rapide possible à une situation donnée, définit Stéphane Moulin. Il y a toujours plusieurs solutions, plusieurs réponses à une situation du moment. Un joueur qui possède un sens tactique choisit toujours la bonne. » L'importance de l'éducation tactique du joueur est alors cruciale. Elle n'est pas la même partout. « Les joueurs ont [en Italie] une éducation tactique, une compréhension du jeu en moyenne plus élevée qu'en Angleterre, juge Rafael Benítez. Ils sont très réceptifs à un discours très pointu sur ce plan, ils sont plus réactifs aussi aux changements de système car ils en ont une connaissance plus élevée qu'ailleurs. » De quoi élargir le champ des possibilités tactiques pour l'entraîneur. Les joueurs français qui s'exportent dans la Botte prennent d'ailleurs rapidement conscience de ce décalage culturel, à l'image d'Anthony Mounier, passé de Montpellier à Bologne à l'été 2015 : « En Italie, la tactique, c'est vraiment quelque chose de spécial, confirme-t-il dans *L'Équipe*. Tous les jours à l'entraînement, on fait des exercices, offensifs, défensifs. On travaille le placement, les déplacements en fonction de ceux des autres. Parfois, c'est au centimètre près et j'exagère à peine. » La « tactique individuelle » est d'ailleurs l'un des axes de progression majeurs pour le football français pour Carlo Ancelotti, passé sur le banc du PSG entre 2011 et 2013. « On en vient de plus en plus à la connaissance du joueur et de soi, nous confirme Guy Lacombe. On veut le rendre de plus en plus intelligent. J'ai connu une période où le jeune joueur avait conscience que l'entraîneur voulait son bien. Maintenant ils ont tellement de gens autour d'eux avec plein d'intérêts que le coach est le dernier des conseillers. »

Quoi qu'il en soit, l'opposition structurelle, vivante et évolutive, varie souvent d'une action à l'autre en fonction du libre arbitre – de l'indiscipline au génie du déplacement – des éléments qui la composent. D'une composition d'équipe à une autre, de l'interprétation d'un poste par l'un ou l'autre des joueurs, un match de football mettant aux prises deux systèmes en apparence identiques n'aura pas le même visage. « Arsène Wenger ne réfléchit pas en termes de systèmes, témoigne d'ailleurs Dennis Bergkamp dans son autobiographie. Il réfléchit en fonction des joueurs, des joueurs intelligents, et il leur laisse déterminer le système sur le terrain. » « Dans une équipe idéale, vous avez onze joueurs à la hauteur, qui correspondent à leur rôle, qui s'équilibrent entre eux, souligne Roy Hodgson, sélectionneur de l'Angleterre. Dans une situation encore plus utopique – possible si vous êtes Manchester United ou le Milan –, vous en avez vingt-deux, pas onze. Et il faut faire en sorte qu'ils soient tous heureux, ce qui n'est pas simple. »

Carlo Ancelotti résume toute la complexité de la recherche du système tactique idéal dans son livre :

« Chaque système de jeu, et cela indépendamment du choix fait par l'entraîneur, a besoin d'être :

- concret

En somme, il doit fonctionner, et donc :

Il a besoin de joueurs capables de s'intégrer dans l'équipe pour que l'on puisse valoriser les qualités et annuler les défauts de chacun.

Il doit disposer le joueur sur le terrain de sorte que ses qualités puissent être exaltées.

- efficace

Pour cela il faut qu'il soit :

– équilibré, c'est-à-dire à même de garantir une solidité durant les deux phases de jeu (avec possession et sans possession du ballon) ;

– flexible, c'est-à-dire capable de s'adapter aux exigences du match et aux différentes dispositions tactiques des adversaires ;

– rationnel, en d'autres termes, capable d'exalter et d'exprimer les caractéristiques des joueurs. »

LES POSTES

Si vous débarquez dans une nouvelle équipe, que ce soit en club ou le dimanche au bois, à onze comme à cinq, on ne vous demande pas quel est votre niveau, ni si vous êtes gaucher ou droitier, ni si vous préférez les ballons dans les pieds ou en profondeur. Avant même le nom du club que vous supportez, avant même votre prénom, on vous demande quel est votre poste. On ne demande pas comment vous jouez, on demande où. Où est-ce que vous avez l'habitude d'être rangé sur un terrain ? Car les postes sont les repères fondamentaux, prioritaires – des critères partagés par tous ceux qui ont commencé à s'intéresser un peu au foot. Un joueur qui n'a pas de poste n'est pas un joueur de foot – à partir du moment où on met le pied sur le terrain, on doit savoir « ce qu'on joue », sinon on attendra sur la touche d'avoir une idée de poste ou qu'un joueur se blesse (dans le monde amateur, on ira aux cages).

La mission de l'entraîneur des tout-petits rejoint alors celle des professionnels : marier un joueur, dont les caractéristiques sont progressivement identifiées, au poste qui lui conviendra. Parfois, une nouvelle rencontre occasionne un divorce, et posté ailleurs le joueur peut réaliser qu'il est maintenant plus heureux. Généralement, il vieillit, alors il faudra repenser la position et les missions qui lui conviendront. Parfois, il doit se mettre au service de l'équipe, et jouer arrière droit même s'il est attaquant.

L'entraîneur devra donc trouver pour chacun le poste qui lui conviendra, mais cela doit s'entendre en deux sens : premièrement, parce que le joueur pourra pleinement s'exprimer ; deuxièmement, parce qu'il participera harmonieusement à la tactique mise en place, où il sera le rouage d'une mécanique bien huilée. Et ce double objectif n'est pas toujours aisé ni possible à atteindre (surtout si l'entraîneur n'a pas décidé du recrutement). Dans ses *Secrets d'entraîneur*, Ancelotti admet par exemple, avec des regrets manifestement sincères, qu'il n'a pas su exploiter le potentiel de Gianfranco Zola pour la bonne et simple raison qu'il a voulu le faire entrer, de force en quelque sorte, dans son système prédéfini. Plus rigide parce que plus prudent, « le Mister », au début de sa carrière, avait trop considéré l'équipe en formation, et pas assez le joueur. Il en tirera une leçon qui le conduira, à plusieurs reprises, à moduler son système en fonction d'un joueur placé prioritairement au poste où il est le meilleur (Pirlo, Zidane, Lampard…).

Le poste est donc une caractéristique fondamentale du footballeur. Sa définition oriente les compétences à développer ou à acquérir, elle impose des missions, elle requiert une liste de compétences potentielles. La définition d'un poste fixe, en définitive, des attentes préexistantes, des exigences, un minimum requis. Même si les entraîneurs, comme Raynald Denoueix, aimeraient que les joueurs sachent tout faire : « Pour jouer avant-centre, gardien, latéral, il faut avoir des caractéristiques, bien sûr. Mais n'importe quel joueur doit être capable de jouer à n'importe quel poste, avec plus ou moins d'efficacité. Il n'y a pas de raison. »

Reste que le joueur concerné par le poste ne peut jamais accumuler toutes ces aptitudes répertoriées dans les définitions. Un joueur à son poste aura toujours une façon singulière de l'occuper. On compare volontiers les équipes à des puzzles ou à des machines, dont les joueurs, et les postes qu'ils occupent, sont les pièces qui doivent s'emboîter mais cette analogie est trompeuse, car les postes ne sont pas des pièces préalablement pensées pour s'emboîter tranquillement avec d'autres, conformément à un modèle. Les joueurs prenant les postes sont des pièces brutes et singulières, qui ont une matière et des caractéristiques propres (qualités et défauts, préférences personnelles...) qui restent encore à façonner pour remplir les objectifs définis plus haut (ne remontez pas, on répète : exalter les qualités du joueur, servir la tactique collective).

Chaque footballeur est donc souvent résumé, comme dans les jeux vidéo, par son ou ses postes de prédilection. Mais chaque joueur tient aussi son poste à sa façon. Alors, qu'est-ce qu'un poste ? Ce n'est pas un objectif précis et figé, vers lequel tout joueur concerné devrait tendre. La définition d'un poste est une sorte de synthèse commode, qui donne de chaque mission sur un terrain une image parfois approximative. En d'autres termes, la définition d'un poste n'est pas une liste de figures de danse classique, que les corps parfaitement disciplinés des danseurs doivent s'appliquer à reproduire avec exactitude. Les changements « poste pour poste » ne font d'ailleurs pas dire au supporter que ça va être exactement la même chose. Un poste, c'est virtuel, ça ne devient réel que lorsqu'un joueur le prend, et il le prend toujours comme il l'entend (ou comme il le peut).

Ainsi, le but de cette partie est à la fois de présenter le poste tel qu'il est traditionnellement caractérisé dans ses grandes lignes, et ce qu'il tend à devenir mis en situation dans le football moderne, tenu par les joueurs modernes, en s'attachant plus prioritairement aux spectaculaires et récentes évolutions dont chaque poste a bénéficié (ou qu'il a subi).

Lorsque des joueurs ont maîtrisé ou révolutionné un poste, ils ont généralement fini par véritablement en incarner la définition. Certains joueurs concrets qui ont bousculé ou parachevé la définition préalable d'un poste ont alors rebroussé chemin : matérialisant parfaitement une façon de faire, ils sont devenus modèle théorique, ils sont eux-mêmes devenus une définition. De même qu'on ne trouve plus de libero « à la Beckenbauer », on risque de voir de plus en plus de gardien « à la Neuer ». La pluralité de ces impeccables modèles a d'ailleurs généré une telle diversité de styles que les numéros de 1 à 11, initialement attribués en fonction de la place occupée, ne sont plus vraiment des repères précis. Makelele et Xavi sont par exemple des numéros 6 qui n'ont pas tellement de points communs. Il en va de même pour chacun des postes, présentés ici tour à tour.

Gardien : un onzième joueur de champ ?

Un tacle le long de la ligne de touche, un autre à 25 mètres de ses buts, une sortie de la tête pour devancer un attaquant adverse... En cette soirée du 30 juin 2014, à Porto Alegre, plus que la difficile victoire de l'Allemagne sur l'Algérie (2-1 après prolongation) en huitième de finale de la Coupe du monde, c'est la performance de Manuel Neuer qui est au centre de toutes les discussions. Pendant cette rencontre, le gardien de la Mannschaft a touché 21 ballons hors de sa surface, un total ahurissant. Un « hara-kiri », pour Oliver Kahn, l'un de ses prestigieux prédécesseurs dans les buts allemands, au style beaucoup plus traditionnel. Il est l'un des seuls à porter un jugement négatif. Neuer reconnaît d'ailleurs n'avoir « pas le droit d'hésiter parce que cela se joue au dixième ou au centième de seconde ». La *heatmap* (carte de chaleur) de son match contre l'Algérie révèle l'étendue de sa zone d'action, qui s'étend bien au-delà de sa surface de réparation.

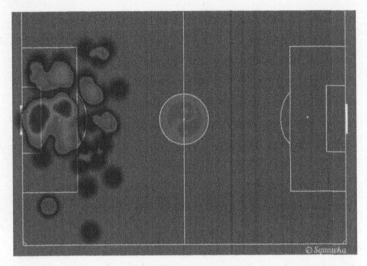

Image Squawka.com

Presque un véritable défenseur supplémentaire, coupant court les contre-attaques adverses et participant même à la construction du jeu depuis l'arrière. « J'ai rarement vu un meilleur libero, peut-être même meilleur que Franz Beckenbauer », osa Andreas Köpke, entraîneur des gardiens de la sélection allemande, après la rencontre. Quelques semaines plus tard, dans le documentaire *Die Mannschaft*, qui fait revivre de l'intérieur le parcours de l'Allemagne au Brésil, l'ancien portier marseillais va même plus loin : « On a gagné avec onze joueurs de champ. »

Une stratégie risquée, mais maîtrisée, qui permit à l'Allemagne de jouer haut et d'aller jusqu'au sacre. Qui plus est très bon sur sa ligne, Manuel Neuer a acquis en quelques semaines une énorme cote de popularité, terminant sur le podium du Ballon d'or 2014, lui qui n'avait jamais été pressenti comme lauréat potentiel auparavant – alors même qu'il évoluait déjà de la sorte. « J'ai toujours été un gardien qui aime sortir et défier les attaquants, confirme-t-il au site Squawka. com. Je pense que les gens le remarquent simplement un peu plus maintenant. On n'a pas une équipe avec dix joueurs de champ et un gardien, isolé de son côté. On a une équipe avec onze joueurs, mais celui le plus en retrait peut utiliser ses mains. »

Pourtant, par définition, le dernier rempart n'a toujours eu qu'une fonction principale : ne pas encaisser de buts. Il est avant tout jugé sur sa capacité à repousser les tentatives adverses. Mais désormais, on l'envisage autrement. Puisqu'il a autant le droit que les autres d'utiliser ses pieds, pourquoi ne pas l'intégrer dans les circuits de relance et en faire un joueur de champ à part entière ? « Je veux juste que mes partenaires sachent que je veux aider balle au pied, même quand c'est critique et qu'ils ne savent pas quoi faire, déclarait l'Allemand Kevin Trapp à son arrivée à Paris, à l'été 2015, quelques semaines avant de prendre son premier but contre Bordeaux à la suite d'un contrôle raté. Je veux être un onzième joueur, les aider quand il le faut, qu'ils se sentent bien. Je veux jouer comme ça, pas juste rester sur ma ligne. » Relégué sur le banc parisien par le portier allemand, l'Italien Salvatore Sirigu était d'ailleurs vivement critiqué pour l'imprécision de son jeu au pied, dans une équipe qui aime garder le ballon et repartir proprement depuis l'arrière.

Déjà, par le passé, des gardiens, à l'image du portier de l'Ajax des années 1970 Heinz Stuy, ont été attirés par le jeu. Parfois même un peu trop. Prenez René Higuita, le fantasque gardien colombien. Il a payé au prix fort ses prises de risque en prolongation du huitième de finale de la Coupe du monde 1990 face au Cameroun. Roger Milla, pas abusé par son dribble à une vingtaine de mètres du but, a pu lui prendre le ballon et envoyer son équipe en quart de finale, signant un doublé (2-1). Même si le spectacle était là, le ratio avantage/risque beaucoup trop faible n'a pas vraiment suscité les vocations. D'autant qu'Higuita avait des qualités spécifiques qui ne se retrouvaient pas chez les autres portiers. « Avant, on disait que les gardiens qui utilisaient beaucoup leurs pieds étaient fous, se souvenait-il dans une interview pour le site de la FIFA en 2007. Mais avec les nouvelles lois, on doit le faire de plus en plus. »

La transition vers un nouveau type de gardiens de but a ainsi été accélérée par l'interdiction, à partir de 1992, de prendre à la main une passe de l'un de ses coéquipiers[1]. Une décision motivée en partie par le Mondial 1990, au cours duquel les gardiens touchaient en moyenne le ballon quatre minutes par match. « Le jeu devient plus attractif, les gardiens de but ont moins d'occasions de jouer la montre », justifiait Sepp

---

1. Parmi les autres évolutions historiques, certaines amendées, retenons l'interdiction de se saisir du ballon à la main en dehors de la surface de réparation (en 1903), l'interdiction de faire plus de quatre pas avec le ballon (1967) et de le garder plus de six secondes avant de dégager (1997).

Blatter, alors secrétaire général de la FIFA, après une expérimentation l'année précédente lors de la Coupe du monde des moins de 17 ans. Champion du monde 1998 avec les Bleus, Fabien Barthez était réputé pour la qualité de son pied gauche. Il participait d'ailleurs régulièrement aux séances d'entraînement en tant que joueur de champ. « J'aime le risque, l'adrénaline du risque, confiait-il en 2003. J'aime le jeu, tout simplement. » « Avec l'interdiction de la passe en retrait, l'établissement de la règle des six secondes pour dégager, le gardien doit être à l'aise avec ses pieds, en mesure de relancer en première intention, donc d'analyser les situations de jeu, jugeait dans *L'Équipe* Dominique Dropsy, l'ancien portier des Girondins de Bordeaux, décédé en 2015. Le rôle du gardien a tellement changé que, désormais, il représente, pour moi, 50 % du résultat de son équipe. » « On est encore plus important, car c'est huit ballons sur dix qu'un gardien touche au pied, se satisfaisait Mickaël Landreau, recordman des apparitions en première division (618) avec Nantes, Paris, Lille et Bastia. Cette règle a favorisé ma carrière. »

Le processus est encore en cours et on ne peut pas encore deviner jusqu'où il ira. Son emblème est toutefois unanimement reconnu : Manuel Neuer, donc. Le joueur du Bayern Munich possède de vraies qualités balle au pied, et celles-ci ont été encore plus mises en valeur depuis l'arrivée de Pep Guardiola en Allemagne, au cours de l'été 2013. S'appuyant sur la philosophie de construction au sol, qu'il avait déjà mise en place à Barcelone avec Victor Valdés, il a exploité à plein les talents de l'Allemand. « Quand tu es défenseur, tu peux lui passer la balle les yeux fermés », estime Uli Hoeness, l'ancien président du Bayern.

À l'heure où le football de possession fait de plus en plus école, compter dans ses rangs un gardien capable de jouer au pied est un atout supplémentaire. En remplacement de Valdés, Barcelone a ainsi misé sur Marc-André Ter-Stegen, qui enchaîne les transversales parfaites de 40 mètres à l'échauffement, comme n'importe quel autre élément du club catalan, et souvent mieux que les adversaires. Il n'est pas encore le gardien-libero que son compatriote a popularisé, et il a d'ailleurs été puni à plusieurs reprises pour des sorties aventureuses, même si on l'a vu réussir un dribble sur un attaquant du BATE Borisov au poteau de corner, un soir de novembre 2015, en Ligue des champions. Mais son arrivée dans un grand club, comme celle de Kevin Trapp à Paris, prouve, en tout cas, que les critères de recherche ont évolué. Les équipes qui jouent bas, et elles sont encore nombreuses, auront toujours besoin d'un gardien capable de faire des arrêts réflexes et des sorties aériennes autoritaires. Les autres, souvent prestigieuses et dominatrices, iront de plus en plus vers ce profil complet. Impossible de prédire aujourd'hui à quel point Manuel Neuer fera école, mais sa réussite, qui a inspiré les critères de formation de ses compatriotes, fait du gardien un poste en pleine mutation et qui refuse de plus en plus la spécialisation.

Libero : l'extinction inéluctable

Les bateaux de pêche se mettent en branle dans le port de Salerne, en Campanie. Nous sommes au lendemain de la Seconde Guerre mondiale. La cité de 80 000 habitants est encore marquée des stigmates des combats. En 1943, elle a été choisie par les Alliés pour un débarquement, dans le cadre de l'opération « Avalanche ». Au milieu des pêcheurs qui s'activent ce matin-là, un homme se promène, pensif. Giuseppe Viani, arrivé sur le banc de l'US Salernitana en 1946, est frustré par la porosité de sa défense. Son regard s'attarde sur les doubles filets des pêcheurs : les poissons qui se sont faufilés entre les premières mailles n'échappent pas au deuxième rideau. L'entraîneur de 37 ans se fige. Et si ce mécanisme pouvait être transposé dans le football ? Les attaquants qui échapperaient à une première ligne défensive seraient neutralisés par un joueur, resté en retrait. Viani venait de découvrir le concept du *libero* (« libre » en italien, qualificatif donné par Giovanni Brera, directeur de *La Gazzetta dello Sport*), déjà appliqué par l'Autrichien Karl Rappan, sélectionneur de la Suisse, à la fin des années 1930 avec Adolf Stelzer. À l'issue de la saison, Salernitana sera promue de Serie B en Serie A.

Dans les décennies suivantes, ce poste allait offrir au football certains des joueurs les plus élégants de son histoire, de Franz Beckenbauer (Ballon d'or 1972 et 1976) à Franco Baresi en passant par Lothar Matthäus et Laurent Blanc. Libres de se placer à leur guise, devant ou derrière la ligne défensive en fonction de ce que commande l'action, ils sont des penseurs et des techniciens, à l'opposé de l'image rigide, presque rustre, des défenseurs habituels. Des figures d'un football romantique, joué avec la tête plutôt qu'avec les muscles, où l'intelligence de jeu permet de s'affranchir du carcan tactique. C'est d'ailleurs en partie ce qui permit à Matthias Sammer de décrocher le Ballon d'or en 1996, alors que la récompense est historiquement biaisée en faveur des éléments offensifs[1]. « Je ne suis pas choqué par le fait que les attaquants ou les milieux offensifs soient distingués en priorité, glissait l'Allemand avec humilité au moment de recevoir son trophée. J'ai le plus grand respect pour eux, parce qu'ils occupent les postes les plus difficiles et qu'ils sont davantage exposés à la critique. » Impossible, d'ailleurs, de considérer le libero comme un joueur exclusivement défensif. « Je suis toujours attiré vers l'avant, poursuivait Sammer. À Dresde, j'ai débuté comme avant-centre ou ailier gauche et je ne revenais pas un mètre en arrière pour défendre. Je considérais que seules les tâches offensives étaient nobles. » Le « Kaiser » Beckenbauer s'est, lui, inspiré des montées du latéral italien Giacinto Facchetti. « En le voyant jouer ainsi, je me suis dit que je pouvais avoir sur le terrain un rôle beaucoup plus offensif, qui correspondait davantage à mes qualités naturelles », expliqua-t-il dans l'ouvrage de *France Football* sur les cinquante ans du Ballon d'or.

1. Outre Sammer et Beckenbauer, seuls le gardien soviétique Lev Yachine (en 1963) et le défenseur central italien Fabio Cannavaro (2006) font figure de joueurs « défensifs » parmi les primés.

Mais la généralisation de la défense en zone, sous l'impulsion de l'AC Milan d'Arrigo Sacchi à partir de la fin des années 1980, va faire tomber le libero en désuétude. Car le rôle n'existe qu'en parallèle d'un marquage individuel d'un stoppeur sur l'avant-centre adverse, un numéro 4 aux contours un peu bourrins susceptible de se manquer. Cette liberté individuelle presque totale laissée à un élément défensif ne cadre plus avec la rigueur de plus en plus scientifique des organisations, axée sur la maximisation de l'occupation de l'espace, la réduction de celui-ci pour l'adversaire notamment. Les défenseurs centraux commettent moins d'erreurs. Les latéraux ont pris le relais des liberos pour couvrir – parfois bien malgré eux – les attaquants adverses qui auraient dû être hors jeu. En France, Daniel Jeandupeux a été l'un des premiers à faire jouer son équipe, Toulouse, sans libero, en 1983.

Plus question, aujourd'hui, d'ajouter un troisième défenseur derrière les deux autres. Les formations qui ajoutent un troisième défenseur le placent désormais généralement à la même hauteur que ses compères. Mais la plupart des défenses jouent avec deux centraux. « Ma seule base, c'est la défense à quatre, parce que c'est plus rationnel », confiait ainsi Didier Deschamps à *So Foot*. « Jouer à quatre défenseurs, c'est pour moi la meilleure façon de quadriller le terrain », renchérit l'Italien Roberto Mancini (Inter Milan). Les deux axiaux alternent désormais entre couverture et marquage selon la zone d'action, même si chaque joueur a une préférence. L'un monte sur l'adversaire et l'autre reste en couverture dans le cadre d'un marquage de zone plutôt qu'individuel. « Jouer à côté du bon partenaire peut faire une énorme différence, confie à *FourFourTwo* l'Anglais Rio Ferdinand, défenseur le plus cher du monde lors de son transfert de Leeds à Manchester United en 2002. Dans l'idéal, il y en aurait un qui aime attaquer le ballon et gagner les duels aériens, pendant que l'autre balaie le terrain et lit le jeu pour arrêter le danger avant qu'il ne devienne sérieux. Je ne pense pas que ça marche aussi bien si vous êtes trop similaires. » La division du travail reste ancrée, mais bien moins poussée qu'à l'époque du libero. Surtout, les deux joueurs évoluent donc côte à côte, et non pas l'un derrière l'autre. On occupe l'espace, on n'accompagne pas son vis-à-vis partout sur le terrain, ce qui pourrait se payer cher en cas de dézonage de l'attaquant. On accepte, parfois, de n'avoir personne à marquer pendant certaines périodes du match.

Le système défensif doit compenser les lacunes individuelles. L'Atlético Madrid, champion d'Espagne en 2014, présentait une défense infranchissable alors que Godín et Miranda sont plutôt lents. Mais, au cœur du bloc, protégés par des milieux très travailleurs et un gros pressing collectif, ils avaient surtout des duels aériens à jouer. Et ils les gagnaient également dans le camp adverse, eux qui ont multiplié les buts sur coups de pied arrêtés (12 à eux deux toutes compétitions confondues cette saison-là). « Je ne suis pas d'accord avec ceux qui disent que les défenseurs doivent être rapides à tout prix », écrit l'entraîneur italien Walter

Novellino dans *Soccer : Modern Tactics*. Car rien n'a de valeur absolue, le contexte est primordial, l'équilibre collectif aussi. Et quand les défenseurs centraux sont bien protégés par le reste de l'équipe, les éventuelles lacunes individuelles sont moins préjudiciables.

Certains profils sont d'ailleurs plus proches de ce qu'on peut trouver en district le dimanche : des costauds uniquement là pour dégager le ballon et qui ne perdent pas leurs duels. Rodéric Filippi, défenseur central du Gazélec Ajaccio, reconnaissait d'ailleurs, dans une interview accordée à *So Foot*, avoir « des briques à la place des pieds ». Mais le défenseur central a, en tant que premier relanceur, une importance cruciale dans la construction des actions. Dès les années 1950, Albert Batteux, l'inventeur du jeu à la rémoise, mettait l'accent sur l'idée que le jeu devait partir de derrière. À Saint-Étienne, c'est dans cette optique qu'il avait replacé « le Sphinx » Robert Herbin, milieu de terrain, en défense centrale.

Jeu long ou court, passe axiale ou sur les côtés : c'est le défenseur qui oriente et donne le ton – sauf s'il se décharge de cette première passe en la transmettant à un milieu de terrain venu près de lui. Il y a donc des défenseurs axiaux capables, par séquences, de sortir le ballon eux-mêmes lorsque le pressing adverse est intense. Gerard Piqué, Jérôme Boateng, Thiago Silva, entre autres, sont tous dotés d'une très bonne qualité de passe. Pour ceux qui évoluent dans des équipes qui construisent de derrière, il faut être apte à relancer dans les pieds. « Les attaquants modernes sont aussi puissants que les anciens défenseurs l'étaient, donc il faut être prêt au combat, souligne l'espoir français Aymeric Laporte à *FourFourTwo*. Être concentré, fort et savoir quand intercepter sont les trois clés pour bien défendre dans le football moderne. Mais la plus grande évolution à ce poste concerne le fait d'être plus qu'un défenseur. Une grande part de mon jeu est de sortir le ballon depuis l'arrière. Je passe autant de temps à l'entraînement et en match à travailler sur comment lancer les attaques que j'en passe à essayer de les stopper. »

À Dortmund, Jürgen Klopp insistait lui aussi sur l'aspect technique du poste auprès de ses défenseurs centraux : « Dans cette position, il est crucial d'avoir des joueurs avec un niveau technique élevé. Et cela s'analyse selon trois paramètres : contrôle du ballon, conduite de balle et qualité de passe. Et nous l'avons fait avec Felipe Santana : entraîner le contrôle, la conduite de balle et la passe. Régulièrement... Très souvent ! Après l'entraînement, je donnais de 60 à 70 ballons depuis des positions différentes dans lesquelles Felipe devait toujours opérer de la même façon : recevoir le ballon, le conduire et le passer. Est-ce suffisant pour corriger les lacunes d'un joueur ? Bien sûr que non ! Mais tu réalises quelque chose d'importantissime : le joueur progresse dans sa coordination et il sait mieux se battre avec ses points faibles, reconnaissant qu'il les a et apprenant à vivre avec. » Le poste est tellement protéiforme qu'on peut s'y reconvertir. Raynald Denoueix le rappelle : « Beaucoup de numéros 10 se retrouvent derrière. Moi, j'avais Nicolas Gillet, il était numéro 10 jusqu'à 17 ans. La première fois qu'il a joué derrière, c'était en lever de rideau en D4. Ils en prennent quatre, je m'en souviens. Mais après, il s'est adapté. Il y a [Mathieu] Bodmer aussi, et il y en a d'autres. Parce que c'est de l'intelligence. »

La concentration est évidemment clé, et le moindre relâchement se paie. L'adaptation à l'adversaire direct, également. Car on n'agit pas de la même manière quel que soit le profil de l'avant-centre en face de soi. « Je défendais sur chaque joueur selon ses caractéristiques, confie Fernando Hierro, ancien milieu puis défenseur emblématique du Real Madrid, à Ángel Cappa dans l'ouvrage *Hagan Juego*. Je laissais celui qui était rapide recevoir le ballon ; celui qui était doué techniquement, je ne le laissais pas le contrôler ; face à celui qui était grand, je tentais d'anticiper. À chacun son traitement. »

Arrière latéral : le nouvel attaquant

Tout est parti du joueur le plus difficile à arrêter au monde et de la réflexion sur comment le neutraliser. Nous sommes en mars 2007. Le Liverpool de Rafael Benítez s'apprête à recevoir le FC Barcelone de Frank Rijkaard en huitième de finale retour de la Ligue des champions. À l'aller, les Reds ont décroché une victoire surprise, 2-1 au Camp Nou. Le technicien espagnol réfléchit à la manière de défendre sur l'Argentin Lionel Messi, qui évolue à l'époque dans le couloir droit. Alvaro Arbeloa, arrière droit, n'a a priori rien à voir avec tout ça. Le défenseur espagnol raconte au *Guardian* : « Je m'entraînais à Melwood [le centre d'entraînement de Liverpool], et Rafa vient me voir. "Arrière gauche". Gauche ? Cela voulait dire marquer Messi. Je suis resté à le regarder, en attendant qu'il rigole. Cela devait être une blague, mais j'ai vu qu'il était totalement sérieux. J'ai pensé : *"Madre mia !"* »

Dans son livre *Champions League Dreams*, dans lequel il relate ses épopées en C1 avec les Reds, Rafael Benítez revient en détail sur cet épisode : « C'était la première titularisation d'Arbeloa avec Liverpool. Son adversaire était plus qu'un adolescent, on n'en parlait pas encore comme l'un des meilleurs joueurs de l'histoire, mais il réalisait des débuts parmi les plus intimidants du football mondial. Arbeloa est le genre de joueur qui n'a peur de rien et il avait confiance en sa capacité à accomplir ce qu'on lui demandait. Le principe est relativement simple. Messi, jouant sur l'aile droite, gaucher, privilégiait la diagonale vers l'intérieur du jeu. Arbeloa, droitier, au poste de latéral gauche, serait capable de stopper ses dangereux slaloms. Et puis Arbeloa devait rester proche de son homme, ne pas le laisser respirer. Si Messi a du temps pour se retourner, il peut t'infliger des dégâts substantiels. Nous devions être toujours proches de lui. Nous avons préparé des DVD pour Arbeloa, pour qu'il connaisse les mouvements de Messi. À l'entraînement, il jouait à gauche, face à un joueur gaucher, reproduisant le travail qu'il aurait à faire contre Barcelone. Et nous avons préparé le reste de l'équipe, surtout les défenseurs, à ne pas utiliser exagérément Arbeloa quand nous aurions la possession du ballon. Le danger de jouer avec un latéral droitier sur le côté gauche, c'est qu'il doit orienter son corps vers l'intérieur du jeu pour jouer le ballon – au lieu de jouer vers le côté, comme le ferait un latéral qui jouerait sur son aile naturelle –, ce qui limite ses options et ralentit les contre-attaques. Il était fondamental de ne pas lui donner trop de ballons. »

Liverpool 0-1 Barcelone – Ligue des champions 2006-2007

Résultat, malgré la victoire 1-0 du Barça (but de Gudjohnsen) à Anfield, Lionel Messi a été neutralisé, et Liverpool se qualifie pour le tour suivant. Les Reds échoueront en finale face à l'AC Milan (2-1) dans la revanche de la confrontation historique d'Istanbul deux ans plus tôt.

Arbeloa n'était toutefois pas le premier exemple historique : le droitier Ruud Krol évoluait arrière gauche avec l'Ajax de Rinus Michels, mais pour des raisons offensives : « Il voulait que je rentre sur mon pied droit comme le font les ailiers inversés aujourd'hui », raconte le finaliste malheureux des Coupes du monde 1974 et 1978 avec les Oranjes. La réflexion de Benítez, calquée, elle, sur l'évolution du style de jeu des ailiers, porta ses fruits puisque l'Argentin ne trouva jamais l'ouverture. Les Reds s'imposèrent même 2-1 au Camp Nou. Pourtant, loin de créer une mode, ce choix resta sans suite. L'adaptation d'un match ne voulait pas dire qu'Arbeloa était devenu un grand défenseur gauche, lui qui avait été formé à droite, et il retrouva bien vite sa place. Plus de dix ans après, hormis José Mourinho avec César Azpilicueta à Chelsea, aucun entraîneur n'a implanté durablement un défenseur latéral sur son mauvais pied dans un club européen majeur. En France, on peut néanmoins citer l'exemple de Franck Béria, arrière gauche droitier du LOSC champion de France 2011.

La première raison de cette rareté est très simple : si attaquer se fait souvent à l'instinct, au talent individuel, défendre appelle la réflexion. On est dans la réaction plutôt que dans l'action et il faut choisir quand jaillir ou rester en position, savoir jouer de son corps et lire ce que fait l'autre pour le stopper ou, à défaut, le gêner. « En tant que défenseur latéral, il faut défendre sa zone et attendre que l'adversaire fasse la première action », conseille ainsi le défenseur serbe Nemanja Vidić.

Un joueur offensif peut s'adapter au fil de sa carrière (ou d'un seul match) et se balader sur le front de l'attaque sans que son niveau n'en soit impacté. Un défenseur, lui, a besoin de repères, l'expérience d'un poste, pour enregistrer des automatismes de positionnement très spécifiques. « Il faut bien placer son corps, récite le défenseur anglais Carl Jenkison à *FourFourTwo*. Si un ailier court vers vous, il faut l'emmener loin du but, sur l'extérieur, parce que c'est là qu'il est le moins dangereux. Mais il faut être à la bonne distance, parce que si vous êtes trop proche de l'ailier, il peut juste pousser le ballon et accélérer tout droit, tandis que vous devez vous retourner. » À moins de former volontairement un joueur à défendre de son côté non naturel, il faudrait de longs mois pour prendre des habitudes qui n'entraîneraient pas nécessairement de gain substantiel. « Quand l'adversaire direct ne fait que rentrer vers l'intérieur, on se retrouve toujours à défendre sur son mauvais pied et c'est très difficile, ça oblige à travailler par paire avec le défenseur central, nous confie Grégory Tafforeau. Mais, défendre en faux pied, très peu de latéraux peuvent le faire. Moi, j'en aurais été incapable parce que les repères ne sont pas les mêmes. Changer pour un seul match, c'est très risqué. »

La seconde raison de placer un latéral sur son bon pied est liée à l'évolution de son rôle. On lui demande désormais d'apporter offensivement au moins autant que d'être solide défensivement. « Maintenant, ils doivent remplir des rôles physiques comme techniques, relève Omar Da Fonseca, ancien attaquant devenu consultant sur beIN Sports. Ils font de longues courses, des répétitions d'efforts, et on leur demande aussi d'être techniques, parce qu'ils se retrouvent souvent dans le camp adverse. Ils doivent savoir centrer. » « J'ai vécu et pas mal ressenti cette évolution depuis le début des années 2000, les rôles et les exigences sont différents, ajoute Tafforeau. On ne juge plus seulement une performance sur les duels joués avec l'adversaire direct, un joueur est mal noté par la presse s'il ne participe pas offensivement. Je crois que ça a donné des idées à pas mal de coachs. Après, tout dépend de la philosophie de jeu. À Lille, on a pu jouer avec des latéraux très haut quand on maîtrisait les matchs, encore faut-il pouvoir se le permettre. »

L'apport offensif venu de derrière n'est pas un trait récent : le Brésil est, depuis Nilton Santos dans les années 1950, connu pour ses défenseurs de couloir au profil d'attaquant. Il y a également eu l'Italien Giacinto Facchetti, auteur de 10 buts avec l'Inter Milan lors de la saison 1965-1966, total particulièrement élevé pour un latéral. « Avec lui, c'est l'ailier d'en face qui était confiné au marquage ! » s'amusait son entraîneur Helenio Herrera. Presque une hérésie en Italie. « Il sortait des sentiers battus et cela n'était pas apprécié par tout le monde, note Arrigo Sacchi. Le défenseur devait défendre en Italie, et non pas également attaquer ! » « Des arrières qui montaient et venaient créer la supériorité numérique, ça n'existait pas alors », ajoute Franz Beckenbauer. Roberto Carlos et Cafu il y a peu, Marcelo et Daniel Alves aujourd'hui sont les dignes héritiers de ce qui est devenu une tradition *auriverde*. En partant d'un peu plus bas, ils remplissent le rôle des ailiers d'antan, accélérant en ligne droite et fournissant un grand nombre de centres depuis la ligne de touche. « Tu peux surprendre l'adversaire en attaquant avec vitesse et en offrant plus d'occasions de but, explique Roberto Carlos à *FourFourTwo*. Le danger, c'est de laisser de l'espace dans son dos pour l'adversaire. C'est inévitable, mais les milieux défensifs doivent naturellement couvrir l'espace. » « Le timing est la clé, ajoute le Serbe Branislav Ivanović, défenseur de Chelsea. Un moment mal choisi pour attaquer pourrait être désastreux pour son équipe. Il faut toujours être conscient des points forts de ses coéquipiers et estimer s'ils peuvent couvrir l'espace que l'on ouvre en se joignant à l'attaque. De même, si un des autres défenseurs décide de monter, il faut être prêt à réagir et le couvrir. »

Si elle tend à se généraliser, cette perception offensive du poste diffère toutefois encore en fonction des cultures footballistiques. Dans la tradition anglo-saxonne, elle est ainsi historiquement plus conservatrice, incarnée par les rustiques Denis Irwin, Lee Dixon ou Gary Neville. « Gareth Bale est un arrière latéral à la brésilienne, avançait Daniel Alves dans une interview au *Guardian* en 2012, du temps où le Gallois évoluait couloir gauche à Tottenham. En Coupe d'Europe, les Spurs le font jouer ailier, mais dans mon équipe, il serait toujours arrière latéral. Les gens prennent peur et font jouer les latéraux offensifs au poste d'ailier. Ils pensent qu'ils attaqueront plus, mais, souvent, ils attaquent moins, et moins bien. C'est arrivé avec Roberto Carlos : en tant qu'ailier, il était moins efficace. Il avait besoin de démarrer ses courses plus bas. Bale est plus technique que lui et meilleur ailier, mais à Barcelone il serait arrière latéral. »

Élément clé pour l'attaque, qu'il y participe directement ou qu'il évolue simplement haut sur le terrain pour gêner l'adversaire et apporter de la largeur, le latéral est tout de même aujourd'hui plutôt perçu comme un élément hybride. « Il n'y a plus de défenseurs, observait d'ailleurs récemment Paolo Maldini au *Daily Mail*. Il fut un temps où je jouais arrière gauche. Désormais, à ce poste, on est uniquement jugé sur ce qu'on fait avec le ballon. » « C'est peut-être devenu le poste où l'on a le plus d'exigences, ajoute Grégory Tafforeau. Beaucoup de joueurs ont dû étendre leurs possibilités, car pouvoir bien défendre et attaquer est très rare et donc très recherché. » « C'est un poste auquel il faut être très attentif, car il a une réelle importance stratégique, soulignait Gérard Houllier en 2005. La technique défensive s'est beaucoup étoffée. Les latéraux ont plus le ballon. Face à des joueurs qui reculent pour prendre place dans le bloc du milieu, ils ont un rôle de relanceurs et de joueurs de débordement important. Ils sont dans l'obligation de se sortir techniquement de situations très compliquées. »

Pep Guardiola pourrait être à l'origine d'une nouvelle tendance : celle de faire jouer ses défenseurs latéraux à l'intérieur du jeu en phase de possession, comme il le fait au Bayern Munich avec Philipp Lahm et David Alaba. « Ça, c'est le principe de Cruyff, observe Raynald Denoueix. Il maudit les *"carrileros"* comme on dit au Brésil. Encore, quand tu as Alves ou Lahm, ça va, parce qu'ils savent faire, mais c'est vrai que les autres latéraux, neuf fois sur dix, c'est moyen sur le côté... Donc Cruyff dit : "Ceux-là, ils restent derrière" *(rires)*, et sur le côté, vous me mettez des Stoichkov, des mecs qui savent dribbler, point final. Et c'est sûr que là, au Bayern, c'est souvent Robben. Ce qui fait que les latéraux jouent autrement, parce qu'il y a aussi Ribéry ou Douglas Costa. »

« Guardiola dit que, de plus en plus, ce sont les joueurs qui peuvent pénétrer dans l'axe qui seront importants, mais on voit bien qu'il ne néglige pas les côtés, ajoute Guy Lacombe. Il a des joueurs excentrés offensifs très haut, un Robben et un Ribéry sont moins performants à l'intérieur, donc les latéraux peuvent venir y jouer. Dans le cadre du tutorat, Willy Sagnol [entraîneur de Bordeaux] m'avait posé la question et m'avait dit qu'il était embêté parce que Nicolas Maurice-Belay [l'ailier gauche girondin] n'aimait pas rentrer intérieur. Diego Contento [le latéral gauche] dédouble bien et est capable d'offrir des solutions. Je lui ai dit : "Tu ne penses pas que Contento peut jouer à l'intérieur ? Tente le coup." Et le match d'après, il a marqué. »

Bien défendre reste malgré tout le rôle premier d'un latéral, mais les exemples d'ailiers reconvertis se multiplient et prouvent que quelques qualités de base et l'intelligence tactique peuvent compenser le manque de

formation spécifique. Florent Malouda de manière épi-
sodique à Lyon, Antonio Valencia à Manchester United et
Franck Tabanou à Saint-Étienne ont ainsi reculé à un âge
plus ou moins avancé, eux les ailiers traditionnels dont
le foot ne semble plus avoir besoin. « J'étais convaincu
que Franck avait le profil par ses qualités, explique Alain
Casanova, son ancien entraîneur à Toulouse, qui le faisait généralement jouer un cran plus haut. Il va vite, il
est capable de bien défendre dans le un-contre-un, il a
un très bon jeu de tête. Tactiquement, il est capable de
prendre le côté et, surtout, il a un très bon pied gauche. »
Erik Durm, champion du monde allemand et José Luis
Gaya, élu meilleur latéral gauche de Liga en 2014-2015,
sont, eux, d'anciens attaquants, comme l'ancien milieu
offensif Alessandro Florenzi, replacé arrière droit par
Rudi Garcia à la Roma. Claude Puel a fait la même
chose avec Jérémy Pied à Nice. Quant à Patrice Evra, sa
reconversion s'est effectuée à un âge bien plus précoce
(20 ans), à Nice, alors en D2. Il fut élu meilleur latéral
gauche de deuxième division dès sa première saison à
ce poste. Avant de connaître le succès européen que l'on
sait (ou que l'on ne veut pas savoir si l'on reste crispé par
quelques épisodes avec l'équipe de France).

Milieu défensif : de destructeur à organisateur

« Je ne l'intéressais pas car je ne faisais pas vendre de
maillots… » Dans une interview à *France Football* en
2009, Claude Makelele revient sur son départ du Real

Madrid, lui qui en était la pierre angulaire. « Il », c'est Florentino Pérez, président d'alors et d'aujourd'hui, parfois plus intéressé par ce qui brille que par le résultat. « Makelele ne nous manquera pas, avait-il clamé alors. Sa technique est moyenne, il manque de vitesse et de talent pour dribbler les adversaires et 90 % de son jeu de passes est soit latéral, soit en retrait. Il n'était pas non plus un joueur de tête et passait rarement la balle à plus de trois mètres. De jeunes joueurs feront oublier Makelele. » Il ne pouvait pas plus se tromper. Malheureusement pour lui, au cœur du jeu, il faut aussi des hommes de l'ombre, un peu moins sexy que les stars offensives mais tout aussi indispensables, si ce n'est plus. Après le départ du milieu français, le Real Madrid restera quatre longues années sans trophée. Florentino Pérez démissionnera même en février 2006, actant l'échec de sa politique galactique.

Devant ses défenseurs centraux et derrière deux ou trois milieux plus offensifs que lui, le numéro 6 a tout pour être uniquement ce que l'on appelle traditionnellement un « récupérateur ». Il est dans la zone du meneur de jeu adverse et doit éviter à son équipe d'être exposée, puisqu'il est l'un des joueurs les plus bas sur le terrain, surtout si ses latéraux montent. « Il faut beaucoup parler et utiliser son cerveau, parce qu'il faut souvent être au bon endroit au bon moment, détaille Patrick Vieira à *FourFourTwo*. Il faut couvrir le trou entre le milieu de terrain et les quatre défenseurs, couvrir les latéraux quand ils montent et les défenseurs centraux quand ils s'avancent sur le terrain. » Être capable, en somme, d'évoluer dans ce que Tim Lees, entraîneur de jeunes passé par Wigan, Watford et Liverpool, appelle une « double position ».

Ce schéma est celui de Claude Makelele, destructeur des attaques adverses – sans forcément casser les joueurs – et préposé au sale boulot. Il courait, taclait et faisait tout ce qui était nécessaire pour que les éléments offensifs de son équipe puissent toucher le ballon et se mettre en valeur. Le fruit d'une mutation entamée à son arrivée en Espagne, en 1998, en provenance de l'Olympique de Marseille. « C'était difficile car, à l'époque, j'aimais bien dribbler, raconte-t-il dans *France Football*. C'est vrai que la plupart des gens disent : "Ce n'est pas possible, tu ne dribblais pas, tu ne marquais même pas !" Pourtant, je le dis à certains : ce que vous faites sur votre côté droit, je le faisais aussi. Les défenseurs souffraient, tout comme moi, d'ailleurs, car j'avais en face Di Meco ou Lizarazu ! Il faut regarder les cassettes un peu ! » Raynald Denoueix peut le confirmer. L'ancien formateur et entraîneur du FC Nantes est l'une des rares personnes à avoir assisté à un doublé de Claude Makelele. C'était avec la réserve de Brest, quelques mois avant de l'attirer chez les Canaris en raison des difficultés financières du club breton. Mais ce n'étaient pas ces qualités – insoupçonnées aujourd'hui – de finisseur qui intéressaient l'entraîneur du Celta Vigo, Víctor Fernández. « Quand je suis arrivé à Vigo, l'entraîneur m'a dit : "Je vais te faire jouer milieu défensif au côté de Mazinho, mais tu pourras sortir." Je me suis dit : "Tu ne vas jamais toucher un ballon !" Mais Mazinho m'a expliqué : "Tu vas voir, le ballon peut partir à droite, à gauche, mais il revient toujours au milieu. C'est la base de tout." C'était vrai. J'ai pris beaucoup de plaisir à ce poste-là, en me montrant disponible, toujours en mouvement. C'est ce que j'avais appris à Nantes. Ça m'a permis de m'adapter et de réussir ailleurs, car mon bagage mêlait technique, physique et disponibilité. » À Madrid, en revanche, plus du tout question de projection vers l'avant. « Son jeu a beaucoup perdu en délaissant totalement le dribble comme il l'a fait, regrettait son ancien entraîneur à Nantes, Jean-Claude Suaudeau, dans *France Football*. Mais quelle carrière il a eue. Grâce à son intelligence. Il n'était pas très performant dans le jeu long, même quand il était milieu offensif. Une fois repositionné en milieu récupérateur, il n'a jamais essayé les transversales, il a toujours su jouer simple et court. » Et il a appris à démolir, pour offrir un équilibre à des Madrilènes très portés vers l'avant.

À la clé, deux Ligas, en 2001 et en 2003, ainsi qu'une Ligue des champions entre les deux, remportée face au Bayer Leverkusen. Le 15 mai 2002, à Glasgow, le Real Madrid joue dans un semblant de 4-4-2. Les milieux offensifs Zinedine Zidane et Luis Figo sont si libres que Makelele est souvent abandonné à son sort, surtout quand Solari soutient ses partenaires offensifs. « Maké » devient alors une ligne à lui tout seul, un rempart d'un homme, obligé de faire faute pour couper les séquences adverses. L'art de la retenue prend une importance capitale : il faut répéter les crocs-en-jambe sans voir le rouge, invalider la domination de Leverkusen, qui réalise quarante-cinq premières minutes bien meilleures que les Madrilènes. Briller dans la solitude spatiale, tel était le travail fabuleusement accompli par un milieu pourtant court sur pattes. Le Real Madrid vaincra sur un score de deux buts à un, sur une intervention divine de Zidane. Makelele existait pour les autres, et la relation récompensait les deux parties.

Real Madrid 2-1 Bayer Leverkusen, le 15 mai 2002

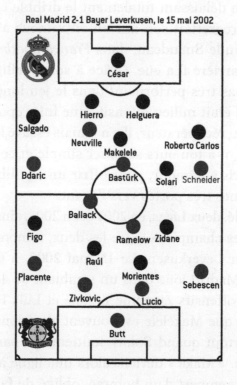

Une fois parti, le Français a laissé les siens orphelins puisque personne n'a été recruté pour pour prendre sa suite. L'arrivée surprenante, à l'hiver 2005, de Thomas Gravesen – « un rêve » pour le Danois – visait à retrouver ce profil de bagarreur de l'ombre. Mais n'est pas Makelele qui veut.

Ce profil monofonction existe encore mais en a vu deux autres le rejoindre. Le premier est, comme beaucoup d'évolutions récentes des profils de joueurs, lié au niveau de possession d'une équipe. Le FC Barcelone, qui reste la référence et novateur dans le domaine, avait Pep Guardiola en guise de milieu le plus reculé quand Johan Cruyff était sur son banc (1988-1996). Passé à son tour aux commandes en 2008, le Catalan a trouvé un successeur au centre de formation, la fameuse Masia : Sergio Busquets. Toujours debout – « tacler n'est pas une qualité, c'est une solution de dernier recours », *dixit* son compatriote Xabi Alonso dans une interview au *Guardian* –, tête levée, il participe au jeu et contrôle les espaces. Une bonne lecture du jeu lui permet ainsi de défendre sans en avoir l'air. « Le pivot (numéro 6 seul devant la défense) doit plus être malin tactiquement que dominant physiquement : penser, calculer, offrir des solutions, défensivement et offensivement, expliquait le numéro 5 barcelonais dans une interview au *Guardian*, en février 2015. Tout contrôler. Le positionnement est la clé. Le style de Barcelone signifie que, défensivement, vous devez surtout gérer les contre-attaques – pas les stopper, les empêcher. Si vous défendez haut, il y a beaucoup d'espace vers le but dans votre dos, donc vous devez les éviter. » De son ancien coéquipier, Xavi a affirmé qu'il était « le joueur avec la meilleure compréhension du football au monde, à la fois en attaque et en défense ». Et le compliment vient de l'une des références en la matière.

Très bon manieur de ballon, Sergio Busquets pourrait être le meneur de jeu d'une équipe plus modeste. Et c'est justement avec des organisateurs qu'il coexiste désormais à ce poste décidément très hétéroclite. Ce rôle, appelé *regista* (voir *Lexique)* et occupé par le passé par Pep Guardiola et Fernando Redondo, a été popularisé par Andrea Pirlo, via son entraîneur à Milan, Carlo Ancelotti. À l'époque, il y a certes Gennaro Gattuso pour effectuer le sale boulot à ses côtés. Mais pour que son meilleur passeur, à l'origine milieu offensif, puisse maximiser son influence, Ancelotti le fait reculer d'un cran, jusqu'à occuper cette position basse, à la manière d'un quarterback au football américain. Un choix en réaction, d'ailleurs, à l'avènement du « rôle Makelele », qui a éteint peu à peu le rendement des numéros 10 traditionnels et les a contraints à quitter la zone axiale avancée, soit en s'excentrant, soit en reculant. « Pour attaquer, sachant que le numéro 10 se retrouve dans une zone où il est pris, matraqué, on s'est aperçu qu'il fallait d'autres joueurs capables de faire de bonnes passes, plus bas sur le terrain, acquiesce Raynald Denoueix. Pour moi, un milieu, c'est quelqu'un qui fait jouer. L'idée du foot, c'est donner le ballon, pas le prendre. Les milieux sont là pour la donner, faire des passes, avant tout. »

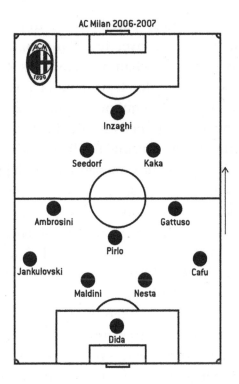

AC Milan 2006-2007

Parti ensuite à la Juventus, Andrea Pirlo s'est donc épanoui seul derrière des milieux de terrain complets. « Avant qu'Ancelotti me place devant la défense, c'était un poste que seuls les joueurs à vocation défensive occupaient, rappelle-t-il dans une interview au journal espagnol *ABC*. À l'époque, ils n'avaient qu'une chose en tête : détruire avant de construire. À partir du moment où j'ai commencé à jouer en pivot, il y a eu un changement de tendance. On a démontré qu'on pouvait gagner sans cynisme, tout en jouant bien au football. »

Comme toujours en pareil cas, les trophées accumulés (deux Scudetti avec le Milan, quatre avec la Juve, deux Ligues des champions avec les Rossoneri, une Coupe du monde) légitiment a posteriori la manœuvre. Un modèle qui ne fait qu'en partie école, pour la simple raison qu'il est difficile de trouver des joueurs aussi talentueux que l'Italien et pour lesquels un repositionnement un cran plus bas serait judicieux. Wesley Sneijder a été testé à ce poste à l'Inter Milan, sans grande réussite ; Xavi l'a occupé, mais avec un autre milieu à ses côtés. « Être un milieu reculé est difficile, admet Marco Verratti, appelé à adopter ce rôle dans le futur, à *FourFourTwo*. Il faut être calme en possession du ballon parce que c'est notre travail de le prendre depuis l'arrière et de créer. Et l'aspect défensif est également très important. »

Si l'on ne reverra peut-être pas de joueurs de la trempe de Pirlo mener le jeu en étant seuls devant la défense, l'évolution du poste est néanmoins nette, appuyée d'ailleurs par le repositionnement récent, dans cette position, de l'Allemand Toni Kroos au Real Madrid. Et même en Angleterre, terre promise des milieux défensifs destructeurs, où le jeu est « plutôt axé sur l'intensité, l'aspect physique », selon Busquets, il faut de plus en plus savoir construire en partant de très bas.

Milieu axial : l'homme à tout faire

« L'importance de la conscience tactique varie en fonction du poste du joueur. Les milieux doivent être capables de lire le jeu. Dans d'autres zones, ce n'est pas si crucial. Chaque poste a ses propres exigences. » Roberto Martínez, l'entraîneur d'Everton, qui s'exprime ici dans *The Blizzard*, le souligne : c'est dans l'entrejeu que l'on trouve les joueurs les plus intelligents tactiquement. Jean-Claude Suaudeau, gourou du réputé jeu à la nantaise, est du même avis : « Le match se gagne au milieu, affirme-t-il dans *France Football*. Car pour trouver le bon jeu, seuls les gens du milieu en sont capables. Ils animent, ils inspirent. Plus tu possèdes ce genre de joueurs, plus tu peux espérer gagner, au moins dans la durée. » « Les milieux de terrain ont la capacité, normalement, dans le football moderne, d'attaquer comme de défendre, de réguler parce qu'ils sont dans le cœur du jeu, résume Stéphane Moulin, ancien milieu de terrain lui-même. Le milieu de terrain pense aussi d'abord aux autres avant de penser à lui, et ça, dans le jeu, c'est primordial. »

Le duo Xavi-Iniesta, qui a fait le bonheur du FC Barcelone, est le meilleur ambassadeur de cette idée. « Avant de recevoir le ballon, je jette un coup d'œil pour voir à qui je peux le passer, détaille le dernier nommé à *FourFourTwo*. Il faut toujours être conscient de qui est autour de vous. Si on sent l'arrivée d'un adversaire, il faut contrôler le ballon de façon à s'éloigner de ce dernier. Il faut essayer de se libérer pour recevoir le ballon : plus on a d'espace, plus on a de temps pour penser. Si on pense avant l'adversaire à la destination du ballon, on a un avantage. Si on réfléchit en gardant le ballon dans les pieds, on le perd. Les meilleurs joueurs sont les penseurs les plus vifs. Où va se rendre mon coéquipier ? Parviendra-t-il à éviter le hors-jeu ? Lequel a de l'espace ? Lequel réclame le ballon ? Comment aiment-ils le recevoir, dans les pieds ou dans la course ? »

Au cœur du jeu, les milieux sont les éléments clés pour la bataille de la possession et de la récupération, ceux qui protègent la défense et alimentent les attaquants. Les milieux axiaux sont d'autant plus importants qu'ils progressent sans cesse. Jamais dans l'histoire du foot n'a-t-on eu autant de milieux relayeurs capables de jouer très haut comme très bas sans que leur rendement ne varie. C'est qu'on y trouve des profils de plus en plus divers, des joueurs qui évoluent au fil de leur carrière en fonction des attentes des entraîneurs. Ces dernières années, Paul Pogba, Cesc Fàbregas, Steven Gerrard, Blaise Matuidi, Luka Modrić, Andrés Iniesta, Arturo Vidal, Marco Verratti et même Wayne Rooney ont tous occupé ce rôle de milieu que l'on qualifierait de « relayeur ». Pourtant, tous ne l'interprètent pas de la même manière.

Pour se faire une meilleure idée des modulations possibles, on peut regarder du côté du Real Madrid de Carlo Ancelotti (2013-2015), qui a glané la dixième Ligue des champions de l'histoire du club merengue. Dans son système en 4-3-3 avec des attaquants sur les côtés, l'entraîneur italien ne pouvait pas aligner de milieux trop offensifs, sous peine de déséquilibrer un onze penchant déjà nettement vers l'avant. L'homme à l'origine de la transformation d'Andrea Pirlo a choisi une voie : plutôt que d'aligner des spécialistes du poste moins talentueux, il a demandé à plusieurs joueurs de reculer : Ángel Di María, Isco, Toni Kroos, James Rodriguez, tous meneurs ou ailiers de formation, ont ainsi occupé des postes hybrides, à mi-chemin entre relayeurs et numéro 10, comme Luka Modrić avant eux. « Ce n'est pas ma position favorite, mais je crois que pour qu'un joueur grandisse et s'améliore, il doit s'adapter aux exigences de l'équipe et à ce que demande "le Mister" [Carlo Ancelotti], avançait Isco dans la revue *Líbero* en 2013. C'est très important pour un joueur de savoir s'adapter à différentes positions. »

À l'inverse, le même Carlo Ancelotti avait modulé son sapin de Noël à Chelsea, car la disposition « limitait un peu l'expression de Lampard. Elle ne lui permettait pas de développer complètement toutes ses qualités techniques et tactiques », décrit-il dans ses *Secrets d'entraîneur*. Parmi les aptitudes décisives du milieu de terrain anglais, « son insertion sans le ballon dans la surface adverse ». Florent Malouda disposant aussi des qualités d'un véritable ailier, il fut écarté sur la gauche pour ouvrir un espace offensif à son coéquipier.

La disparition du poste de meneur de jeu pur, dont les derniers représentants argentins (Riquelme, Aimar, Verón) n'ont pas eu la carrière qu'ils auraient eue dix ans plus tôt à talent égal, s'explique par le besoin de polyvalence sur le terrain. Impossible de ne dépendre que d'un seul joueur, isolé, qui serait le chef d'orchestre entre les lignes, qui plus est sans mettre l'intensité nécessaire dans le pressing ou le replacement. « Il n'y a plus de production de ces numéros 10 à l'ancienne, regrette Omar Da Fonseca. Même en Argentine, cela se perd beaucoup. Avant, il y avait une véritable productivité, une recherche de ces joueurs vraiment techniques, même s'ils ne couraient pas beaucoup. » Ou quand la source se tarit même sur sa terre historiquement la plus fertile. « Il y a des équipes qui continuent peut-être à le faire, mais en tout cas, dans les grosses équipes, un vrai numéro 10, ça manque ! » ajoutait Zinedine Zidane dans une interview pour le site Goal. Le Brésil de 1970, qui en alignait trois (Tostão, Gerson et Rivelino, en plus de Pelé), n'est plus qu'un lointain souvenir.

Pour mener le jeu, il faut aujourd'hui savoir redescendre d'un cran et s'acquitter d'une part de travail défensif – au moins tactique via un bon positionnement. Compte tenu de la rapidité d'adaptation des joueurs cités, notamment Isco, qui a fait basculer pour le Real la finale de Ligue des champions 2014 lors de son entrée en jeu, on pourrait croire que le repositionnement est aisé. Il l'est plus qu'à d'autres postes mais naît avant tout d'une contrainte. Avec un pressing moins intense et un jeu moins rapide, ces joueurs seraient sans doute d'excellents meneurs. C'est le cas de Steven Defour, numéro 10 exceptionnel au Standard Liège malgré son jeune âge, obligé d'être quasiment récupérateur pour s'intégrer à l'échelon supérieur, à Porto. « Le vrai meneur du jeu est souvent là, plus loin des attaquants, notait Gérard Houllier dès 2005 dans *L'Équipe*. Il y a moins de créativité aux alentours de la surface – sauf sur les côtés. »

Paul Pogba symbolise ces milieux à tout (bien) faire, hyper doués, qu'un entraîneur doit de toute façon réussir à intégrer s'il veut obtenir des résultats. Le Tricolore est un joueur de milieu naturel, l'exemple à suivre en termes de formation. Rapide, technique, doté d'une bonne frappe, il a beaucoup plus de qualités que de défauts. S'ils ne sont pas trop exposés défensivement, comme a pu l'être Yaya Touré à Manchester City, ces joueurs hybrides peuvent, par leurs courses vers l'avant, faire basculer les matchs dans le sens de leur équipe. « Maintenant, on demande de tout faire, abonde Patrick Vieira. Marquer des buts, faire des passes décisives et défendre. » « Le milieu de terrain est l'endroit où repose le futur du football, pas ailleurs, prévoit Jean-Claude Suaudeau. C'est la zone dans laquelle le football moderne a le plus changé. Les courses sont plus profondes, la capacité d'élimination s'est améliorée. »

Pour les meneurs lents, hormis être positionnés très bas, loin du pressing et de la densité du bloc adverse, il n'y a plus beaucoup d'alternatives pour briller. À moins que... « Le 10 à l'ancienne a disparu, mais il existe toujours, affirme Míchel, entraîneur de l'Olympique de Marseille. C'est un numéro éternel qui traverse le temps. Pour moi, les 9 et demi et les Xavi, ce sont des 10, parce qu'ils ont le match dans leur tête et la qualité nécessaire pour faire des passes décisives et donner du sens au collectif. Pour moi, Xavi et Özil sont des 10 modernes. Ils sont partout, tout ce qu'ils font a un sens et beaucoup de classe. Les anciens 10 étaient des joueurs peut-être plus fantasques, mais c'est tout... Le gros point commun de tous les grands 10, c'est qu'ils auraient pu jouer à n'importe quelle époque. »

Johan Micoud : « Le meneur de jeu, c'est le chef d'orchestre »
Ancien meneur de jeu international français.

Quelle est votre définition du meneur de jeu ?
Le meneur de jeu, c'est le dépositaire de l'attaque. C'est le joueur qui va être le relais entre le milieu défensif et les attaquants. C'est le chef d'orchestre offensif.

Avez-vous toujours évolué à ce poste-là ?
Non, j'ai commencé un peu plus haut, attaquant. Et après, petit à petit, je me suis retrouvé à ce poste de milieu offensif. J'ai même débuté ma carrière pro pratiquement milieu défensif, parce que Luis Fernandez à Cannes nous faisait jouer comme le Barça, je jouais à la place de Guardiola, devant les défenseurs. J'ai toujours été un joueur technique, et Luis voulait un lancement du jeu de plus bas. Quand Luis est parti, j'ai repris un poste de milieu offensif. Et à Bordeaux, dans mes premières années, je jouais milieu offensif mais côté gauche.

Justement, ce placement côté gauche à Bordeaux, comment a-t-il été décidé ?

Le système mis en place était un 4-4-2 classique, mais Élie Baup voulait que les deux meneurs de jeu soient excentrés. À l'époque, les deux joueurs sur les côtés étaient souvent des centreurs. Élie Baup a peut-être voulu révolutionner un peu les choses, en tout cas il a choisi ce système de jeu par rapport aux joueurs qu'il avait, en mettant deux meneurs de jeu excentrés. Cela ne se faisait pas trop à l'époque. Pour nous, le replacement était important quand on perdait le ballon, mais quand on l'avait, on était assez libres. Souvent, quand le ballon était à droite, il fallait que je me retrouve proche des deux attaquants, pour les alimenter. On s'excentrait aussi pour écarter l'équipe adverse et trouver des espaces. Cela nous convenait assez bien. Chacun compensait par rapport à la position de l'autre.

Partir de la gauche permet-il, en tant que droitier, de trouver de meilleures lignes de passe ?

Oui, c'est ça. Je pouvais rentrer sur le pied droit pour centrer, frapper, enrouler... Et puis, je me sentais aussi mieux à gauche parce que, quand je rentrais, trouver un attaquant avec mon pied droit était plus naturel pour moi. Il y avait également beaucoup de dédoublements des latéraux. Quand on rentrait vers l'intérieur, ça libérait l'espace pour le latéral qui montait, et on essayait de le rechercher via un appui avec l'attaquant ou directement. Le rôle des latéraux a évolué à cette période-là. Ils étaient aussi importants quand on attaquait.

Dans la notion de meneur de jeu, il y a une grosse notion de collectif…

Le meneur de jeu est la base de la toile d'araignée. Tout se construit autour de lui. Il doit être juste techniquement, avoir une bonne vision du jeu, garder la tête levée pour pouvoir jouer en une ou deux touches de balle, savoir orienter le jeu de son équipe, passer de droite à gauche… Et puis après, le top, c'est quand il arrive à trouver la verticalité sur une passe ou deux, à casser les lignes adverses.

Vous avez toujours été un joueur porté sur la passe ?

J'ai aussi fait ce sport parce que c'était un sport collectif. Donc, forcément, la passe, c'est un plaisir. Faire une passe ou marquer, pour moi, c'était le même plaisir. Dès que je recevais le ballon, je voulais pouvoir le donner en une touche ou deux. J'aimais bien ça, savoir que je pouvais le garder ou le dévier très rapidement. Accélérer le jeu grâce au mouvement des autres.

Le foot moderne a-t-il tué le numéro 10 ?

Les meneurs de jeu de l'époque ne défendaient jamais. Il y a eu une évolution. Quand on regarde aujourd'hui, en Ligue 1, la seule équipe qui joue avec un numéro 10, c'est Lyon. Et Valbuena se replace beaucoup, les deux attaquants aussi. Désormais, le jeu implique que le numéro 10 ne joue pas seulement quand il a le ballon. Et on met les numéros 10 dans un autre positionnement au départ, qui évolue une fois le ballon récupéré. Tu ne peux pas laisser un joueur qui a cette créativité, cette faculté de faire jouer l'équipe, dans un couloir par exemple. Sinon, il va toucher beaucoup moins le ballon.

Pirlo, Xavi ou Busquets ont eu un rôle d'organisateur reculé. Ce sont eux, les héritiers des anciens numéros 10 ?

Oui, l'évolution du poste a fait que le 6 se retrouve à mener le jeu, à lancer les attaques quand l'équipe a le ballon. Regardez le PSG : Thiago Motta, même s'il défend, c'est vraiment un joueur de ballon. Vu qu'il n'y a plus de meneurs de jeu offensifs, ils ont désormais un positionnement défensif. Mais je trouve que ça manque. Au PSG, quand Javier Pastore joue dans ce registre de meneur de jeu, il y a plus de liant entre la position défensive et la position offensive. Il arrive rapidement à faire gagner 15-20 mètres par ses passes, son orientation du jeu. Je trouve que cela manque quand il n'est pas sur le terrain.

Pour vous, quelle est la prochaine évolution du rôle de meneur de jeu ?

Je ne sais pas, les évolutions… Aujourd'hui, tout le monde joue pratiquement en 4-3-3, allez savoir pourquoi. Il y en a un qui l'a utilisé, ça a marché. Je prône pour le 4-4-2 en losange, après il faut avoir des joueurs qui ont du coffre sur les côtés. Mais je pense que le football peut tellement évoluer… Ça peut évoluer encore en faisant revenir le numéro 10. Je ne pense pas qu'il soit mort. Même si c'est difficile aujourd'hui, le numéro 10 peut revenir.

Ailier : la fin du mangeur de craie ?

Avant de se concentrer entre les pieds des numéros 10, la magie n'était pas au centre du terrain (souvent boueux), mais sur les ailes. Car c'étaient les ailiers qui faisaient se lever les foules grâce à leurs dribbles de virtuoses et la fulgurance de leurs accélérations. Au Brésil, l'ailier droit Garrincha, « Alegria do povo » (« la Joie du peuple »), jouissait ainsi d'une popularité au moins égale à celle de Pelé. En Angleterre, la légende du poste, c'est Stanley Matthews, surnommé « le Sorcier du dribble ». Il n'a évolué que dans deux clubs, les relativement modestes Stoke City et Blackpool FC, mais sur une période de trente-trois ans, interrompue par la Seconde Guerre mondiale. Son palmarès en club est bien maigre pour une légende : une FA Cup, en 1953, mais gagnée presque à lui tout seul, à 38 ans, alors que son Blackpool était mené 3-1 par Bolton. Mais ses exploits balle au pied, ses feintes, ses crochets suffirent à en faire l'un des meilleurs joueurs de l'époque, premier Ballon d'or en 1956. « C'est lui qui nous a montré la manière dont le football devrait être joué », affirma Pelé lors des obsèques de Stanley Matthews, à l'hiver 2000. Ses cendres sont enterrées dans le rond central du Britannia Stadium de Stoke. Presque un paradoxe pour un joueur qui a passé plus d'un tiers de sa vie à arpenter son couloir droit.

À l'aile, la vie est belle... sauf pour les Stanley Matthews d'aujourd'hui, justement. Rares sont en effet ceux qui ont résisté à la diversification des profils sur les côtés de l'attaque et endossent encore ce rôle d'ailier traditionnel. Ceux que l'on appelait les « mangeurs de craie » – parce qu'ils collaient à la ligne de touche – sont de plus en plus rares, même s'il existe encore quelques représentants dont les caractéristiques principales sont la vitesse et une bonne qualité de centre, au premier rang desquels le Brésilien Douglas Costa (Bayern Munich) et l'Espagnol Jesús Navas (Manchester City). La multiplication des études analytiques démontrant la faible rentabilité des centres – à rebours de la perception positive du grand public, favorisée par le côté spectaculaire et prometteur de ces situations – a conforté la raréfaction du profil. Lors de la saison 2014-2015, le ratio de réussite des centres[1] des clubs de Ligue 1 allait ainsi de 7 % (Nice et Bastia) à 15 % (Monaco) seulement, des chiffres certainement encore plus bas si l'on intègre uniquement les centres repris dans les conditions optimales, c'est-à-dire ceux qui offrent à l'attaquant la plus grande probabilité de marquer. Une autre interprétation de ces chiffres reviendrait à dire qu'en centrant beaucoup, on a l'assurance de se créer des occasions de buts.

Les côtés sont pourtant toujours pris, peut-être même plus qu'avant, pour une décisive question d'occupation du terrain, mais on n'y trouve pratiquement

---

1. Un centre est statistiquement considéré comme réussi lorsqu'un partenaire le reprend. Cela ne tient pas compte des conditions dans lesquelles le ballon est repris. Tous les centres réussis ne sont donc pas de qualité égale.

plus d'ailier traditionnel. Il reste primordial d'occuper toute la largeur pour ne pas contribuer à un embouteillage au milieu du terrain. Compliquant la tâche de l'équipe qui a le ballon, la diminution des espaces facilite celle de la défense regroupée. Ainsi, la disparition du mangeur de craie (ou, plus exactement, le relais passé à l'arrière latéral) n'est pas l'extinction du joueur posté sur le côté, c'est l'effondrement de la mission exclusive, pour le milieu ou l'attaquent latéral, de déborder. Sur le papier, la position de départ est la même : sur un côté ; c'est le point d'arrivée du joueur qui change, il va plutôt venir chercher la craie de la surface de réparation. On trouve alors un peu de tout à ce poste excentré.

Il y a d'abord les meneurs de jeu exilés, qui ne touchaient plus assez de ballons dans l'axe : Zinedine Zidane au Real, Johan Micoud à Bordeaux, et plus récemment Mathieu Valbuena en équipe de France et à Marseille se délocalisaient dans un couloir, où ils continuaient à impulser le tempo mais de manière différente, avec des circuits de passe plus réduits. Il y a ensuite les attaquants dont la qualité principale est la capacité d'accélération, toujours plus utile sur le côté que dans l'axe, où la densité de joueurs empêche souvent d'avoir de l'espace. Dans certains systèmes en 4-3-3, les ailiers peuvent autant être des joueurs de débordement que des attaquants de couloir, qui prennent l'axe dès que le jeu penche de l'autre côté, et qui peuvent intervertir leur place avec l'homme en pointe. « Par le passé, on disait souvent aux ailiers de coller à la ligne et d'y rester jusqu'à ce qu'ils reçoivent le ballon, tandis que de nos jours, beaucoup d'équipes jouent avec un seul attaquant de pointe dans un 4-3-3, relève l'Anglais Tom Ince (Derby County), fils de Paul, international anglais dans les années 1990, à *FourFourTwo*. Cela signifie qu'il faut être plus flexible et parfois jouer en tant que milieu axial ou même avant-centre. Montrer de la flexibilité dans son positionnement est important pour les ailiers parce que le football a énormément changé tactiquement ces dernières années. »

Et puis, il y a la plus grande évolution, qui concerne également les deux profils cités : les ailiers en faux pied, ou « ailiers inversés ». Concrètement, c'est très simple puisque cela signifie qu'un droitier est aligné à gauche, ou inversement. Par exemple, pour la finale de la Ligue des champions 1999, Alex Ferguson avait titularisé le gaucher Ryan Giggs à droite et le droitier Jesper Blomqvist à gauche, recentrant David Beckham dans l'axe en conséquence des suspensions de Roy Keane et Paul Scholes.

Pour les meneurs excentrés, qui vont surtout chercher à faire des passes, comme pour les attaquants qui veulent plutôt tirer, cela veut dire que le pied fort est orienté vers l'axe. Pratique pour combiner avec ses partenaires ou viser le but, mais aussi pour protéger son ballon ; moins quand on cherche à déborder le long de la ligne de touche. La conduite de balle doit ainsi permettre de s'éloigner des adversaires ; or déborder côté gauche avec le pied droit implique que le corps du porteur n'est plus entre le ballon et son défenseur. Plutôt que d'aller tout droit, on cherche donc des courses obliques vers le cœur du jeu. « C'est une constante désormais et c'est dur à défendre, affirme Grégory Tafforeau. Le plus dur, c'est quand un joueur sait à la fois centrer et repiquer, comme Eden Hazard, ce qui est extrêmement rare. Certains entraîneurs veulent empêcher les ailiers de dribbler vers l'intérieur pour repiquer, d'autres veulent fermer l'extérieur pour qu'on les empêche de centrer. »

C'est au Bayern Munich que l'on trouve peut-être la doublette la plus symbolique : Robbery, contraction d'Arjen Robben et Franck Ribéry. Deux joueurs percutants, très bons dribbleurs, qui vont sans cesse de l'avant. Le Néerlandais plutôt buteur, le Français plutôt passeur, ce qui permet d'assurer un certain équilibre. Arjen Robben, souvent moqué pour n'avoir qu'un seul dribble, réussit pourtant encore à le placer à chaque match. « Les limites du rôle, c'est quand un joueur a toujours la même façon de rentrer vers l'axe, comme Robben, juge Tafforeau. Ça peut être plus facile à défendre. Mais bon, lui le fait tellement bien… » Ce petit crochet, qui lui permet de repiquer dans l'axe sur son pied gauche, se termine souvent par une frappe très compliquée à arrêter pour le gardien. Nul besoin d'avoir des milliers d'armes à sa disposition quand on en maîtrise une qui permet de marquer.

Comme les Bavarois, nombre de joueurs offensifs sont désormais instinctivement placés du « mauvais » côté. Lionel Messi, qui a débuté au haut niveau au poste d'ailier droit alors qu'il est gaucher, y est revenu avec l'arrivée de Luis Suárez au Barça, l'Uruguayen s'installant en pointe du 4-3-3 catalan. « Mais l'idée reste la même, soulignait dans *L'Équipe* Eusebio Sacristán, ancien adjoint de Frank Rijkaard (2003-2008) puis entraîneur de la réserve barcelonaise (2011-2015), avant les retrouvailles entre Lionel Messi et Pep Guardiola, désormais à la tête du Bayern Munich, en mai 2015. Messi vient toujours au milieu pour apporter de la supériorité et faire jouer l'équipe. » Et jamais il n'a été question de l'aligner à gauche, pas plus que de mettre Neymar à droite. Car même quand ils ne visent pas le but, ces joueurs sont tournés vers leurs partenaires plutôt que la ligne de touche, et seuls les centres en bout de course peuvent nécessiter d'utiliser leur mauvais pied – et encore, ils peuvent très bien réussir des extérieurs avec leur pied fort.

Imprévisibles à condition de varier leurs choix, ces « ailiers inversés » offrent beaucoup plus de possibilités offensives à leur entraîneur, et la disparition des ailiers traditionnels semble bel et bien actée. « Pour un ailier, il est important d'essayer d'être inventif, de faire quelque chose de différent pour tromper les défenseurs et créer une opportunité pour l'équipe », explique Ángel Di María à *FourFourTwo*. « J'aime venir à l'intérieur du jeu pour combiner, raconte pour sa part le milieu offensif anglais Jason Puncheon (Crystal Palace). Ce qui est important, c'est de savoir s'adapter. On apprend à sentir les espaces avec

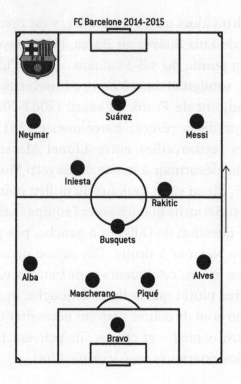

l'expérience. Plus le match avance, plus c'est difficile parce que l'adversaire sait qu'on va essayer de repiquer à l'intérieur. Il faut être imprévisible et varier. Il faut que le défenseur hésite sur ce qu'on s'apprête à faire. »

Et puis, il y a aussi le cas un peu particulier et assez rare des ambidextres, ou au moins des joueurs suffisamment à l'aise des deux pieds pour représenter une menace multiple, comme le décrit l'Anglais Stewart Downing à *FourFourTwo* : « Quand j'évoluais à Middlesbrough, un de nos entraîneurs avait l'habitude de me dire : "Lors des dix prochaines minutes, tu n'utiliseras que ton pied droit." Cela m'a forcé à améliorer mon mauvais pied. Si on ne compte que sur son bon pied, le défenseur vous marque plus aisément, il peut vous bloquer l'accès à l'aile et vous amener vers l'intérieur, où l'on rencontre plus d'adversaires. On est plus difficile à arrêter quand on peut partir avec le ballon des deux côtés et utiliser ses deux pieds. »

Dans un football où il faut être de plus en plus complet, les mono-tâches avaient en tout cas perdu d'avance. « De plus en plus, et à l'image de la société, on a des joueurs capables de jouer à plusieurs postes, remarque Stéphane Moulin. C'est une grande preuve d'intelligence, parce que ça veut dire que le joueur est capable de s'adapter. » « Pour un joueur, la capacité à jouer à plusieurs positions et à comprendre ce que cela signifie est bien plus important qu'être bon dans un système, confirme Roberto Martínez dans une interview au *Blizzard*. Si tu es un ailier, tu dois savoir comment jouer dans un 4-3-3, un 4-4-2, un 4-2-3-1 et toutes leurs variations. Le succès, dans le développement d'un joueur, n'est pas le nombre de titres remportés à chaque niveau, mais comment il a appris à jouer dans plusieurs systèmes de jeu. »

Attaquant : faux 9 et vrai buteur

C'est peut-être le plus grand paradoxe du foot moderne : les deux joueurs qui élèvent petit à petit les records de buts marqués ne sont pas de purs attaquants mais des ailiers reconvertis. Des joueurs qui occupent, certes, parfois la position la plus en pointe sur le terrain, mais ne sont pas des numéros 9 traditionnels. On parle ici, évidemment, de Cristiano Ronaldo et Lionel Messi, deux hommes aux caractéristiques différentes, mais qui se rejoignent sur plusieurs points. Le premier d'entre eux est la relative liberté dont ils disposent sur le terrain, puisqu'ils sont, en partie, exonérés de repli défensif et peuvent garder leur explosivité et leur fraîcheur dans le dernier tiers de terrain adverse. Le Portugais du Real a un rôle bien spécifique d'ailier-attaquant qui guette les opportunités depuis le côté gauche en faisant des appels dans le dos de la défense et sans beaucoup participer au jeu, comme le ferait une pointe traditionnelle. Ce jeu de plus en plus axial fait de lui une sorte de « renard des couloirs », contrairement à l'Argentin du Barça, qui a, lui, changé le regard porté au poste.

Pour comprendre, il faut revenir à une nuit chaude du 2 mai 2009, comme le raconte Martí Perarnau dans son ouvrage *Herr Pep*. Nous sommes à la veille du 158e *clásico* de l'histoire en Liga entre le FC Barcelone, leader du championnat, et son dauphin, le Real Madrid. En cas de victoire, les Catalans compteraient sept unités d'avance sur leur rival à quatre journées de la fin et s'assureraient ainsi pratiquement leur première couronne nationale depuis trois ans. Comme d'habitude, Pep Guardiola reste tard dans son bureau, pour réfléchir à la meilleure manière d'aborder le match du lendemain. Il regarde quelques extraits vidéo du Real, griffonne des idées. Et soudain, un éclair. Il prend son téléphone.

Une demi-heure plus tard, Lionel Messi entre dans le bureau de son entraîneur. Guardiola lui montre un extrait vidéo et met soudain sur « pause ». Sur l'écran, il pointe un espace béant entre les milieux de terrain madrilènes, qui pressent haut, et la charnière centrale, composée de Christoph Metzelder et Fabio Cannavaro, qui reste basse. « Demain, à Madrid, je veux que tu commences sur l'aile comme d'habitude, mais dès que je te fais un signe, je veux que tu t'éloignes des milieux de terrain et que tu te mettes dans cet espace, explique Pep. Dès que Xavi ou Andrés Iniesta cassent les lignes et te donnent le ballon, je veux que tu ailles directement vers le but de Casillas. »

Le lendemain, après une dizaine de minutes de jeu, Guardiola donne son signal. Samuel Eto'o, l'attaquant axial de l'époque, permute avec Messi. L'Argentin inscrira un doublé dans la démonstration barcelonaise (6-2). Il était devenu un « faux numéro 9 ».

Des années plus tard, Metzelder s'est remémoré ce match douloureux pour lui pour Martí Perarnau : « Fabio et moi nous sommes regardés : "Qu'est-ce qu'on fait ? Est-ce qu'on le suit jusqu'au milieu de terrain ou est-ce qu'on reste bas ?" On n'en avait aucune idée. » Car Messi n'a pas évolué comme un avant-centre traditionnel. Il n'a eu de cesse de décrocher, de s'excentrer aussi parfois, créant de fait des supériorités numériques au milieu de terrain ou sur une aile. Metzelder et Cannavaro se sont souvent retrouvés

sans personne à marquer, dans une incertitude permanente sur la bonne attitude à adopter. C'est l'une
des failles de la défense en zone, mise à mal lorsqu'un
adversaire quitte son poste prédéfini.

Celui qu'on surnomme « la Pulga » (« la Puce »)
n'est certes pas le premier « faux numéro 9 » de l'histoire. Si, dans la tradition britannique, l'avant-centre
devait d'abord être physique, un « taureau écervelé
dans l'arène », selon l'expression de l'éminent journaliste Brian Glanville, ailleurs, sur le continent notamment, l'application du rôle était parfois plus subtile
et imaginative. Matthias Sindelar, magicien de la
Wunderteam autrichienne des années 1930, Adolfo
Pedernera, dans la Máquina du River Plate des années
1940, Nándor Hidegkuti, dans le Onze d'or hongrois
des années 1950, sont ainsi les pionniers d'un rôle
d'attaquant très impliqué dans la construction du jeu,
à coups de décrochages intelligents et de technique
exquise. Mais Lionel Messi symbolise mieux que
quiconque cette notion à la généralisation récente,
cet attaquant de pointe qui n'en est donc pas un. Et
grâce à ses qualités, ainsi qu'à l'harmonie collective
du FC Barcelone, qui lui a offert le contexte idéal pour
s'exprimer, il a magnifié le rôle. « Avoir Messi dans
l'équipe implique de toujours le chercher, raconte
Xavi. Il n'y a pas d'autre explication. Quand tu vois
Messi devant toi et qu'il y a une autre passe possible,
le ballon doit quand même aller à Leo. Tu sais que
cela va être une attaque et qu'elle sera dangereuse. »

Mais si ce numéro 9 est faux, lequel est vrai ? En

réalité, pendant plusieurs saisons, Pep Guardiola l'a fait évoluer comme un numéro 10 avec, pour lui, cette capacité à porter le ballon et à aller de l'avant en solo, comme un ailier, à conclure, comme un attaquant, et à orienter le jeu, comme un meneur de jeu traditionnel. Une exploitation maximale de ses qualités qui se fait en participant au jeu, donc en étant le plus proche possible de son épicentre et non trop devant, ce qui peut parfois être frustrant ou trop excentré. Sans point d'ancrage dans la surface, le FC Barcelone a pourtant marqué un nombre incroyable de buts (98 en 38 matchs de Liga 2009-2010, 95 en 2010-2011, 114 en 2011-2012) et Messi avec lui (115 rien qu'en championnat sur ces trois saisons), parfaitement complété par des ailiers-attaquants efficaces (Pedro et David Villa), qui assuraient une présence devant le but grâce à leurs appels en diagonale vers l'axe. La preuve que ce n'est pas tant le nombre d'attaquants véritables qui compte, mais bien les rôles, les complémentarités et l'équilibre collectif. Aujourd'hui, d'ailleurs, l'Argentin a retrouvé son poste sur l'aile droite du FC Barcelone pour laisser la pointe de l'attaque à Luis Suárez, avant-centre un peu plus conventionnel.

En l'absence de Lionel Messi, Cesc Fàbregas a, lui aussi, été amené à endosser ce rôle de « faux numéro 9 » avec le Barça, lors de la saison 2011-2012. À ce poste, il a même grandement contribué au sacre de l'Espagne lors de l'Euro 2012. « Mais l'interprétation du rôle par Fàbregas était très différente de celle de Messi, analyse Jonathan Wilson dans une chronique pour le

Guardian, en 2013. Il a moins l'air d'un attaquant qui décroche que d'un milieu dont il se trouve qu'il joue plus haut. Il ne crée pas de la même manière que Messi mais fonctionne pratiquement comme un attaquant en pivot, à la nuance près qu'il remet les ballons après les avoir reçus au sol plutôt que sur des longues passes ou des centres. » Cette réinvention de Fàbregas, récupérée par le sélectionneur Vicente Del Bosque, était un moyen d'optimiser la récupération de la philosophie de jeu barcelonaise au sein de la Roja, dépourvue d'un dribbleur de la trempe de Lionel Messi. « J'essaie de jouer 9 avec ma personnalité de milieu de terrain, pour donner plus d'options au cœur du jeu et créer des supériorités numériques, expliquait Fàbregas avant le quart de finale contre la France. Parfois, je reste haut pour étirer la défense, mais quand on joue contre une équipe avec trois défenseurs centraux, c'est plus compliqué d'être seul devant. Donc je décroche pour que David [Villa] et Pedro fassent des appels croisés dans l'espace. » Quelques mois plus tard, celui qui évolue désormais à Chelsea dans un rôle plus habituel de milieu relayeur donnait sa définition du « faux numéro 9 » dans *El País* : « C'est un attaquant qui joue dans l'axe et qui aide beaucoup au milieu du terrain, qui a plus de contrôle du ballon que le finisseur traditionnel, qui aide à générer une supériorité à l'intérieur du jeu pour ensuite ouvrir sur les côtés et finir devant le but. Un faux 9 doit aussi marquer des buts, mais les buts sont une conséquence du jeu collectif avant d'être un objectif positionnel. »

Pour d'autres, l'appellation même de « faux 9 » est une hérésie. La question s'est posée à l'AC Milan lors de la première partie de la saison 2014, pendant laquelle Jérémy Ménez dynamita le centre de l'attaque des Rossoneri. « Stop avec la légende de "faux 9" concernant Ménez, demandait ainsi Adriano Galliani, l'administrateur délégué de l'AC Milan. Jérémy est un 9. » « Ménez est un attaquant de pointe, renchérissait son entraîneur d'alors, Filippo Inzaghi. Il est avant-centre avec les caractéristiques qui sont les siennes. Par exemple, Shevchenko et moi étions 9, mais nous avions un jeu différent. » Beaucoup dépend donc de la volonté des uns et des autres d'étiqueter une interprétation parmi d'autres du poste.

Hormis cette évolution, qui reste marginale et associée à des profils et approches de jeu particuliers, le poste de buteur au sens plus traditionnel du terme n'a pas changé, hormis dans le volume de jeu. « Les attaquants modernes font plus d'efforts, ils ont plus de capacités en termes d'endurance », acquiesce Éric Carrière. Cela leur permet d'apporter une contribution défensive bien supérieure que par le passé, en phase avec les exigences totales du football moderne, dans le pressing notamment. En même temps que les défenseurs latéraux doivent apporter plus défensivement, on demande plus d'implication aux attaquants une fois le ballon perdu. La segmentation des rôles en fonction des phases de jeu s'efface.

Pour le reste, comme son nom l'indique, on demande au buteur de trouver le chemin des filets, et seule sa participation au jeu varie selon ses caractéristiques et celles de son équipe, même si elle est de plus en plus demandée. « Trouver de l'espace dans la surface est crucial, analyse Sergio Agüero (Atlético Madrid, Manchester City) pour *FourFourTwo*. Si le jeu est trop dense au centre du terrain, je me déplace sur les ailes ou je décroche pour toucher un peu plus le ballon. Je veux être au meilleur endroit pour rendre la vie du défenseur difficile. Et ça peut être n'importe où sur le terrain. Aujourd'hui, il est très dur de trouver un espace calme où personne n'est proche de vous, donc il faut être intelligent pour trouver de l'air. Parfois, être dans la surface n'est pas la meilleure position pour se créer une occasion. » « Le plus important chez un footballeur est l'élément de surprise, embraye l'Espagnol Michu (Rayo Vallecano, Swansea). Ce que j'aime faire, c'est me placer à l'extérieur de la surface, parce qu'ainsi je peux participer à la construction avant de piquer vers la surface pour semer mon défenseur. Si on part de 20 ou 30 mètres, c'est plus dur d'être marqué parce qu'on est toujours en mouvement et qu'il y a de l'espace à exploiter. »

Au fil du match, un jeu du chat et de la souris se met en place entre l'attaquant et ses gardes du corps. « Il faut toujours faire deux appels, un pour le défenseur et un pour soi, détaille l'Anglais Darren Bent [106 buts en Premier League]. Si on fait un appel au premier poteau, il faut faire semblant d'en faire un au deuxième, et vice versa. Cela déstabilisera le défenseur et vous offrira un mètre de plus, un avantage sur lui. Si on fait face à un défenseur athlétique qui veut s'accrocher, il faut l'emmener dans des zones où il n'a pas envie d'aller. Face à ceux qui sont vifs au marquage, il faut attendre qu'ils vous quittent des yeux pour regarder le ballon et partir dans leur dos. »

Là où certains grands du passé auraient du mal à briller dans le football d'aujourd'hui, notamment les joueurs les plus lents, les grands attaquants, Ronaldo, Van Basten et autres Di Stéfano, restent une denrée rare qui font leur trou quoi qu'il arrive. Certains avant tout pour leur science du but et du déplacement, comme le Néerlandais Ruud Van Nistelrooy (Manchester United, Real Madrid notamment) : « Le positionnement est crucial, souligne-t-il pour *FourFourTwo*. Les trois bonnes positions à prendre sont entre les deux défenseurs centraux, entre le latéral droit et le central droit et entre le latéral gauche et le central gauche. On démarre son mouvement depuis ces positions. Il faut rester hors jeu jusqu'à ce que le ballon soit joué, c'est capital. Quand on est hors jeu, le défenseur est toujours en train de vérifier notre position, ce qui les fait reculer. Et il faut dessiner son appel selon le joueur en possession du ballon. »

Le but est rare, dans le football, en comparaison des autres sports collectifs. Selon Chris Anderson et David Sally, dans *The Numbers Game*, le score n'évolue en moyenne qu'une fois toutes les soixante-neuf minutes dans un match de football, contre un peu plus de douze en rugby, par exemple. Et on ne parle pas du basket. Cette rareté implique un savoir-faire

COMMENT REGARDER UN MATCH DE FOOT ?

spécifique et précieux. Un talent encore plus nécessaire aujourd'hui que dans les années 1950, les rencontres prolifiques en buts se faisant bien plus rares. Comme l'ont démontré Chris Anderson et David Sally, un but marqué équivaut en moyenne à un point gagné. Deux buts offrent plus de chances de gagner que de faire nul, et trois sont pratiquement synonymes de victoire. On comprend vite pourquoi les prix des buteurs efficaces sont si élevés sur le marché des transferts...

Le joueur « libre »

Quand il compose son équipe, un entraîneur pense de manière globale : inutile d'avoir un gardien doué pour les relances courtes au pied quand on n'a pas vocation à construire, ou des petits gabarits si l'on est amené à multiplier les centres aériens. Le but n'est pas de prévoir tout ce qui va se passer, de penser avec plusieurs coups d'avance comme aux échecs, mais de définir un ensemble cohérent où tous les profils pourront s'exprimer au mieux. Les coachs sont d'ailleurs les premiers à le reconnaître : ce sont les joueurs qui ont les clés du match et légitiment ou non le travail de leur boss. « Le football n'est pas un jeu d'échecs, il appartient aux joueurs, confiait ainsi Arsène Wenger avant un Arsenal-Bayern Munich, face à une équipe beaucoup plus marquée que les autres par le style de son entraîneur. On prépare l'équipe pour qu'elle réussisse, mais n'oubliez pas que les principaux protagonistes sont sur le terrain, pas sur le banc. »

À haut niveau, même si des erreurs sont commises, rares sont les moments où la structure d'une équipe est mauvaise. Elle le deviendra si l'adversaire change d'approche ou si les joueurs sortent du cadre. Que pouvait faire Raymond Domenech face aux choix de déplacements de Nicolas Anelka au Mondial 2010, si ce n'est le sortir ? On bascule alors dans la gestion humaine plus que tactique, ce qui différencie beaucoup plus les entraîneurs que les compétences tactiques. Quand certains sont pointés du doigt par ceux qui ont été sous leurs ordres, les antagonismes sont généralement personnels.

Les prises de décision sont individuelles et instinctives, mais c'est un instinct collectif qu'il faut travailler : que tout le monde puisse penser de la même manière dans un cadre donné. « On va transmettre une idée aux joueurs, il faut qu'ils se l'approprient, explique Raynald Denoueix. Pour ça, il faut que cela leur plaise, qu'ils soient efficaces, qu'ils gagnent. Après, ça y est, c'est rentré, c'est comme ça que les joueurs veulent jouer. Et nous, à Nantes, c'était ça. C'est pour ça que les clubs qui forment bien, avec des noyaux de six-sept joueurs dans leur équipe, ils sont tranquilles, parce que ce sont eux qui transmettent aussi sur le terrain aux autres joueurs, à ceux que l'on fait venir. Des mecs comme Xavi, Iniesta, ils sont convaincus, après il n'y a plus besoin de leur dire : "Fais ci, fais ça." C'est leur foot à eux. » Ce cadre, ce sont le système et le plan de jeu qui les dictent. « C'est négatif si le coach veut supprimer la liberté au profit de la rigueur, mais il est vrai qu'il faut apprendre à un joueur comment interpréter certaines choses », juge Xabi Alonso. Placé bas lui aussi, l'ancien meneur Pirlo ne change, par exemple, pas drastiquement son jeu, c'est l'équilibre du onze qui bouge, c'est-à-dire la façon dont ses partenaires vont occuper l'espace avec un meneur de jeu officieux reculé sur le terrain. La trouvaille revient en partie à l'entraîneur, mais ce sont les facultés du joueur qui rendent le choix judicieux – et celles des partenaires à bien comprendre ce qu'un tel choix implique.

Penser de manière synchrone est essentiel. Toutes les situations de jeu n'étant pas reproductibles, ni même envisagées à l'entraînement, contrairement aux sports de systèmes comme le basket, où l'on apprend à contrer des phases bien identifiées, il faut s'adapter en temps réel. Sur le terrain, les joueurs peuvent presser ou se replier selon la situation et la dynamique du match, sans que cela réponde à une volonté particulière de leur entraîneur. Même si ce dernier a une vision extérieure générale, c'est sur le terrain que l'on sent les choses, que l'on entendra son adversaire direct être à bout de souffle ou indiquer des consignes. Hormis quelques idéologues assez extrêmes et pas toujours victorieux, comme le très offensif Zdeněk Zeman, les coachs feront confiance à leur groupe tant qu'il montrera une intelligence collective permettant de solutionner les problèmes posés. Le recadrage, s'il doit avoir lieu, consistera à orienter tout le monde dans le même sens si la fluidité instinctive n'est pas là, ou à proposer des alternatives en cas d'échecs répétés de ce qui est fait naturellement.

Cette réorientation est très dure à faire en match à cause de facteurs inhérents au football : il y a du bruit, pas de temps morts, le terrain est grand et le jeu va vite. « Le temps que je m'aperçoive que le joueur est en retard, que je le lui dise et qu'il réagisse, c'est déjà trop tard, confirme Raynald Denoueix. Et parfois, si tu joues à Madrid, à Valence, les joueurs ne vont pas t'entendre. Donc l'un des maîtres mots, c'est anticipation. Mais pour certains, il n'y a rien à faire, ils ne comprennent que quand l'action s'est déjà déroulée. » Dans le feu de l'action, il faut faire vite. Ne pas jouer trop bas, permuter... Des actions codifiées par des gestes, plus souvent des rappels qu'autre chose. « Vous pensez qu'un entraîneur qui parle normalement dans un stade de 80 000 personnes est entendu par ses joueurs ? interroge Philippe Troussier, qui a exporté ses talents d'entraîneur dans de nombreux pays asiatiques et africains, avec une parenthèse d'une saison à l'OM, en 2004-2005. Cela se traduit par des expressions, des cris, des gestes, qui ont simplement pour but de faire passer un message à ses joueurs. » « Essayer d'être assez haut sur le terrain, avoir des temps de jeu suffisants pour préparer une attaque ou contrer, gérer ou maîtriser les temps forts ou les temps faibles, c'est compliqué quand on est sur le côté, confie Stéphane Moulin. Quand on le dit, le ballon est déjà reparti. Donc ce sont les joueurs qui doivent le sentir. »

Les entrants portent généralement un message, mais, là aussi, il est succinct. Une précision sur le positionnement auprès des partenaires qui évoluent dans la même zone, une consigne de réorganisation, quelques mots pour signaler que l'on va marquer Untel et jouer sur le côté ou en retrait. La mi-temps permet bien de poser un discours, mais la moitié du match s'est alors déjà écoulée alors qu'arrive ce moment de calme. Un calme relatif si la prestation n'est pas bonne : plutôt que de changer les consignes, il est plus souvent question de les rappeler, en gueulant un peu s'il faut, mais dans un temps limité qui plus est.

La vraie question, à laquelle il n'existe de réponse qu'au cas par cas, est de savoir jusqu'où contrôler et contraindre le joueur et ses décisions. Par définition, chaque élément doit être intégré dans le collectif, et donc dans une dynamique d'équipe. Mais certains doivent être guidés de près, là où d'autres sont encouragés à laisser parler leur créativité. Schématiquement, les consignes concernent la défense et la part de liberté revient à l'attaque. Dépasser son poste, quand on est attaquant, comprend beaucoup moins de risques et permet de surprendre l'adversaire. D'autant que les joueurs offensifs sont en principe et à la rare exception des renards des surfaces ou des grands costauds, plus doués avec leurs pieds que leurs homologues de la défense. On placera ainsi un excellent dribbleur en position de se montrer décisif et un défenseur rugueux dans celle de ne pas faire de bêtise. Créativité et solidité, deux aspects qui nécessitent de connaître son groupe. « Il y a toujours un équilibre de pensées et un équilibre d'instructions dans toutes les équipes, explique sir Alex Ferguson dans *The Blizzard*. À certains joueurs, vous dites : "Joue simple", parce qu'ils sont meilleurs quand ils ne jouent pas compliqué. Et puis il y a des joueurs qui peuvent élever le match à un tout autre niveau, un niveau que je ne peux pas voir moi-même puisque je n'ai pas leur vision, et ils voient des choses que moi, en tant qu'entraîneur, je ne vois pas. » Dans le septième numéro de cette même revue, Roberto Martínez abonde dans le même sens : « En tant qu'entraîneur, vous devez faire comprendre au joueur en quoi l'équipe veut de lui, sans que le joueur perde ce qui le caractérise. »

Si on insiste sur les deux types de profils, qu'on pourrait définir grossièrement en disant que certains joueurs aiment bien avoir le ballon et d'autres moins, c'est que la question agite les entraîneurs de toutes les catégories. Dès leur plus jeune âge, des garçons comme Hatem Ben Arfa sortent du lot, et il faut réussir à les cadrer sans les brider. Claude Dusseau, qui a été son formateur à l'INF Clairefontaine, raconte ainsi à Léquipe.fr à propos du Niçois : « Ce que je peux lui reprocher, si je dois lui reprocher quelque chose, c'est qu'il était persuadé que les gens avaient besoin de lui. Quand on dribble trop et qu'on ne passe pas son ballon, les autres se découragent. Je me souviens d'une déclaration de Zidane qui disait qu'au centre de formation de Cannes, on ne lui a pas appris à dribbler – il savait déjà le faire –, mais à dribbler utile. Voilà ce que Hatem n'a pas compris suffisamment tôt. Quand tout le monde considère très tôt que vous avez des qualités extraordinaires, c'est difficile d'avoir la bonne attitude. » Résonne en écho l'instruction de Juan Manuel Lillo : « Si tu ne sais pas quand dribbler, tu n'es pas un grand dribbleur. »

Faut-il absolument faire entrer tout le monde dans un moule ou laisser l'un ou l'autre jouer son récital, à condition, évidemment, qu'il ne mette pas en danger l'équilibre collectif ? Donner une chance au génie, à tout prix ? « Parfois, le talent dépasse la raison, répond le coach argentin Ángel Cappa. Le bon joueur de football a une connaissance interne préalable à la raison. Sur le terrain, il sent ce qu'il faut faire. C'est ce qu'on appelle souvent l'"intelligence footballistique". Et parfois, on voit des joueurs qui renient cette intelligence brute au profit du respect de certaines consignes. Mais ils ne font que crisper leur jeu et deviennent des joueurs bureaucratiques. » Et, pourrait-on ajouter, prennent le risque de perdre l'amour du jeu, eux qui jusque-là ont toujours évolué dans leur registre propre en raison de leurs qualités. On voyait ainsi Johan Cruyff élaborer les tactiques en accord avec son entraîneur – voire les corriger s'il n'était pas d'accord –, montrant très jeune les qualités pour réussir ensuite sur le banc, sans jamais faire de formation spécifique.

Au fond, pour réussir, l'entraîneur doit avant tout connaître ses hommes. Suffisamment les contraindre pour que son plan de jeu soit viable, mais les laisser suffisamment libres pour qu'ils puissent, ensemble, développer une intelligence collective et s'approprier le projet. « Un joueur, c'est bien qu'il intègre les notions tactiques, mais il faut qu'il reste joueur », résume Guy Lacombe. Marcello Lippi l'explique dans *Soccer Modern Tactics* : « Bien sûr, je dois donner des directives à l'équipe, mais on ne peut pas attendre des joueurs qu'ils les suivent totalement durant un match. Quand vous coachez des joueurs comme Zidane, Del Piero ou Vieri, vous ne pouvez pas leur faire penser que le résultat ne viendra qu'en jouant de la manière dont le veut l'entraîneur. D'un autre côté, il y a des joueurs qui peuvent avoir du mal à comprendre certaines choses. Le but d'un entraîneur est de les rendre faciles. Cela ne veut pas dire improvisation ou confusion, mais trouver un équilibre entre talent et organisation. »

Tout le monde n'a pas de tels talents à disposition, des joueurs aussi bons footballeurs qu'intelligents. Charge alors à l'entraîneur de trouver des relais. Interrogé par *Vestiaires*, le légendaire « Coco » Suaudeau explique sa méthode, basée sur quelques piliers au sein du groupe : « C'est plus dans l'interprétation du jeu par l'entraîneur que le joueur va être indispensable à l'animation de son équipe. Et plus vous en avez, mieux c'est. Moi, je constituais toujours ce que j'appelais la "cellule du milieu". C'étaient cinq-six joueurs, au milieu, qui entraînaient les autres. Ceux-là, on ne les choisissait pas n'importe comment. Ils étaient les garants de nos principes. Et j'étais très exigeant avec eux. » En analysant les résultats sur cette grille de lecture, une autre façon de juger entraîneurs et joueurs apparaît : l'identité de ces « capitaines de jeu » et leur capacité à fédérer. À ce petit jeu, tous ne sont pas égaux. Le meilleur résumé, c'est sans doute Raynald Denoueix qui le donne : « Le football n'est pas coincé, ficelé. On entraîne les joueurs pour qu'ils soient autonomes. S'ils sont intelligents tactiquement, ils savent jouer. Pour moi, le joueur est sur le terrain, il doit savoir. Le terrain est un peu mouillé, on mène 1-0, je me trouve à 40 mètres du but, je vais recevoir le ballon, qu'est-ce que je vais en faire ? Le coach a dit qu'on pressait, je regarde à gauche et à droite, mais derrière j'ai regardé, les partenaires ne sont pas là, donc je prends la décision : je n'y vais pas. Il faut former des joueurs qui savent prendre une décision à chaque seconde, en fonction du jeu. S'il y a 3-0 ou 0-3, on ne va pas jouer de la même manière. Mais il y a des cons… »

NE PAS AVOIR LE BALLON

Parmi toutes les qualités géniales qui en font indiscutablement, en toute honnêteté et objectivité, le sport-roi, de loin supérieur à tous les autres, le football a la particularité suivante : une équipe nettement plus faible sur le papier a de réelles chances d'obtenir un match nul, voire de l'emporter face aux équipes en tête du classement (beaucoup plus de chances qu'au tennis ou à la pétanque, par exemple). Si on y pense, c'est complètement paradoxal, voire insupportable lorsque l'on songe à tous ces matchs que l'équipe de France ne sait pas gagner face à des adversaires inférieurs. Mais après tout, comme le révèlent Chris Anderson et David Sally dans leur ouvrage *The Numbers Game*, la meilleure équipe ne l'emporte en moyenne que 50 % du temps environ. De quoi nuancer l'impact de la qualité intrinsèque d'une équipe sur le résultat final.

Et si cela n'était pas seulement dû à une question psychologique (fatigue nerveuse de l'adversaire supérieur, condescendance, Ligue des champions en tête, etc.), mais à une question tactique liée au jeu sans ballon ? Comment une équipe inférieure, qui pense souvent d'abord à verrouiller (« verrou » se dit *catenaccio*, en italien), peut-elle tenir, et même croire en ses chances de gagner ? « Le football suisse était par bien des aspects dans un terrible état d'infériorité par rapport à ses voisins, expliqua le précurseur Karl Rappan, à la tête de la sélection helvète à la fin des années 1930, dans les colonnes de *France Football*. J'étais certain que ma tactique nous rendrait moins dépendants de la qualité des individualités. »

Le *catenaccio* le plus radical que l'histoire du foot ait proposé est celui pratiqué par la Norfolk, dans *Olive et Tom*. Les mecs remportent leurs matchs en ne marquant qu'à la suite des dégagements de leur impressionnant et imbattable gardien Théo Sellers, dernier rempart d'une défense rugueuse. L'origine de cette façon de jouer est cependant française : c'est le « béton » proposé par l'entraîneur français Robert Accard dans les années 1930, avec le Stade Français, aux prémices du « verrou suisse » de Karl Rappan à la même époque et donc du *catenaccio* italien. Aujourd'hui encore, défendre reste très ancré dans la culture footballistique transalpine, au sein de laquelle le résultat prime sur tout le reste, comme en témoignait Claudio Ranieri dans *France Football* en 2014 : « Tu peux faire un, deux, trois bons matchs, mais si tu perds le quatrième, même en jouant bien, c'est déjà le début d'une polémique ! C'est pareil, d'ailleurs, si tu gagnes 3-2 ou 4-3. Pourquoi as-tu encaissé deux buts ? Comment as-tu pu donner la possibilité à ton adversaire de marquer trois fois ? Ça n'est pas normal. Tu dois toujours bien défendre, bien faire la diagonale pour assurer la couverture. Tu n'as pas le droit de faire d'erreurs... En Italie, prendre un but, c'est un péché. L'autre idée sous-jacente, c'est qu'il est aussi important de faire déjouer l'adversaire ou d'empêcher celui-ci de jouer que de développer soi-même du jeu. D'où l'importance, parfois obsessionnelle je l'avoue, de la tactique au détriment d'une certaine créativité et de ce qui fait l'essence même du football. »

Lorsque l'on adopte le *catenaccio*, le principe de jeu (quel que soit le système) consiste à laisser le ballon à l'adversaire. L'équipe accepte de défendre la majorité du temps, l'adversaire est piégé par un quadrillage du terrain qui l'empêche de trouver des situations favorables et bloqué par des défenseurs acharnés. La question décisive à se poser est donc : pourquoi est-il si difficile, pour l'équipe supérieure qui a le ballon, de trouver des brèches lorsque l'adversaire, par exemple le Petit Poucet de la Coupe de France, cadenasse le terrain ?

La défense est supérieure

La gravité et la complexité de la question poussent à se pencher sur ce que dit le grand spécialiste de la tactique militaire. Carl von Clausewitz, dans l'ouvrage fondateur *De la guerre*, n'a pas l'ombre d'un doute :

« La forme défensive de guerre est en soi plus forte que l'offensive. » Car la défense ne se contente pas d'opposer une résistance, elle organise sa résistance. « La défense dicte ses lois à la guerre », estime même Clausewitz. Elle est organisée à la fois en fonction de l'attaque (par exemple, en mettant trois défenseurs centraux si l'adversaire a deux attaquants), et avant elle, puisqu'elle s'organise sur sa moitié de terrain avant que l'attaque n'arrive. En choisissant la hauteur sur le terrain des derniers défenseurs (contraignant les adversaires grâce à la règle du hors-jeu), en fixant un écart entre ses lignes, en se répartissant sur la largeur du terrain, en anticipant les coups que l'adversaire a l'habitude de porter, la défense dicte des conditions de jeu.

Entrons dans le détail. La finalité de la défense est de « parer un coup » (envoyer le ballon d'un dribbleur en touche, contrer le tir, intercepter le centre...). « L'attaquant est un fantaisiste que le défenseur doit annuler, souligne Tarcisio Burgnich, stoppeur de l'Inter Milan d'Helenio Herrera, surnommé "la Roccia" ("le Roc") dans les années 1960. À l'époque, le défenseur avait vraiment un second rôle : il bougeait seulement en fonction de son attaquant. Eux, ils faisaient. Et nous, on les empêchait de faire. » Aujourd'hui, les défenseurs ne font certes pas que défendre, comme les attaquants ne se contentent pas d'attaquer. Mais derrière ce simple constat se niche une différence fondamentale entre l'attaque et la défense : il y a un déséquilibre entre celui qui doit donner le coup et celui qui doit le parer. Les chances de l'emporter ne sont pas égales, les objectifs ne sont pas réciproques. Il a beau y avoir onze joueurs de chaque côté, les onze qui défendent voient leur tâche facilitée. « Il est plus aisé de conserver que d'acquérir », résume Clausewitz, que ce soit collectivement (la mise en place tactique) ou individuellement (ne pas perdre son duel). L'attaquant doit obtenir quelque chose, aller chercher quelque chose, tandis que le défenseur, lui, ne doit rien obtenir. Même pas nécessairement de prendre le ballon, puisqu'il le laisse aux adversaires, qui peuvent se faire autant de passes qu'ils veulent. Obtenir (pour qui attaque) et conserver (pour qui défend) ne sont pas des missions équivalentes.

Dribbler, marquer, centrer, c'est toujours obtenir quelque chose de positif. Face à cela, le défenseur ne doit pas agir symétriquement, il doit « simplement » (entre guillemets, parce que ce n'est pas simple pour autant) ne pas être dribblé, contrer ou empêcher frappes et centres. « Ne te jette pas », résumera l'entraîneur en pupilles pour que son fils (qu'il titularise parce qu'il est son fils) ne se fasse pas éliminer par l'adversaire supérieur. C'est moins difficile de ne pas être dribblé que de dribbler. C'est moins difficile d'éviter le petit pont que d'en réussir un. C'est moins difficile de dégager le ballon en touche que d'ajuster un bon centre.

Pour comprendre en quoi le football offre un avantage à la défense, un détour par le volley-ball s'impose. Un smash dévié par l'adversaire en dehors des limites du terrain donne un point à ceux qui ont attaqué. Au foot, l'équivalent donne lieu à une touche, ou à un corner, donc à pas grand-chose. Au volley, il faut du coup aller contrer à deux ou trois, car contrer ne se résume pas à « parer un coup », mais à obtenir quelque chose de positif.

Il en découle un autre avantage, que mentionne Clausewitz : « Tout le temps qui s'écoule inutilisé tourne en faveur du défenseur. » Le moindre temps perdu ne l'est pas pour les deux équipes : le temps n'est perdu que pour celui qui sait son temps compté pour atteindre son objectif. Celui qui n'attend rien – d'autant qu'au foot, « rien », ce n'est pas rien : 0-0, c'est un point – est ravi de voir le ballon se perdre dans les tribunes[1].

Défendre : un manque d'ambition ?

Pour autant, le *catenaccio* lui-même peut être très ambitieux. Il n'est pas du tout paradoxal, malgré les apparences, d'envisager que la mentalité défensive soit en outre la meilleure arme pour l'emporter. Certes, la forme classique du *catenaccio* consiste presque exclusivement à protéger sa cage, en se contentant volontiers du match nul (l'idéal est bien sûr d'ouvrir

---

1. Le football professionnel a résolu le problème du ballon qui s'envole, en multipliant les ballons et ramasseurs au bord du terrain. Mais il n'est pas rare, dans le foot amateur, de voir des joueurs voulant tenir un score tirer très loin dans le décor, soi-disant « pour écarter le danger ».

le score puis de conserver le score, ou de marquer à la fin, « à l'italienne » comme l'on dit lorsqu'on ne suit pas le foot italien). « Quelle que soit la façon dont on présente l'affaire, qu'on parle de 3-5-2, de 4-5-1 ou de 4-4-2, il faut bien se dire une chose : ils sont à dix derrière et ils peuvent attendre parfois la dernière seconde du match pour placer une contre-attaque, mettre un coup de pied arrêté, marquer sur un coup de patte, et te planter ainsi, détaillait d'ailleurs Christian Damiano, grand connaisseur du football italien, dans *France Football* en 2012. C'est ça l'idée. Disons pour 80 % des équipes. »

Mais il serait dommage de le réduire à cette forme hypothétique et de limiter son ambition à un match nul obtenu par une équipe relégable jouant chez le premier du classement. La *catenaccio*, que l'on désigne aujourd'hui plus souvent par l'expression « garer le bus » (« *park the bus* » en anglais, originellement), a été l'option choisie et gagnante par José Mourinho pour se qualifier en finale de la Ligue des champions. Le coach en a ainsi proposé une forme quasi parfaite (« quasi » désignant la part de chance et de vice qu'il a également fallu mobiliser) pour éliminer, en infériorité numérique pendant plus d'une heure, le brillant Barça avec l'Inter Milan, en 2010[1].

---

1. Deux ans plus tard, c'est son ancien club, Chelsea, qui l'imitait en privant le Bayern Munich d'une Ligue des champions à domicile malgré une flopée de frappes.

FC Barcelone 1-0 Inter Milan – Ligue des champions 2010

Le manuel de guerre nous le confirme : défendre, c'est sans doute d'abord parer les coups, mais dans un combat, une bataille, une guerre, un match de foot, il faut absolument garder à l'esprit qu'un défenseur est toujours susceptible de rendre les coups. Et peut-être, donc, se montrer plus complet et performant que les attaquants qui trustent le Ballon d'or ? La question est posée.

Une défense exclusive n'existe pas (ou alors à l'entraînement). Défendre, au foot comme à la guerre, c'est être en même temps susceptible de contre-attaquer.

Aussi Clausewitz prend-il soin de préciser que la défense n'est pas un bouclier : défendre, c'est s'abriter derrière son bouclier mais en étant capable d'en user pour frapper, voire de camoufler une épée. En face, attaquer n'est pas non plus une chose exclusive : la défense reste un mal nécessaire, qui découle naturellement des coups qui peuvent être rendus par l'adversaire. Celui qui possède le ballon doit avoir les solutions de repli (ou de pressing) s'il le perd.

Si l'on considère que l'idéal en la matière a été atteint en 2010 lors de la demi-finale retour de Ligue des champions, c'est finalement moins pour la rigueur défensive (rigueur est un euphémisme), que pour l'extraordinaire capacité de l'Inter à déployer ses attaques, inopinées et tranchantes. Le *catenaccio* du XXe siècle se contentait peut-être de serrer derrière et d'exploiter les éventuels « bons coups à jouer » (coups de pied arrêtés, relâchement de l'adversaire...). Ce qu'a réussi Mourinho, c'est développer autant de rigueur tactique dans la manière de mener les contre-attaques que dans l'art de défendre exigeant ainsi une intensité maximale dans les contres.

Coup d'œil et résolution

Clausewitz considère qu'il y a deux qualités indispensables qui composent le « génie militaire » : le coup d'œil et la résolution. Ce sont exactement les qualités des joueurs qui ont mené les contre-attaques de l'Inter en 2010. Aussi, la réponse à la question de savoir pourquoi faire jouer Samuel Eto'o milieu droit (voire arrière-droit en pratique) est toute trouvée : il ne s'agit ni de gâcher un talent offensif, ni de fragiliser une défense, car si c'est pour défendre, pourquoi ne pas mettre un joueur dont c'est le métier ? Il s'agit de positionner, là où ils sont décisifs, les joueurs dont le coup d'œil et la résolution d'aller vite vers l'avant sont extraordinaires. Quand l'Inter récupérait le ballon, les joueurs qui montaient offraient immédiatement des possibilités de jeu en profondeur ou de jeu en percussion. Régnait une confiance totale : celle du passeur (Wesley Sneijder notamment) en sa première intention, celle de Maicon ou Eto'o en leurs accélérations, celle de Diego Milito en ses crochets et appels. Contre le Barça, l'Inter ne s'est pas contenté de marquer un but puis de verrouiller derrière : il en a planté trois au match aller. Ce n'est pas contradictoire avec le *catenaccio*. C'est au contraire le *catenaccio* bien compris. « Les joueurs savaient exactement quoi faire, même en infériorité numérique, avait noté le président intériste Massimo Moratti à l'issue du match. C'est la victoire de l'humilité et du sacrifice. » « Théoriquement, dans ces conditions, face à une équipe aussi offensive que Barcelone, nous aurions dû encaisser trois ou quatre buts, estimait pour sa part José Mourinho. J'ai hésité à remplacer un attaquant par un défenseur [après l'expulsion de Thiago Motta]. Mais j'ai eu confiance dans les qualités défensives d'Eto'o et de Diego Milito. »

Du coup, la défense ne consiste plus seulement à

parer ! Lorsque Carlo Ancelotti déclare que « le travail défensif est le prélude à un contre », il signale la relation dynamique entre les phases de défense et d'attaque. En gardant cet objectif en tête, la défense qui joue le *catenaccio* a un ultime avantage sur ses adversaires : lorsque l'on a adopté une stratégie défensive, « on peut se servir de tous les moyens offensifs sans perdre les avantages de la défense », selon Clausewitz. Bien menées, les contre-attaques peuvent être décisives sans même qu'on prenne le risque de désorganiser la défense. L'avantage de la forme parfaite de *catenaccio* est qu'elle ne se remet pas en cause en contre-attaquant : le Barça ne pouvait pas attendre les contres de l'Inter pour contrer leur contre, puisque ceux-ci n'étaient menés qu'à trois ou quatre joueurs. La puissance du *catenaccio* idéalement maîtrisé parvient alors au miracle suivant : la pression de prendre un but est sur les épaules de l'équipe qui attaque. C'est délicieux.

Même le cas de la défense la plus radicale manifeste au final le caractère schématique des oppositions « attaquer/défendre » et « avoir/ne pas avoir le ballon ». Ces oppositions ne sont pas artificielles ni dénuées d'intérêt, elles facilitent évidemment la lecture du jeu, des systèmes en place, des plans d'action, mais la réalité du foot rappelle qu'il s'agit de choses interdépendantes : on pourra garder le ballon pour défendre, le laisser à l'adversaire pour contrer et marquer.

En séparant distinctement les cas de figure selon

que l'équipe possède ou non le ballon, on choisit un critère facilement observable. Défendre et attaquer sont des choses repérables, sans doute, mais il s'agit d'états d'esprit, d'intentions, de décisions dépendantes des marges de manœuvre que nous laisse l'adversaire. Avoir le ballon ou non et agir en fonction sont, en revanche, des attitudes descriptibles, concrètes, que l'histoire du football a codifiées. Le pressing consiste-t-il à défendre ou attaquer ? Difficile à dire... En revanche, c'est définitivement une action de jeu sans ballon (comme le marquage individuel, en zone, etc.). Les paragraphes à venir répondront donc à la question suivante : comment les footballeurs jouent-ils sans ballon, individuellement et collectivement ?

Quelles solutions pour l'attaque ? Pour le beau jeu ? Premièrement, il ne va pas de soi que le jeu doive n'être jugé « beau » que s'il est offensif. La rigueur tactique, l'énergie déployée à défendre ardemment, la rapidité d'un contre, l'efficacité, voire l'opportunisme, d'un attaquant ont aussi droit à une valorisation d'ordre esthétique. « Parfois, j'ai le sentiment qu'on confond la qualité technique avec le talent et le beau jeu avec une grosse possession du ballon, relève Rafael Benítez. Pour moi, un footballeur joue bien quand il fait ce qu'il doit faire à tout moment, quand il fait toujours le meilleur choix. Parfois, un dégagement dans une situation compromise est l'unique solution, et donc prendre cette décision montre de la qualité. » Deuxièmement, lorsque l'on a bien compris l'avantage de la défense sur l'attaque, on peut en

NE PAS AVOIR LE BALLON

déduire les options de l'attaque : il faut déjouer les pièges d'un dispositif tactique rigoureux par des choix tactiques magnifiant la créativité de ceux qui auront la possession du ballon. Face au *catenaccio* maîtrisé, un match sérieux ne suffit jamais, car le foot a développé le jeu sans ballon des défenses de manière exceptionnelle. L'équipe qui attaque doit être brillante. Pour y parvenir, elle pourra compter aussi sur le jeu sans ballon des joueurs autour du porteur. Ou alors sur une erreur individuelle adverse, dont la menace plane sur toute organisation, même la plus aboutie.

Pressing et « gegenpressing »

« Le meilleur meneur de jeu du monde, c'est le *gegenpressing.* » La phrase est de Jürgen Klopp. « *Gegenpressing* » ? Le terme, que l'on traduirait par « contre-pressing » en français, nous vient d'outre-Rhin et se lit souvent sur les lèvres du technicien allemand, devenu entraîneur de Liverpool après avoir hissé le Borussia Dortmund sur les sommets de la Bundesliga en 2011 et en 2012. Klopp n'est ni un pionnier du pressing ni un inventeur, même s'il voulait « devenir champion d'Allemagne du ratissage de ballons ». Au xxiᵉ siècle, tous les pionniers de la tactique footballistique sont morts. Il y a des héritiers, des innovateurs, des réinventeurs, et certains incarnent des tendances. Le volubile Klopp est le visage de l'agressivité sans ballon, du harcèlement du porteur. Toutes ses équipes défendent comme des roquets attaquant un os dans la gueule d'un autre chien : avec des yeux de fou et une sacrée débauche d'énergie. « Gegenpresser », donc, c'est s'atteler à la récupération du ballon dès la perte de celui-ci, pour sauter l'étape du replacement. Car « quand on perd le ballon, il y a deux possibilités : soit on presse sur la perte, soit on se regroupe », résume Raynald Denoueix. Klopp n'aime pas que ses formations défendent en reculant, en opérant une transition défensive vers leur propre but, alors il leur ordonne d'avancer, toujours. « Je fais partie de ceux qui aiment le jeu parce qu'il est vivant, parce qu'il faut courir d'un bout à l'autre du terrain, pas pour ce "Je prends le ballon et je vais t'apprendre à jouer au football". Je crois que le FC Barcelone est totalement incompris. Le point fort du FC Barcelone, c'est le *gegenpressing*. Ils perdent le ballon et le récupèrent immédiatement. » Didier Deschamps acquiesce : « Il faut savoir que leur grande force, c'est aussi de très bien défendre. On ne le dit pas assez souvent. Les trois de devant, les trois attaquants à la perte du ballon, ce qu'ils font, c'est monstrueux. Le travail fait pour empêcher la première passe est admirable. » Les Blaugranas pratiquent un football bien différent de celui privilégié par Klopp. Leur rythme est moins soutenu, leur quête de la surface adverse moins directe. Pourtant, le coach germanique estime partager les mêmes vertus défensives. Dans le fond, il n'a pas tort. Presser haut systématiquement, sans avoir à se replacer, établir une suprématie totale est devenu un rêve commun, *dixit* Guy Lacombe : « Toutes les équipes veulent maintenant récupérer le ballon dès la perte, on ne peut plus différer le pressing parce que tout le monde a trouvé la parade. Maintenant, les gardiens permettent de jouer à onze : quand on a un joueur qui peut ressortir les ballons comme Neuer et un numéro 6 qui vient entre les deux axiaux, c'est compliqué... »

Avant de presser pour récupérer le ballon immédiatement (en l'interceptant ou en forçant une erreur technique) et attaquer à nouveau, on presse pour ralentir ou, mieux, supprimer la contre-attaque adverse. « C'est plus facile de jouer en contre-attaque que de faire le jeu et de permettre à l'adversaire de jouer en contre-attaque », affirme Leonardo Jardim, entraîneur de l'AS Monaco. Les grosses cylindrées sont régulièrement confrontées à ce genre de situations : l'adversaire recule, défend avec un bloc compact dans son camp en attendant des possibilités de contrer. Guy Roux l'explique très simplement. « Si vous avez des mecs rapides, vous dites qu'il faut presser haut. Non ! On les laisse venir ! Il y aura plus de place derrière pour planter des contre-attaques. Si vous pressez haut, il n'y a pas de place. » Pour couper court à ce risque, certaines équipes comme le Borussia Dortmund ou le FC Barcelone ont décidé de s'activer dès la perte du ballon pour ne pas subir les envolées adverses. Klopp détaille : « Le meilleur moment pour regagner le ballon, c'est immédiatement après l'avoir perdu. L'adversaire cherche toujours à s'orienter pour passer le ballon. Il a quitté le jeu des yeux pour réaliser son tacle ou son interception et y a consacré beaucoup d'énergie. Ces deux éléments le rendent vulnérable. »

L'idée a survécu à son départ à Liverpool et à celui de Pep Guardiola au Bayern. Thomas Tuchel et Luis Enrique, qui dirigent aujourd'hui le BVB et le Barça, ont apporté leurs modifications sans pour autant négliger le legs de leurs prédécesseurs. « Avec une équipe de qualité et en forme, le pressing doit démarrer dès la perte de balle dans le camp adverse. Il faut récupérer le ballon dès que possible », assure Luis Enrique, qui ajoute : « La meilleure façon de défendre, c'est d'avoir le ballon dans le camp adverse. Presser haut le permet. » Et réciproquement, se trouver en nombre dans le camp adverse permet de presser haut dès la perte du ballon. « Le pressing a un lien fort avec l'organisation en possession du ballon », insiste Roger Schmidt.

En Catalogne, Pep Guardiola avait établi la règle des six secondes. Dans les six secondes suivant la perte de balle, ses joueurs devaient l'avoir regagnée. On trouve ainsi sur Internet moult vidéos se concentrant sur l'effort réalisé par les Barcelonais immédiatement après avoir égaré le ballon. « Ils sont super agressifs dès qu'ils ont perdu la balle pour la récupérer, soutient Fabio Capello. Ils ne font jamais un seul pas en arrière alors que le pressing de l'époque consistait à se replacer avant de repartir. » Déjà nombreux dans le camp adverse, grâce à leurs redoublements de passes et leur densité dans le positionnement, les Barcelonais ferment les espaces, coupent les lignes de passes de l'adversaire et l'amènent à dégager le ballon, par peur de le perdre trop bas. Le Barça pouvait ainsi repartir de son camp, reconstruire depuis ses défenseurs centraux, relançant la construction élaborée et longue qui plaît à Guardiola parce qu'elle met en place son bloc. Louis Van Gaal décèle toutefois un défaut : la récupération du ballon alors que l'adversaire est encore en place défensivement. Pour le Néerlandais, c'est ce qui explique le style parfois trop horizontal et stérile qui peut miner les approches basées sur la possession. Lui préfère donc, plutôt qu'un pressing immédiat à la perte du ballon, ce qu'il appelle un « pressing provocateur » : laisser le temps à l'adversaire de se déployer offensivement, donc de se désorganiser, pour mieux le surprendre et jouer vite dans la profondeur. Ce qui ressemble beaucoup, il faut bien le dire à de la contre-attaque pure et dure.

Jürgen Klopp n'est pas un grand fan des attaques qui prennent leur temps. Qu'elles soient de Barcelone ou d'ailleurs. « Arsène Wenger aime avoir le ballon, jouer au football, faire des passes… C'est comme un orchestre. Mais c'est une chanson silencieuse. Je préfère le heavy metal », disait-il en 2013, à l'heure d'affronter les Gunners. Interrogé sur cette déclaration en novembre 2015, Klopp l'a presque regrettée : « Le problème dans ma vie, c'est que j'ai raconté trop de conneries et que personne ne les oublie. » Reste que confisquer le cuir, pour Klopp, c'est l'ennui. « Il existe un courant de pensée qui dit que le vrai champion est celui qui prive l'adversaire du ballon. Je vois la chose d'une façon complètement différente. Le football qu'a pratiqué l'Espagne lors de l'Euro 2012, qu'elle a pratiqué avec tout le mérite du monde, si c'est ce football que j'avais vu quand j'avais 5 ans, j'aurais fait du tennis.

Le ballon d'un côté, puis de l'autre, pas de tir et hop, un changement d'aile... Qu'on me donne un bon coup sur la tête, je ne peux pas continuer à regarder cela. »

Sans ballon, les principes de Klopp ressemblent toutefois à ceux des Ibériques. Il veut même aller plus vite qu'eux, plus vite que Guardiola. Une seconde plus vite. « Quand le ballon est perdu, nous devons presser pour le récupérer dans les cinq secondes. Bien sûr, ce n'est pas toujours possible, mais il faut jouer avec cette intention et cette intensité. L'intensité au moment de récupérer le ballon n'est pas négociable chez moi. » Mais une fois le ballon récupéré, hors de question de reculer. Le pressing de Klopp se déroule d'ailleurs autrement qu'au Barça. Si là-bas on coupait les lignes de passes, à Dortmund on fonçait au ballon et on encerclait son porteur pour avancer dès la récupération, avec un mot en tête, un mot qui définit peut-être le football des années 2010 : « intensité ». Chaque entraîneur l'a à la bouche, comme s'il était magique et transformait les citrouilles en carrosses. « Ils mettent vite l'adversaire sous pression avec beaucoup d'intensité et d'impact physique », disait Alain Casanova de feu l'Olympique de Marseille de Marcelo Bielsa, qui visait de son côté une récupération « dans les dix secondes », *dixit* son ancien attaquant André-Pierre Gignac. « Aujourd'hui, le mouvement dans le football est constant parce que tout le monde est assez fort physiquement et l'intensité est élevée », corrobore Xavi, qui soulève là un point capital. Lorsque l'on regarde des matchs d'il y a trente ou quarante ans, on est ébahi devant la latitude laissée à la plupart des joueurs, qui peuvent trottiner tranquillement ballon au pied sur 10 mètres sans être attaqués. Comme d'autres sports, le football a vu son rythme augmenter de manière drastique. On frappe plus fort au tennis, on a les épaules plus musclées au basket-ball, on court plus vite et surtout plus souvent et intensément, donc, en football. Les moments calmes se font rares. La professionnalisation a amélioré les corps, développé l'endurance, rendant ainsi les transitions capitales parce qu'elles offrent de rares secondes où temps et espace s'étirent et permettent d'attaquer un peu plus librement.

Roger Schmidt : « Je veux toujours qu'on essaie de marquer des buts, même quand c'est l'adversaire qui a le ballon »
Entraîneur du Bayer Leverkusen.

Vous semblez avoir un plan clair pour votre équipe. Diriez-vous que vous avez une philosophie de jeu ?
En règle générale, je veux toujours qu'on essaie de marquer des buts, même quand c'est l'adversaire qui a le ballon. Je veux toujours voir un jeu actif de la part de mon équipe, et ce quoi qu'il se passe sur le terrain. Que ce soit nous qui ayons la balle, ou bien l'adversaire, il faut que nous appliquions nos principes. À la façon dont on joue, on reconnaît bien que c'est le Bayer 04 Leverkusen qui est sur le terrain. Et ça, c'est important pour moi.

Avez-vous toujours joué de cette manière depuis que vous êtes entraîneur ?

En tant que joueur, j'étais de type offensif. Et je veux en faire de même en tant qu'entraîneur. Le football est un jeu où il faut marquer des buts. Du coup, on réfléchit à comment en marquer. Si l'équipe a une manière de jouer très active et qu'elle fait tout pour gagner le ballon le plus vite possible, cela peut être une façon de dominer un match. Et ce processus se développe au cours des années. Aujourd'hui, notre jeu sans ballon est plus extrême. Le pressing haut, le fait d'attaquer très tôt l'adversaire, tout ça fait que notre jeu est plus dominant et couronné de succès.

Comment apprend-on un tel pressing à ses joueurs ?

Si on veut jouer le pressing, il faut avoir des joueurs à tous les postes prêts à aller au duel et à la conquête du ballon. C'est la première chose à apprendre aux joueurs : quand l'équipe joue le pressing, chacun a ses responsabilités. Le pressing, c'est un travail d'équipe. Si un joueur n'est pas directement impliqué dans un duel, il faut le sensibiliser à aller soutenir un coéquipier qui se bat pour un ballon. Il ne faut pas se fier seulement à l'idée de gagner des situations en un-contre-un, il faut aussi les diriger. Et le pressing ne s'achève pas quand un duel est perdu. Ça veut dire qu'il faut qu'il y ait des joueurs qui viennent et qui continuent de mettre la pression pour gagner le ballon. C'est un point très important du pressing : les coéquipiers qui viennent en soutien du duel. On peut reprendre la balle si on est en surnombre.

On utilise, par exemple, les passes de l'autre équipe et on en profite pour aller vite sur le joueur qui attend le ballon. Quand les joueurs sont en infériorité numérique, ils doivent être en mesure d'empêcher le porteur du ballon de trouver une solution, et ce grâce à un comportement agressif, une bonne anticipation et une bonne couverture des lignes de passes.

Quel rôle joue le *gegenpressing* aujourd'hui ?

Le *gegenpressing* est très lié au pressing. Le *gegenpressing* est un outil qui a pris beaucoup d'importance dans le football d'aujourd'hui, et ce à tous les niveaux. Avec un très bon *gegenpressing*, très agressif, on peut regagner le ballon très vite et surprendre l'adversaire en plein milieu de sa construction et ainsi on a de grandes possibilités d'être dangereux devant le but. C'est pourquoi il y a souvent des buts juste après qu'un ballon a été gagné. Nous marquons beaucoup de buts après avoir eu le ballon pendant seulement cinq à dix secondes. Généralement, ce sont des situations où nous avons la balle, on la perd et on la regagne, et avec deux-trois passes, on devient dangereux en quelques secondes.

Est-ce qu'il y a un type de joueurs que vous aimez en particulier ?

J'ai besoin de joueurs prêts à s'investir. Des joueurs courageux qui, en fonction des possibilités, sont prêts à gratter des ballons. Et qu'importe le poste. Le joueur ne doit pas avoir tout cela inné, mais il doit se dire : « Ce jeu contre le ballon, cette agressivité, cette envie de gagner des ballons, tout ça, je peux l'apprendre. »

Normalement, un joueur qui pense comme ça finira par apprendre à jouer comme ça et à l'appliquer en match. Notre succès vient surtout du fait que nous sommes meilleurs sans ballon. C'est comme ça que nous faisons la différence, c'est pour cela que nous sommes un adversaire difficile à manœuvrer à l'international. C'est ça, notre chemin.

Quand on voit votre équipe de loin, ça ressemble à un 4-2-4. Pourquoi privilégiez-vous cette formation ?

Pour moi, cette composition d'équipe permet une bonne occupation de l'espace. Je préfère jouer avec deux pointes parce que les joueurs ont moins de distance à parcourir quand il s'agit d'aller attaquer les ballons joués. Dans le pressing, la première impulsion, le premier sprint est très important. Il n'y a que comme ça que ça peut fonctionner. Quand la distance à parcourir est plus courte, c'est plus facile. Mais attention : les deux pointes ne doivent pas être livrées à leur propre sort, les joueurs derrière eux doivent venir les soutenir. C'est pourquoi j'accorde beaucoup de valeur au fait d'avoir deux milieux offensifs qui se trouvent à mi-chemin entre l'axe et l'aile. Ils sont là pour tourner et pour soutenir les attaquants. Du coup, devant, j'ai suffisamment de joueurs pour que le pressing fonctionne. Pour le pressing, je me demande : « De combien de joueurs ai-je besoin devant pour presser, pour que la probabilité que le pressing fonctionne soit haute ? Et comment je dois organiser le reste des joueurs pour arriver quand même à être stable derrière ? » Bien entendu, il faut que je domine cet espace situé derrière les deux pointes. C'est exactement pour ça que j'ai besoin de deux numéros 6 : un qui va et vient si jamais l'adversaire décide de passer par le centre et qui peut attaquer ; un autre qui domine dans la zone devant la défense à quatre.

Ce que vous décrivez semble être très intensif. Ne craignez-vous pas que vos joueurs ne tiennent pas quatre-vingt-dix minutes ?

J'ai suffisamment d'expérience pour savoir ce qu'il est possible de faire ou non. Cela fait des années que mes joueurs évoluent à ce niveau avec ce concept et je sais tout simplement ce qu'ils sont capables de faire. Même si on joue en Europe, même si on joue tous les deux-trois jours, mes joueurs sont physiquement prêts. J'entraîne comme je veux qu'on joue ensuite, avec ces intervalles très courts, très intenses.

Mais parfois, c'est une question de hasard. Les joueurs ne sont pas dans la même forme tous les jours...

Nous voulons laisser le moins de choses possibles au hasard. Grâce à notre bon comportement tactique, nous essayons de garder le jeu loin de notre but. Pour moi, ça fait plus sens d'attaquer très tôt son adversaire plutôt que d'attendre et de rester très loin derrière. Tout d'abord, parce qu'après, j'aurais un long chemin jusqu'au but adverse, et ensuite parce que je me retrouve tout de suite devant le mien. Et si les joueurs peuvent tenir comme ça, ce n'est pas forcément une question de physique.

> En fait, le plus grand challenge pour les joueurs, c'est d'être toujours prêts mentalement. J'ai besoin de joueurs attentifs sur le terrain, qui anticipent bien, qui s'orientent en amont, qui agissent de manière coordonnée et qui savent lire le comportement de leurs coéquipiers. C'est une question d'unité.

Tous ne pensent pas que presser s'exécute si facilement, surtout sur la durée entière d'une rencontre. L'entraîneur du Rayo Vallecano, Paco Jémez, en est lui convaincu. « C'est un cliché de dire qu'aucune équipe ne peut presser pendant quatre-vingt-dix minutes. Un mensonge. Nous y parvenons pendant quatre-vingt-dix minutes. Et si un match durait cent vingt minutes, nous y parviendrions pendant cent vingt minutes. La clé, c'est d'être aidé et qu'au final les courses soient brèves. Ce qui est impossible pour une équipe, ce sont des courses épuisantes de 60-70 mètres pendant quatre-vingt-dix minutes. Quand nous perdons le ballon, nous mettons en moyenne 5,4 secondes à le récupérer. On ne pourrait pas faire des efforts de cinq secondes ? » Entre cinq et six secondes, entre Klopp et Guardiola, Paco Jémez. Mais Élie Baup, champion de France en 1999 avec les Girondins de Bordeaux, ne croit pas au pressing constant et répond par une autre accusation. « Ce sont des clichés, tu ne peux pas faire ça pendant quatre-vingt-quinze minutes. Par exemple, tout dépend dans quelle zone tu perds le ballon. Si tu le perds dans le camp adverse, tu vas réclamer immédiatement un pressing, parce que tu vas avoir moins d'efforts de replacement, comme ton équipe est en train d'attaquer. Si l'adversaire est capable de garder le ballon, que tu ne le récupères pas immédiatement, parce que ça se joue très rapidement, après, tu dois te replacer collectivement pour éviter que l'adversaire trouve des solutions verticales pour te déséquilibrer. »

Sans doute moins radical que ses homologues, Baup prône l'adaptation à la situation. D'ailleurs, comme le souligne Raynald Denoueix, « ça ne peut pas être général ! Parfois, en fonction des caractéristiques de l'équipe adverse, tu vas plus presser sur les côtés, parfois plus la faire venir à l'intérieur... Mais encore une fois, ça dépend des caractéristiques, parce que si tu laisses venir certaines équipes à l'intérieur... ».

Le pressing forme une déclaration d'intention, un message, le refus de se soumettre sur le plan de l'adversaire. Dissocier jouer et défendre ne fait alors plus sens, selon Raynald Denoueix : « Apprendre à récupérer, à presser, ça fait partie du jeu. L'attaque est finie quand on a récupéré le ballon. L'attaque est liée au pressing sur la perte. C'est un cycle complet : une attaque plus une récupération. » Presser devient ainsi un moyen de poursuivre la phase offensive sans le cuir et de contrôler ce qui reste : le territoire. Comme souvent, une des sources philosophiques s'appelle Arrigo Sacchi, entraîneur de l'AC Milan entre 1987 et 1991, club à la tête duquel il remporta la Coupe des clubs champions en 1989 et 1990. C'est Claudio Ranieri, actuel coach de Leicester City, qui le raconte : « Arrigo Sacchi est arrivé et il a tout changé. Bien sûr, il avait de très grands joueurs à Milan pour pouvoir appliquer ses idées, mais c'est lui qui a permis au football italien de prendre un nouveau virage et de s'ouvrir à un jeu offensif. Soudainement, on a vu une équipe au niveau international évoluant en zone capable de presser haut, d'imposer son jeu et de maîtriser le match plutôt que d'attendre et de contrer, d'être dans l'action plutôt que dans la réaction. Rien n'a plus jamais été tout à fait pareil depuis. »

Passionné de football, mais jamais joueur professionnel, Arrigo Sacchi prend au milieu des années 1960, alors qu'il a à peine 20 ans, la tête de Fusignano, petit club de sa ville natale. À défaut de jouer, son dos le faisant trop souffrir après s'être blessé en tapant dans une autre balle, celle de tennis, Sacchi entraînera, avec l'objectif de tout contrôler, espace et cuir : « Je travaillais pour que mon équipe ait la maîtrise du terrain et du ballon. » Tandis que le football transalpin traverse une ère marquée par l'obsession de ne pas encaisser de buts, en défendant bas et proche de ses cages, Sacchi renverse le paradigme. Pour défendre au mieux, il faut le faire en avançant. Et surtout évoluer main dans la main, presque littéralement. « La réussite vient du fait d'être proches les uns des autres, de réduire les espaces », selon l'Italien, qui insiste : « Il y a deux mille ans, avec très peu de soldats, les Romains ont vaincu les Gaulois, qui étaient nombreux, en Gaule, en utilisant la formation "tortue" (les soldats avancent protégés par des boucliers). Ils ont vaincu parce qu'ils étaient proches les uns des autres. C'est tout aussi essentiel dans le football. C'est fondamental. »

Pour conserver un bloc compact, Sacchi se reposait sur la règle du hors-jeu. Sa ligne de défense, guidée par Franco Baresi, jouait très haut et remontait dès que possible pour que l'arbitre assistant lève son drapeau et interrompe les offensives adverses. Une approche facilitée par l'existence du hors-jeu de position passif aujourd'hui disparu. « C'était révolutionnaire », juge Christian Gourcuff, admirateur de longue date. Pour son modèle, l'idée semble évidente. « Le pressing t'aide à être compact. Si tu ne presses pas, rien ne sert d'être compact. Lorsque le ballon est face à toi, l'équipe doit venir presser. Si tu presses le joueur qui a la balle, il ne va pas réussir à changer l'orientation du jeu. » Réduire les espaces, et écourter le temps de l'adversaire. Il s'agit là de la progression logique du football, et de tous les sports, selon Sacchi. « Avant, tout se faisait en cinq secondes. Aujourd'hui, il faut tout faire en deux secondes. C'est comme la Formule 1. Mettez une voiture d'il y a cinquante ans dans une course aujourd'hui. Le football est pareil. »

L'AC Milan de Sacchi fut peut-être la première équipe jugée offensive d'abord pour sa manière de défendre, avec son pressing tout terrain asphyxiant et conquérant, sa ligne défensive agressive. La prise de conscience européenne remonte au 5 avril 1989. Ce soir-là, pourtant, les Milanais n'ont pas gagné. Ils ont fait match nul (un partout) à Madrid, contre le Real, en demi-finale aller de la Coupe des clubs champions. Mais on n'avait auparavant pas été témoin d'une prestation aussi dominante à l'extérieur d'une équipe italienne face à un grand d'Europe, le club merengue et sa fameuse « *Quinta del Buitre* » en l'occurrence. « Je n'avais jamais vu une équipe se comporter avec autant d'assurance au Bernabéu, glisse Emilio Butragueño, l'attaquant madrilène, à l'issue du match. Notre adversaire a joué merveilleusement bien. » Le match retour confirmera d'ailleurs la supériorité milanaise, avec une victoire 5-0, nouvelle étape vers un premier sacre en C1 depuis 1969. Imposer son jeu à l'extérieur comme à domicile, chercher à en avoir la maîtrise quels que soient l'adversaire et les circonstances : non, le terme « révolutionnaire » employé par Christian Gourcuff n'est pas trop fort, alors que le football italien était imprégné de la culture du *contropiede*, le jeu de contre. « Le Milan ressemble à une légion romaine qui balaie tout sur son passage », écrira des années plus tard le journaliste Roberto Notarianni dans *France Football*.

De tous les entretiens que le loquace Sacchi a accordés au cours de sa carrière émerge une hiérarchie dans l'histoire tactique du football. Pour lui, trois équipes ont influencé le ballon rond plus que les autres : l'Ajax Amsterdam de Rinus Michels (qui entraîna par la suite le FC Barcelone, et fut à l'origine avec Johan Cruyff de l'influence néerlandaise en Catalogne), dans les années 1960 et 1970, le Barça de Pep Guardiola, de 2008 à 2012, et entre les deux, son AC Milan, arrivé près de cent vingt ans après la venue au monde du football. Alors Sacchi a-t-il inventé le pressing ? Pas vraiment. Tout en faisant l'éloge de son maître, Carlo Ancelotti, qui connut Sacchi en tant qu'entraîneur avant de devenir son disciple, reconnaît que celui-ci a plus perfectionné que fondé. « L'arrivée de Sacchi a été une sorte de révolution dans le football italien et mondial. Sa grande innovation a été le pressing, ce pressing organisé que l'on n'avait jamais vu auparavant. L'Ajax était déjà une équipe novatrice avec tous ces joueurs qui montaient tous ensemble, qui surprenaient leurs adversaires. Sacchi a inventé un pressing plus organisé, plus équilibré que celui de l'Ajax de 1974. L'équipe effectuait un pressing beaucoup plus haut dans le camp de l'adversaire, qui partait des attaquants. C'était un pressing continu et constant. Nos adversaires n'étaient pas habitués à cela. »

L'Ajax de Rinus Michels exerçait déjà le pressing et le travaillait régulièrement, comme le raconte Ruud Krol, joueur de l'époque : « Tous les mardis soir, on jouait contre des équipes amateurs de différents niveaux pour atteindre la perfection que Michels souhaitait. Ce jour-là, on bossait un thème spécifique : où et quand jouer le hors-jeu ? Qui déclenche le pressing ? »

Dans son livre *Inverting The Pyramid*, l'auteur Jonathan Wilson en attribue la paternité à Viktor Maslov, entraîneur du Dynamo Kiev dans les années 1960, et ajoute qu'un certain Georgiy Kuzmin, journaliste au *Kiyevskiye Vedomosti*, estimait que Maslov avait piqué le principe au basket-ball. Quoi qu'il en soit, le Dynamo Kiev de Maslov pressait. Lorsqu'il remporta son premier titre de champion avec Kiev, en 1966, « son milieu chassait en meute, enfermait les adversaires et prenait l'initiative dans des zones jusque-là inattendues », écrit Wilson, qui poursuit sur les causes de la naissance soudaine du pressing : « Exigeant un mouvement presque constant des milieux de terrain, il nécessitait une forme physique suprême, ce qui peut expliquer pourquoi il n'était pas apparu avant. » Théorie étayée par les propos de Johan Neeskens, amené à Amsterdam par Michels et patron du milieu sous Kovács, le successeur du Néerlandais. « Nous avons été les pionniers d'une préparation scientifique, quasi militaire. De toute façon, si on n'était pas à 100 % physiquement, on ne pouvait pas jouer dans ce système. » Les enchaînements de cinq séances en présaison et les exigences de Michels, élu bien plus tard entraîneur du siècle, pesaient dans les têtes, mais faisaient de l'Ajax une équipe d'athlètes exceptionnels.

Presser requiert un effort immense. Pour qu'il soit efficace, pour que le bloc demeure compact, cet effort doit être l'œuvre de tous. Un truisme que n'hésitent pourtant pas à rappeler tous les techniciens. « Il faut s'assurer que l'équipe comprenne la mentalité exigée par le pressing collectif, assure Luis Enrique. Il doit être exercé par les onze joueurs, sinon il ne fonctionne pas. Les joueurs doivent se déplacer ensemble. Si un joueur ne presse que parce qu'on lui demande, ça ne suffit pas ! Les joueurs doivent y croire. » Jean-Claude Suaudeau vient le soutenir : « L'état d'esprit d'une équipe se manifeste dans sa manière de récupérer le ballon. C'est là que l'on voit sa mentalité, sa combativité, sa réflexion. [...] Le pressing est l'action la plus collective qui soit. » Il faut invoquer Leo Beenhakker, triple champion d'Espagne avec le Real Madrid à la fin des années 1980, pour que le langage devienne un peu plus grossier. « Il y a quelques années, si un entraîneur avait demandé à son attaquant star de défendre, celui-ci aurait répondu : "Va te faire foutre, c'est pas mon boulot !" Aujourd'hui, tout le monde est impliqué dans le pressing. Il n'y a plus de place pour les joueurs paresseux. Si un joueur n'aide pas défensivement, l'adversaire a tellement de qualités qu'il trouvera toujours un coéquipier dans l'espace. » « L'effort n'est pas négociable », résume Diego Simeone, vainqueur de la Liga en 2014 avec l'Atlético Madrid. « J'aime cette approche bouillante du jeu, confie d'ailleurs René Girard, champion de France 2012 avec Montpellier, au sujet de l'Atlético de Simeone. C'est une référence pour moi parce que c'est un club qui n'a pas les moyens de ses grands rivaux, mais qui a de l'ambition malgré tout. Si tu joues une équipe annoncée supérieure grâce à des moyens supérieurs, que tu dis bonjour, que tu joues une heure trente, que tu perds, que tu dis bravo et que tu t'en vas, quel est l'intérêt ? »

De ce lexique guerrier ressort un intrus : la « réflexion » de Suaudeau. Presser ne demande pas seulement de l'énergie. Il faut penser son pressing, l'organiser, le construire, tout comme on construit le jeu une fois en possession du ballon. Si la comparaison de Wilson avec la meute traduit l'aspect bestial et hyper vitaminé du pressing, elle n'intègre pas sa facette intellectuelle.

On sent bien, en effet, que derrière les citations des entraîneurs exhortant à l'effort collectif se mêlent trois types d'exigence. La première est physique, on vient de l'aborder : elle décrit le pressing comme une dépense. La deuxième est morale, en quelque sorte : l'entraîneur ne va pas supporter qu'un joueur s'époumone tout seul pendant que les autres le regardent tranquillement en se replaçant. Le pressing entre dans la catégorie des actions concernées par les slogans du type : « On joue ensemble, on gagne ensemble, on perd ensemble. » La troisième est purement tactique : le pressing doit être l'affaire de l'équipe, car le pressing d'un seul joueur est inutile. Le terrain est suffisamment grand pour se débarrasser, avec une passe en retrait ou une feinte de corps, des assauts d'un joueur ahuri. Six secondes pour récupérer le ballon, cela signifie qu'on ne le récupère pas nécessairement dans les pieds de celui qui l'a au début de l'action. Le premier adversaire pressé a, généralement, le temps de faire une première passe hâtive, son partenaire qui la reçoit, pressé lui aussi, n'a le temps de n'exécuter qu'une passe hasardeuse ; s'il est pressé lui aussi, le troisième perd finalement le ballon ou le dégage en catastrophe. Il n'est à ce titre pas défendu de penser que la règle interdisant au gardien de récupérer à la main une passe en retrait soit la condition de possibilité d'un jeu misant énormément sur le pressing. Le pressing est donc une mise en mouvement chorégraphiée, intellectualisée. Dès lors, comment presser, d'un point de vue tactique ?

Presser, ce n'est pas seulement se jeter sur le ballon. C'est organiser son bloc en mouvement pour conduire l'adversaire là où l'on sera le plus à l'aise. À Barcelone, Pep Guardiola jugeait que ses joueurs n'étaient pas très doués pour défendre en reculant, alors il les poussait vers l'avant, pour leur éviter de revenir dans leur propre camp et d'y souffrir. Avec le pressing, comme avec la construction du jeu, l'entraîneur peut certes avoir certaines croyances, se différencier par son idiosyncrasie, mais le profil de ses hommes joue un rôle prépondérant. À la tête de l'Atlético Madrid, Diego Simeone privilégie le jeu offensif sur les ailes. Y perdre le ballon est moins dangereux que dans l'axe. Et les attaques adverses sur les flancs sont un risque calculé par « El Cholo », parce que d'un risque moindre. Forts dans les airs, les Matelassiers pressent les défenseurs centraux, bloquent les espaces entre les lignes et laissent venir sur les côtés, se régalant des ballons en altitude, que ce soit sur des centres ou de longs ballons forcés par leur pressing. Le ciel se révèle être un terrain propice aux qualités de l'Atlético. « Si Dieu avait voulu qu'on joue au football dans les nuages, il y aurait mis de l'herbe », disait Brian Clough, vainqueur de la Coupe des clubs champions

avec Nottingham Forest en 1979 et 1980 en promou-
vant le jeu au sol.

Mais parfois, l'adversaire ne vous laisse pas le
choix. Dans les premières minutes des grandes rencontres, l'Atlético de Diego Simeone agresse régulièrement son opposant, histoire de prendre l'avantage
pour ensuite mieux contrer une équipe plus douée.
Guy Roux préférait cette stratégie face à plus faible.
« Quand j'étais moins fort, je n'allais pas presser dans
le camp adverse, parce que si vous y êtes éliminés...
Mais quand j'étais plus fort, ou aussi dans les débuts
de matchs à Auxerre... on marquait souvent dans le
premier quart d'heure. Dans le premier quart d'heure,
le tarif, c'était trois à cinq corners et un but. » Dans
les deux cas, le pressing ne fait plus partie d'une philosophie de jeu, il devient un moyen temporaire de
gêner l'adversaire, une arme à disposition, le morceau
d'un scénario écrit par l'entraîneur. Et peut parfois
devenir mesquin, comme l'a raconté à Tim Lees un
défenseur international resté anonyme : « Il m'a dit
que dans les dix premières minutes des matchs dans
lesquels les équipes lui laissaient du temps avec le
ballon, il prenait confiance et le touchait plus, et son
esprit s'habituait à avoir du temps avec le ballon, faci-
litant ainsi la fainéantise. Après dix minutes, la ligne
d'attaque adverse passait ensuite à un pressing total
venu de nulle part, et cela le prenait de court. L'esprit
s'habitue à un certain rythme dans les matchs, et être
confronté à quelque chose de totalement différent

lui faisait faire des erreurs, alors que pendant les dix minutes précédentes il avait l'air de Beckenbauer. »

Pour retirer l'initiative à l'adversaire, les entraîneurs ont des outils, des idées et les séances d'entraînement pour préparer leurs joueurs à guider l'opposition où ils l'entendent. Les possibilités sont innombrables et dépendent des qualités adverses, mais le pressing nécessite toujours l'implication des onze joueurs. Des attaquants d'abord. « Quand une équipe perd le ballon, c'est l'attaquant qui, le premier, travaille à le récupérer, appuie Claude Puel. À la fois comme *starter* (on y va maintenant) et comme aiguilleur (on y va comme ça) du reste de l'équipe, car il oriente le pressing ; s'il presse à gauche, l'adversaire portera le ballon vers la droite, etc. » « Ce sont très peu les attaquants qui vont récupérer, il faut surtout qu'ils cadrent et ne se fassent pas éliminer, précise Guy Lacombe. À partir de là, le joueur force la passe. » Si l'instinct forme une grande partie de l'intelligence chez un joueur, l'entraîneur entre souvent en scène pour enseigner ces principes de jeu, notamment en phase défensive. « Il faut amener l'équipe dans une zone et rester en bloc, explique Lacombe. Et il y a des moments où des déclenchements vont être faits. » Parmi les règles d'or souvent énoncées par les techniciens : cadrer le porteur quand il est face au jeu, le presser quand il rate son contrôle ou se retrouve dos au but. « L'instinct des joueurs, ce sont sur des phases particulières, à la perte du ballon par exemple, nous confirme Élie Baup. L'adversaire récupère le ballon, est-ce que tout de suite celui qui est le plus proche monte au pressing ? Est-ce que ceux de derrière suivent et ferment, ou est-ce qu'on attend, on se replie et on permet aux autres de se replacer ? Ça, c'est de l'ordre de l'instinct du jeu et dans le travail que l'on peut faire, il y a des automatismes que l'on peut créer. »

Ces automatismes prennent assez fréquemment des airs d'embuscade. Les Anglais appellent cela des « *pressing traps* » (pièges de pressing, littéralement). On libère une aire de jeu, y attirant l'opposition avant de l'y enfermer, comme si on verrouillait les portes d'un palace devenu geôle en quelques fractions de seconde. « L'objectif est d'orienter l'adversaire dans une zone favorable à la récupération, éclaircit Jean-Claude Suaudeau. Cela sous-entend de fermer des angles de passe, ce que seuls les attaquants, proches du porteur, peuvent faire dans un premier temps. Sans aller vite, ils doivent inciter l'adversaire à jouer faux, puis sauter dessus au moment où le ballon sera donné là où on veut qu'il le soit. » Aucune course sans ballon ne devrait être totalement improvisée. Les équipes qui pensent leur pressing sont facilement distinguables : leurs attaquants courbent leurs déplacements sans ballon pour couper une ligne de passe puis se rapprochent du porteur de balle. « On presse par rapport au porteur, mais aussi par rapport aux solutions de passe », précise Raynald Denoueix. « Se situer autour du ballon ne fonctionne que si l'on exerce un gros pressing sur celui-ci », complète Roger Schmidt. C'est ensuite aux coéquipiers de prendre le relais et de récompenser le labeur de l'attaquant. Si telle ligne monte, le reste doit accompagner. « Les défenseurs remontent sur le terrain pour réduire l'espace les séparant des milieux, ce qui empêche l'adversaire de porter le ballon entre leurs lignes, détaille Claude Puel. Il y a une forme d'élan commun : elle participe à la signature collective de l'équipe. »

Cette signature, cette empreinte laissée par une équipe, exige plus de force de persuasion que d'intelligence scientifique, selon Stéphane Moulin. « Pourquoi le pressing ne marche pas toujours ? Parce qu'il faut que tout le monde pense la même chose au même moment. Si les mecs y vont les uns après les autres, c'est mort. Et plus on monte de niveau, plus c'est dur parce que chacun est capable de sortir d'un pressing sur un dribble, etc. Ce n'est pas très compliqué à mettre en place, un bon pressing. Je n'ai pas la prétention de le savoir, mais ce qui est plus difficile, c'est que tout le monde y adhère, et y adhère en même temps, avec la même envie, avec la même idée. » L'occasion de rappeler que si un entraîneur est un technicien, un érudit, il est également un leader, presque un publicitaire, qui doit vendre son projet avant de le mettre en place. Sans l'accord et la conviction des joueurs, les véritables réalisateurs de la pensée du coach, tout s'effondre, ou du moins une partie. D'autant plus quand cette pensée sort de l'ordinaire, telle celle de Stéphane Moulin, contraire aux codes habituels et même aux recommandations de la Fédération française de football (*cf. La défense placée*).

Au cours de son pressing, Stéphane Moulin cible un joueur presque toujours concerné lorsque l'adversaire veut ressortir le ballon proprement : le latéral. Parce que placé sur le côté, il profite d'une liberté relative pour toucher le cuir et participer à la construction du jeu. Il sert parfois d'appui quand ses coéquipiers sont pressés dans l'axe, mais échappe de moins en moins au harcèlement. « Les équipes qui repartent de l'arrière passent généralement du gardien au défenseur central puis au latéral, expose Luis Enrique. Il faut attaquer ce circuit, en commençant avec le joueur le plus proche de l'adversaire en possession du ballon. » Raynald Denoueix rejoint ses deux homologues, tout en ajoutant une mise en garde au passage : « Tu peux décider que ton pressing sera sur les latéraux adverses pour qu'ils jouent à l'intérieur. Ça veut dire que dans l'orientation, le joueur qui va monter sur le latéral va l'inviter à jouer intérieur. Parce qu'on s'est déjà mis d'accord avant aussi, les milieux attendent à l'intérieur. Mais ce n'est pas toujours le latéral qui va avoir le ballon, donc il faut d'autres principes généraux. » Si le latéral, proche des limites du terrain, est plus facile à couper des autres, à pousser vers l'extérieur – « la ligne de touche est le meilleur défenseur du monde », juge Pep Guardiola –, l'amener vers l'intérieur l'oblige à jouer sur son mauvais pied.

Roger Schmidt, dont le Bayer Leverkusen presse différemment, prenant à l'abordage le camp adverse avec une intensité folle, est conscient des risques inhérents à son idée de jeu et des difficultés éprouvées par ses joueurs. « Quand les défenseurs centraux adverses ont le ballon, notre système est généralement un 4-2-4, dans lequel Kiessling et Çalhanoğlu sont les deux pointes axiales. Les ailiers sont Son (parti depuis à Tottenham, remplacé par Admir Mehmedi et Kevin Kampl) et Bellarabi ou Brandt, ils font partie de la première ligne de pressing, laissant naturellement de grands espaces dans leur dos. C'est là où nos défenseurs doivent se montrer dominants, tout en sachant qu'ils ont eux aussi des espaces libres dans leur dos. Notre ligne de quatre défenseurs doit contrôler cela avec assurance. » La fuite vers l'avant engendrée par le pressing de Leverkusen expose sa ligne arrière. Les profils de ses défenseurs centraux ne sont d'ailleurs pas choisis au hasard : Kyriakos Papadopoulos et Jonathan Tah, débarqués au club depuis l'arrivée de Roger Schmidt, sont de bien beaux bébés, costauds dans les airs, agressifs dans le corps-à-corps et capables de se défendre à la course si le pressing est mis en échec. Mais même des défenseurs lents pourraient briller à Leverkusen ou dans un environnement similaire, selon Raynald Denoueix : « La plupart du temps, les défenseurs centraux, dans beaucoup d'équipes, ne sont pas si rapides que ça. Jouer haut avec des défenseurs centraux lents n'est pas un problème si ça presse bien devant. »

Le pressing total est souvent la marque de grandes équipes, mais on le trouve aussi chez des formations plus modestes dirigées par des hommes radicaux, presque déraisonnables. Comme Paco Jémez, qui s'interdit les matchs nuls à la tête du Rayo Vallecano, 19ᵉ budget du championnat d'Espagne lors de la saison 2014-2015, et concède quelques raclées chaque saison. « Pour une équipe comme la nôtre, dont l'objectif est toujours le maintien, les nuls ne sont pas très utiles. Le calcul est simple : les équipes entre le milieu et le bas de tableau en Liga perdent au moins la moitié de leurs matchs chaque saison. Il ne reste alors que 19 rencontres. Si vous faites 14 nuls et 5 victoires, vous n'avez que 29 points et vous descendez. Les nuls ne nous servent à rien : soit nous gagnons, soit nous perdons. Avec cet état d'esprit, nous gagnons beaucoup de matchs, 14 ou 15 par saison, et cela nous aide à atteindre notre objectif chaque année. » En trois saisons complètes de Liga sous l'égide de Paco Jémez, le Rayo Vallecano n'a partagé les points qu'à 13 reprises, comptant 16 victoires lors de la saison 2012-2013, 13 la saison suivante puis 15 au cours de l'exercice 2014-2015.

Jémez, ancien coéquipier de Pep Guardiola en sélection et apôtre de son identité de jeu, n'a pas construit son effectif au hasard, plaçant Roberto Trashorras au centre de son projet. Le milieu de terrain, 34 ans et plus lent que jamais, est passé par la Masia, jouant même plus de 100 matchs avec le Barça B. Il est le garant d'une touche catalane au Rayo, où le pressing est un mot-clé. « Il insiste beaucoup sur le pressing, confie le Français Gaël Kakuta, depuis parti au FC Séville. Nous, les joueurs offensifs, on a l'obligation d'exercer un pressing haut et intense dès la perte du ballon. » Souvent critiqué pour les larges défaites subies face au club qui l'inspire, notamment en pressant haut et en laissant des espaces dans la profondeur au Barça, Jémez se défend : « Je ne pense pas que le Rayo pourrait obtenir un point au Camp Nou même en jouant autrement que nous le faisons d'habitude. Ce serait une erreur. Cela pourrait peut-être marcher pour d'autres équipes, mais si nous nous postions dans notre surface, nous perdrions à coup sûr. »

Choix rationnel dans l'esprit de Jémez, le pressing, tout particulièrement quand il est haut, comporte de nombreux risques pour l'équipe qui s'y attelle. Loin d'être une formule magique, bien manœuvré, il a ses faiblesses. Le pressing bien exécuté consistant à concentrer l'énergie des joueurs autour du ballon et des solutions de l'adversaire, immédiates ou provoquées, des espaces s'ouvrent loin du pressing, selon la logique des vases communicants. « Contre du pressing, le jeu est toujours à l'opposé, c'est là que tu vas t'en sortir, assure Raynald Denoueix. S'ils te pressent sur ton arrière droit, ce sera vers ton ailier gauche. Mais encore faut-il réussir des transversales pour qu'elles soient exploitables. Contre le Barça, les équipes faisaient souvent ça dans le dos d'Alves, sauf que les ballons étaient rarement exploitables. » Mal exécuté, le pressing va jusqu'à condamner son utilisateur. « Il faut savoir à quel moment le faire, avertit Jean-Claude Suaudeau, car votre équipe peut se faire traverser si vous vous y prenez mal ! » « Il faut avoir les joueurs, reprend Denoueix. Quand tu joues avec Puyol et Abidal en terrain découvert, ça peut assez bien se passer, mais tout le monde n'a pas Puyol et Abidal en défense. Quand il y a 50 mètres à gauche, à droite et dans ton dos... Donc avec moi, ce n'était pas constant, à l'inverse du Barça, qui ne se pose pas la question et joue toujours pareil parce qu'il le peut. Et aussi parce qu'il a des joueurs devant qui ont une grande mobilité. »

Presser haut, c'est jouer avec beaucoup d'espace dans son dos, beaucoup d'espace à couvrir. Une fois de plus, personne n'échappe à cette responsabilité, portier compris. « Quand on presse haut, l'important, c'est aussi le gardien. On est dans un principe de zone où on couvre l'espace et le partenaire. Le premier à faire ça, c'est le gardien. » Il ne le mentionne pas, mais c'est comme si Raynald Denoueix criait le nom de Manuel Neuer. L'Allemand, qui garde les cages du Bayern Munich et de son pays, ne fait pas que garder, justement. Il occupe un rôle de libero derrière sa défense, sortant de sa surface pour couper les ballons partis dans le dos de ses coéquipiers. À la tête du Bayern, Pep Guardiola, pouvant compter sur l'ex de Schalke, a parfois réinstauré un piège du hors-jeu à la médiane, plus de vingt ans après Arrigo Sacchi et malgré la tolérance du hors-jeu passif. Avec tout le monde dans la moitié adverse, le *gegenpressing* bavarois se révèle encore plus impitoyable car protégé par Neuer, enfant-monstre de Gelsenkirchen et de l'évolution constante du football.

Le pressing dépend des joueurs. Toutes les consignes du monde peuvent être données... une fois sur le terrain, ils sont livrés à eux-mêmes et le coach ne peut que gesticuler sur le bord de la touche, effectuer quelques rappels. L'intellect des joueurs entre alors en jeu, comme dans toutes les autres situations à vrai dire. « Quand vous avez le contrôle du match, si vous n'avez pas des joueurs qui réfléchissent – il n'y en a pas beaucoup – à ce qu'il faudra faire à la perte du ballon, alors qu'on est dans une position confortable techniquement, on est en difficulté. » Ariël Jacobs, ancien coach de Valenciennes, déplore la rareté des penseurs. C'est à travers eux qu'un entraîneur survit et existe durant une rencontre. Des relais, d'autorité et d'idée, tel Johan Neeskens à l'Ajax dans les *seventies* : « Quand il s'agissait d'un client, je demandais à mes attaquants d'aller le presser tout de suite. Il me fallait dans l'instant décider qui allait au pressing de l'adversaire avant que, le cas échéant, je ne fasse le travail moi-même. » Se dédoubler, entre l'effort et la réflexion, se déplacer et penser en même temps. Oui, les footballeurs sont des êtres d'exception, capables de plusieurs activités complexes en simultané. Ils doivent prendre l'information, prendre une décision constamment. « Au foot, la prise de possession et la perte du ballon interviennent trois, quatre, cinq fois par minute, sauf si on est Barcelone et qu'on sait garder le ballon deux ou trois minutes, rappelle Jacobs. Cet aspect nécessite une implication totale de chaque joueur. » Ainsi qu'une réadaptation permanente à des situations en

mouvement, imprévisibles et pour cause : entre le ballon, les vingt-deux acteurs et les dimensions du terrain, les variables sont innombrables, l'apprentissage
par cœur impossible. « Les lignes n'existent plus et ça
déforme beaucoup les choses, prévient Guy Lacombe.
Votre rigidité tactique va être prise en défaut et vous
allez vous user pour rien du tout. » Le don d'élasticité
est une obligation, la perte de concentration prohibée.
« Celui qui rate la passe dans la phase de possession
du ballon doit chercher immédiatement la recon-
quête du ballon pour remédier à son erreur », pour
Carlo Ancelotti, qui n'offre aucun répit, sans doute
parce que le football n'en offre plus non plus. Plus une
seconde, plus un mètre.

Tandis que lors de la saison 2005-2006, un rapport
de l'UEFA indiquait que 40 % des buts marqués en
Ligue des champions avaient été inscrits en contre-
attaque, le chiffre est tombé à 20 % pour l'édition
2014-2015. Une baisse que le *gegenpressing* aurait
causée, selon Jonathan Wilson, qui suggère que la
progression des grandes équipes à la perte du ballon
aurait réduit les possibilités de contrer pour leurs
adversaires. Dans leur quête de domination absolue,
les mastodontes du football européen, dont la crois-
sance économique est toujours plus rapide et creuse
les écarts avec les autres, auraient rendu la transition offensive de leurs adversaires quasi impossible,
les poussant à passer plus de temps dans leur propre
camp. Théorie renforcée par la redondance des demi-
finales de Ligue des champions ces dernières années :

le Real Madrid, le FC Barcelone et le Bayern Munich confisquent trois des quatre places dans le dernier carré, s'excusant en proposant des affrontements fascinants. La demi-finale entre le FC Barcelone et le Bayern Munich, lors de la campagne 2014-2015, mit face à face deux fidèles du pressing à la perte du ballon, la recherche d'une ligne de passe se révélant alors plus passionnante que celle du but dans n'importe quel autre match. Le *gegenpressing* installé, il s'agit désormais de savoir qui lui succédera, qui le perfectionnera et comment. Un chapitre que personne ne peut encore écrire.

La défense placée

Il arrive que le pressing soit inefficace pour récupérer le ballon. Il arrive aussi que certaines équipes n'aient pas pour consigne première de presser directement à la perte. Un autre processus défensif se met alors en place : le repli, ce retour à l'ordre rigoureux du système après le désordre organisé de l'animation offensive. « Il y a deux options quand on perd le ballon, résume l'entraîneur angevin Stéphane Moulin. Soit on va, pendant un temps donné, très court, essayer de le récupérer et retomber sur l'adversaire ; soit on se replace dans notre moitié de terrain. » « Il y a quelques années, je demandais systématiquement un replacement du bloc à la perte de balle, témoigne Christian Gourcuff dans le magazine *Vestiaires*. Pour les joueurs, c'est sécurisant.

L'inconvénient, c'est que cela impose des courses et libère l'adversaire de la pression. » Les approches diffèrent aussi parfois selon les championnats, comme l'avait constaté Moussa Sissoko dans *L'Équipe* en 2013, après son arrivée en Angleterre, à Newcastle : « Quand le gardien adverse a le ballon, les attaquants doivent le presser, alors qu'en France, dès que le gardien l'a, les attaquants se replient au milieu de terrain pour former un bloc avec les autres joueurs. » Et si, aujourd'hui, la tendance est de presser dès la perte du ballon, ce n'était pas forcément le cas il y a une décennie seulement, comme le constatait Gérard Houllier, toujours dans *L'Équipe*, en 2005 : « Sur les dix dernières années, il me semble qu'il y a moins de recours à un pressing systématique. J'ai le sentiment que ce type d'animation a existé à la fin des années 1980 et jusqu'au milieu des années 1990. Il y avait l'influence d'équipes comme l'URSS de Lobanovski à l'Euro 1988, ou l'AC Milan de Sacchi. Ces dernières années – je le constate en Ligue des champions –, on voit surtout de la rapidité dans le replacement. » Question de cycles.

→ **Les mécanismes de repli défensif**
Parce que le pressing ne fonctionne pas toujours, ou parce que son intensité peut s'éroder, ou parce qu'il est tout simplement impossible selon une situation donnée, une équipe doit être en mesure de reformer efficacement son bloc défensif. Cela permet une occupation et une couverture optimales des espaces, en fonction de différentes approches que nous détaillerons plus

loin. Plus ce temps de replacement à la perte de balle
– ou après le pressing raté – est long, plus une équipe
est vulnérable. « La phase de transition, c'est là que
tout se joue », affirme Stéphane Moulin. « Quand tu la
perds, sachant que les autres vont chercher à exploiter
vite, il ne faut pas que tu sois en déficit défensivement,
parce que c'est là où tu es le plus fragile, nous confirme
Raynald Denoueix. D'où le fait de se réorganiser, que
tes joueurs soient bien situés quand tu es en déséquilibre, parce qu'aujourd'hui, tu en es arrivé à une telle
difficulté pour trouver de la place pour marquer des
buts... » Pour s'en prémunir, des mécanismes visent
à empêcher le jeu adverse vers l'avant, ou au moins
à le freiner, à l'empêcher de prendre de court ce bloc
en reformation :

- la zone-press : le joueur le plus proche du porteur
  de balle sort sur lui pour l'empêcher de jouer vite
  vers l'avant, permettant ainsi à ses coéquipiers de
  se replacer défensivement ;

- le recul-frein : un joueur recule face au porteur
  pour lui renier l'ouverture de lignes de passes
  déterminantes, notamment en situation d'infériorité numérique. L'orientation des pieds et des
  épaules est primordiale pour anticiper une interception. La temporisation qui en découle doit
  permettre le retour d'autres coéquipiers.

Deux actions aux multiples inclinaisons et résumées en
un mot : le cadrage du porteur. « Le cadrage n'a pas pour
objectif immédiat la récupération du ballon, explique
Christian Gourcuff. Son but est d'abord de freiner la

progression du porteur, de s'opposer à toute transmission dans le sens du jeu en coupant les angles de passes, de l'empêcher aussi de frapper au but, le tout en exerçant une pression psychologique qui va le contraindre à jouer vite, à commettre une erreur. Le cadrage, c'est aussi la recherche d'un gain de temps qui va permettre le retour d'un ou plusieurs coéquipiers vers lesquels le joueur qui presse va essayer d'orienter son adversaire, pour favoriser la récupération du ballon par ses partenaires. Le cas échéant, il va l'orienter vers une zone non dangereuse. » Contrôler et orienter, plutôt que se jeter et se faire éliminer. Une approche qui nécessite intelligence, vision du jeu, sens du placement et de l'anticipation.

Chaque entraîneur y prône une application concrète singulière, accentuant plus ou moins l'agressivité ou la couverture à distance. Mais, souvent, c'est au joueur de prendre la décision de la bonne attitude à adopter. Pour l'y aider, il a deux déterminants comportementaux principaux :

- s'il se trouve côté fort (où le porteur se situe) ou côté faible (opposé au ballon) ; ce dernier cas implique un contrôle à distance de l'adversaire direct et l'anticipation de la passe éventuelle ;
- si le ballon est libre (le porteur n'est pas gêné immédiatement) ou couvert.

Stéphane Moulin confirme l'importance des prises de décision individuelles dans la mise en place des mécanismes collectifs. « On essaie, quand on a perdu le ballon de retomber tout de suite sur l'adversaire. Mais cela nécessite de l'énergie, la capacité à enchaîner des efforts, effort-contre-effort. Parfois, on ne le fait pas. Il y a aussi un second aspect : quand on perd la balle après avoir attaqué à deux ou trois, on n'est que deux ou trois à pouvoir presser, donc on choisit de se replacer avec le bloc. Il y a des situations prédestinées à ça. Il y a le score, le moment du match, l'instant du match, si on a l'ascendant ou pas, si l'équipe adverse est dans le doute ou pas... Toutes ces choses-là entrent en compte. »

En résumé, l'action défensive dans le repli est dictée par l'espace et le temps dont dispose le porteur adverse à la récupération. « Tout cela nécessite une vraie intelligence de jeu individuelle impliquée dans l'action collective, résume Christian Gourcuff. D'une manière générale, plus la zone-press est haute, plus l'idée de départ est de ne pas subir, de récupérer le ballon très vite, à l'image de ce que fait Barcelone. » On parle alors de défense en avançant, et cela s'assimile globalement à une approche agressive du pressing telle qu'expliquée plus haut. Une approche plus prudente conduira généralement une équipe à se replier derrière la ligne médiane, pour défendre avec le plus de joueurs possibles entre le ballon et leur but. L'important étant, dans cette phase de repli, de trouver la bonne distance par rapport au porteur, assez proche pour obtenir l'effet dissuasif escompté, assez éloigné pour contrôler l'espace autour et ne pas se faire éliminer. La hauteur du bloc fluctue aussi, en fonction des adversaires, des moments du match et des situations de jeu. « Il y a un repère général qui est la ligne médiane, indique Raynald Denoueix. En fonction de certains matchs, ce sera plus haut ou plus bas. On a intérêt à s'adapter. Quand je jouais contre le Valence de Benítez, ils jouaient très bas parce qu'ils savaient qu'avec Nihat, on pouvait leur faire très mal dans la profondeur. Les défenseurs de Valence étaient sur la ligne des 16,50 m. Mais à ce moment-là, ils avaient aussi des Pablo Aimar, des joueurs très habiles en contre-attaque, une défense de fer, pas d'espace… » Une fois encore, comme pour le pressing, la manière de défendre influe sur celle d'attaquer. « Je ne veux pas que l'on joue bas, confie Stéphane Moulin. Après, on l'est parfois parce que l'adversaire nous l'impose, c'est un rapport de force que l'on perd. Mais cela ne m'intéresse pas. Je n'ai pas envie de récupérer le ballon à 80 mètres du but adverse, parce que c'est dur après de remonter tout le terrain. »

Il existe par ailleurs un dernier recours bien utile, forme de bouée de sauvetage en cas de situation désespérée, de déséquilibre impossible à compenser. Une solution que d'aucuns jugent immorale et vicieuse, tandis que d'autres l'estiment inévitable et indispensable : la faute tactique, appelée également « faute intelligente ». L'objectif : couper illégalement une attaque rapide adverse et permettre à son bloc défensif de se reformer en arrêtant le jeu. Là aussi, cela implique un dosage de manière suffisamment accentuée pour que l'arbitre siffle faute, mais plutôt subtile et non violente pour qu'elle ne débouche pas sur une expulsion. Il semble que les arbitres considèrent de plus en plus fréquemment, lorsqu'ils interprètent que le défenseur a avorté un contre, qu'il a agi par imprudence et pas seulement par inadvertance, en faisant obstacle à l'évolution de l'adversaire. Même lorsque celui-ci a cru avoir la bonne idée de tomber avec son adversaire pour grimer son croche-patte en contact involontaire dans la course, il tombe sous la première des raisons de recevoir un carton jaune (loi 12) : il s'est rendu coupable d'un comportement antisportif. « Il y a certaines situations dans lesquelles vous devez commettre une faute délibérée – pas parce que vous voulez blesser votre adversaire ou parce que vous avez mal anticipé une interception ou un tacle, mais parce que c'est la seule manière d'empêcher l'autre équipe de marquer, note le milieu défensif brésilien Lucas Leiva à *FourFourTwo*. Vous verrez beaucoup de joueurs commettre une faute intentionnelle pour arrêter une contre-attaque rapide. Cela arrête le jeu et donne le temps aux coéquipiers de se replacer. Il n'y a pas besoin de blesser l'adversaire, il suffit juste de le faire trébucher ou de lui tirer le maillot. » Antisportif, tu perds ton sang-froid ? Au contraire : il faut beaucoup de lucidité pour évaluer la dangerosité de la contre-attaque et risquer le carton en décidant de la stopper.

Une fois ces mécanismes de repli appliqués efficacement, place à un nouveau temps défensif : la défense que l'on qualifiera placée, en miroir aux « attaques placées ». Une phase qui n'est pas dépourvue de la notion de pressing, mais au cours de laquelle les mécanismes sont beaucoup plus régis par des principes collectifs minutieusement réglés que par les instincts individuels qui prévalent dans les premières secondes suivant la perte du ballon.

Cette défense placée se caractérise par deux approches : le marquage individuel et la défense en zone. Pour illustrer les différences de manière concrète, le romantique entraîneur argentin César Luis Menotti emploie une comparaison imagée dans une interview pour le mensuel argentin *El Gráfico* : « Vous connaissez la différence entre un chien de garde et un chien sauvage ? Mettez un chien sauvage devant la porte de sa maison. Deux voleurs arrivent. Quand le premier s'approche, le chien sauvage aboie et le fait fuir. Le voleur court, le chien le poursuit et s'éloigne de la porte. Pendant ce temps, l'autre voleur entre et le vole. Le chien de garde, lui, aboie sur le premier voleur, mais il revient surveiller la porte, il ne la quitte pas. Vous me comprenez ? Le chien de garde défend en zone alors que le chien sauvage préfère le marquage individuel. » La définition de Guy Roux, joint par téléphone, est plus prosaïque : « La zone, c'est garder le terrain, chacun garde un espace. Dans le marquage individuel, chacun garde un bonhomme. »

→ Le marquage individuel
Par le passé, marquer un adversaire était relativement facile. Les ailiers restaient sur les côtés, l'avant-centre décrochait peu, les demis et inters étaient clairement distingués, les défenseurs ne participaient généralement pas à l'attaque. De plus, les numéros de maillot, de 1 à 11, n'étaient pas attribués en fonction de préférences personnelles, mais en fonction des postes. Le numéro 2 était ainsi l'arrière droit, le 7 l'ailier droit,

le 9 l'avant-centre. Un arrière gauche savait donc qu'il allait se coltiner le numéro 7 adverse pendant tout le match. D'autant que toutes les équipes, à quelques exceptions près, jouaient dans le même système, en WM. « Le marquage individuel, c'était complètement historique, explique Guy Roux. Il y avait, à la sortie de la guerre, le WM, c'est-à-dire trois arrières, deux demis défensifs, deux inters et trois avants. Si vous mettez des croix, vous placez ça sur une feuille, vous verrez qu'en faisant de l'individuel, le W et le M, ça se marie bien. »

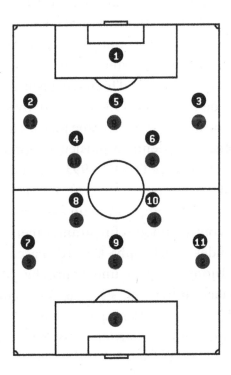

Dès lors, le marquage individuel était logique : il n'entraînait aucune déstabilisation collective particulière. Le football était un jeu de duels prédéfinis, de un-contre-un permanents, de binômes avec un élément de chaque équipe.

En France, l'AJ Auxerre de Guy Roux a longtemps été le symbole du marquage individuel. Personne n'a autant influé sur le destin d'un club de haut niveau français que l'entraîneur au bonnet dans cette petite ville de Bourgogne, sur le banc de laquelle il s'est assis pendant une quarantaine d'années au total, dont un passage de trente-six ans entre 1964 et 2000. Il a construit le club, l'a structuré, a mis en place l'un des centres de formation les plus réputés de l'Hexagone. Sous son management paternaliste, l'AJA a gravi les échelons, de la Division d'honneur jusqu'au sacre de champion de France en 1996, avec quatre Coupes de France en prime. Auxerre a même joué les trouble-fête sur la scène européenne à plusieurs reprises (demi-finale de la Coupe de l'UEFA 1993, quart de finale de la Ligue des champions 1997...). Et jusqu'en 2001, tout cela a été accompli avec un système fétiche, le 4-3-3, des contre-attaques fulgurantes menées par des ailiers rapides (Christophe Cocard, Pascal Vahirua, Bernard Diomède...) et une approche très stricte du marquage individuel. « J'avais une définition, je disais : "L'haleine sur la nuque et la pointe des pieds contre les talons", se souvient Guy Roux. C'était un marquage individuel serré. Les derniers à l'avoir pratiqué totalement, c'est l'AJ Auxerre jusqu'en 2001 et la Grèce qui a gagné le championnat d'Europe au Portugal en 2004. »

Guy Roux regorge d'anecdotes, même s'il raconte souvent les mêmes. L'une de ses préférées concerne le milieu offensif brésilien Raí, qui a illuminé le Parc des Princes pendant cinq ans, entre 1993 et 1998. « Raí m'a dit un jour : "Si je n'étais pas un professionnel sérieux, je n'aurais jamais joué les jours où on jouait l'AJA", parce que je lui mettais Taribo West sur le dos, s'amuse Guy Roux. Dans un match du Tournoi de Paris, Raí avait été rappelé sur le banc par son entraîneur, et Taribo West l'avait suivi jusqu'au banc. Platini avait aussi horreur de jouer contre nous, parce que je lui mettais Dominique Cuperly. Pourtant, Cuperly ne l'attrapait pas, je ne prônais pas du tout l'antijeu, au contraire. Tous les ans, on était parmi les premiers du classement du fair-play parce qu'il y avait de l'argent en jeu. Il y avait un bon chèque ! La consigne de base, c'était empêcher légalement, en faisant le moins de fautes possible, de laisser jouer son bonhomme, en attaquant la balle le premier quand on la lui donnait, en l'air comme au sol. »

Le marquage individuel n'implique pas de mécanismes de couverture collective. « Dans le marquage individuel, le référent de chaque joueur est son adversaire direct, notait Christian Gourcuff en 2009, dans une conférence retranscrite par le magazine *Vestiaires*. On ne peut pas parler de coordination puisque chaque joueur agit indépendamment l'un de l'autre. » La couverture s'est dès lors mise en place, via la complexification des systèmes, par le nombre, en ajoutant systématiquement un défenseur de plus qu'il n'y avait d'attaquants adverses, par sécurité. « La définition du marquage individuel, c'est chacun son bonhomme et il y a un libero, appuie Guy Roux. Le libero est derrière deux ou trois joueurs selon la disposition de l'équipe adverse. Ça dépend des formules, de celles de l'adversaire. Mais l'avant-centre a deux joueurs sur lui. »

Dans le marquage individuel, chaque joueur est responsabilisé de manière permanente. Le libero incarne donc une forme de bouée de sauvetage si l'un de ses coéquipiers est battu par son adversaire direct. « L'individuel, ça responsabilise les joueurs, confirme Guy Roux. Je disais à mon ailier : "On va voir si c'est toi qui centres le plus ou ton arrière." Quand un arrière faisait une passe décisive, l'ailier en entendait parler ! » Les priorités, en phase défensive, étaient, dans l'ordre, l'adversaire puis le ballon. C'est le joueur à marquer qui dicte les déplacements de son défenseur, tandis que l'endroit où se trouve le ballon détermine la distance du marquage : plus le ballon est proche de l'attaquant, plus son défenseur doit être proche de lui. « Le placement, c'est entre le ballon et l'adversaire et le but, précise Guy Roux. Mais quand le joueur a la balle, s'il a la balle en vous tournant le dos, il faut se desserrer pour avoir un petit temps d'intervention s'il se retourne. Sinon, vous faites faute. Donc il faut laisser un ou deux mètres, ou un peu plus parfois. »

Le reste relève simplement des notions d'engagement, d'agressivité, d'intimidation parfois. Le marquage individuel est donc relativement aisé à faire comprendre par les joueurs et à mettre en place. Dans une application idéale, tous les adversaires sont marqués, leurs possibilités de passes s'en retrouvent limitées, le pressing sur le porteur est instantané, de quoi favoriser les interceptions pour partir rapidement en contre-attaque. « Si vous avez des joueurs adéquats, c'est très fort, très puissant, estime Guy Lacombe. On a bien vu Auxerre qui était magnifique dans ce domaine-là. Ça a une certaine valeur. » Le problème, c'est qu'avec la complexification et la meilleure coordination collective des approches offensives, le marquage individuel total comporte trop de points de vulnérabilité pour être viable au plus haut niveau. Cela a précipité sa déchéance.

Marcelo Bielsa l'a certes remis un peu au goût du jour, lors de la saison 2014-2015, avec l'Olympique de Marseille. Et encore, de manière parfois édulcorée. « Marcelo Bielsa l'a fait un peu, oui, mais pas comme moi, note Guy Roux. Il faisait de l'individuel avec glissements, quand les joueurs se croisaient ils ne suivaient pas, alors qu'avec moi ils devaient suivre. » Mais hormis quelques cas particuliers, le marquage individuel a globalement disparu du football de haut niveau. Il ne s'accorde pas avec la logique devenue très scientifique de l'organisation défensive. L'Allemagne a certes résisté plus longtemps que les autres à cette disparition progressive, en raison d'une culture tactique imprégnée des défenses à trois avec libero et d'une certaine rigueur. Mais la logique est désormais à une maximisation collective. Or, l'efficacité du marquage individuel ne dépend que de l'addition des facultés de chaque défenseur. Elles ne sont pas optimisées par un cadre organisationnel qui fera que le tout sera supérieur à la somme de ses parties. « Si on veut former des joueurs, faire une bonne équipe, il faut avoir des repères, insiste Raynald Denoueix. Si on fait de l'individuel, on n'a plus de repères. Le plaisir, ça commence par le plaisir de se comprendre. Là, si c'est l'adversaire qui vous emmène partout, ce n'est plus pareil. »

La désorganisation est facile à obtenir pour l'équipe qui attaque, avec des permutations, des décrochages, des dézonages, des une-deux... « À partir du moment où il y a du mouvement, des changements de postes, c'est compliqué », observe Élie Baup. Le Paris Saint-Germain en avait bien profité lors de son déplacement au Vélodrome en avril 2015. Et une faillite individuelle, qui survient toujours forcément à un moment dans le match, pose un problème impossible à résoudre sans se détourner du marquage individuel même. « Le truc qui désarçonnait, c'était un supplément de joueur, comme une montée de l'arrière central, reconnaît Guy Roux. Ça faisait un joueur de plus qui n'était pas pris. Il fallait qu'un milieu de terrain saute dessus. Alors après, vous me direz : "Et s'il passe la balle à celui qui a été libéré ?" Je vous répondrai : "Il ne va pas la lui donner parce que vous allez lui prendre la balle !" » Reste que le décalage initial créé laisse la défense en réaction plutôt qu'en action, avec un temps de retard en permanence sur l'adversaire. Bien géré par l'équipe qui attaque, cela doit entraîner une réaction en chaîne qui mène au but. D'autant qu'aujourd'hui, les défenseurs centraux sont de plus en plus doués balle au pied, et donc capables de trouver des passes inimaginables par le passé.

Mais pour Guy Roux, ce n'est pas tant ce défaut structurel qu'une évolution psychologique des joueurs qui a contribué à la mise au placard du marquage individuel. « Cela a disparu à cause de la paresse des hommes, affirme-t-il. C'était éprouvant. » Les joueurs ne seraient plus prêts à consentir les efforts physiques que requiert le marquage individuel. Lorsque l'on voit la débauche énergétique de l'Olympique de Marseille de Marcelo Bielsa ou même de certaines équipes qui défendent en zone, comme l'Atlético Madrid, on peut en douter.

→ Le marquage en zone

Lorsque l'on parle du marquage en zone, l'histoire a retenu l'AC Milan d'Arrigo Sacchi comme premier exemple marquant. Mais quelques années plus tôt, dans le sud-ouest de la France, une autre équipe avait déjà adopté ces principes : le Toulouse du Suisse Daniel Jeandupeux. En 1983, ce fut la première formation de l'Hexagone à évoluer en zone intégrale (dont nous développerons les nuances par rapport à la zone mixte plus loin). Guy Lacombe était alors sur le terrain. « Ça a changé toute la vision du jeu, je ne regardais plus un match de la même façon et j'ai compris beaucoup de choses, se souvient-il. L'intégrale permet d'ouvrir votre champ d'exploration et d'intelligence. Pour moi, c'est l'organisation la plus intelligente. »

L'attaquant moustachu était arrivé en provenance de Tours à l'été 1983, comme le défenseur lyonnais Jean-François Domergue et le gardien lillois Philippe Bergeroo, notamment. L'entraîneur Daniel Jeandupeux succédait lui à Pierre Cahuzac, l'homme de la montée dans l'élite, parti à l'Olympique de Marseille. Dès son arrivée, Jeandupeux met en place ses idées innovantes. Le capitaine est élu par un vote collectif – une décision prise par George Knobel à l'Ajax en 1973 et qui avait précipité le départ de Johan Cruyff. Et son équipe, donc, évoluera en zone intégrale. « On a vu par la suite des évolutions, notamment avec la couverture alternée, mais là, c'était vraiment zone intégrale, indique Guy Lacombe. On jouait aussi le hors-jeu. C'était assez rare. »

Pour sa deuxième saison en première division, et après une onzième place encourageante lors de l'exercice précédent, le Téfécé détonne, donc. Après un nul d'entrée contre le Paris Saint-Germain de Safet Sušić, Luis Fernandez et Mustapha Dahleb, les Violets écrasent Lorient 5-1 en Bretagne. « Après, on s'est un peu enflammés, on a eu beaucoup de difficultés pendant quelques rencontres », glisse Guy Lacombe. Et pour cause : cinq défaites sur les sept matchs suivants, suffisant pour remettre en cause l'étrange approche de Daniel Jeandupeux. Car sans victoire, difficile d'obtenir l'adhésion des joueurs. « On s'est rassemblés au centre du terrain, et Daniel a posé la question à chacun, raconte Lacombe. Certains remettaient en cause le système. Moi, j'ai dit que c'était comme une voiture : tout système a besoin de rodage. Si on prend conscience de ça et que chacun fait un peu plus, ce système me paraissait intéressant. »

Une remise à plat bénéfique. Jeandupeux persiste, et cela paie, avec treize rencontres d'invincibilité d'octobre à février. « On voyait bien qu'on déstabilisait l'adversaire, confie Guy Lacombe. Comme les lignes étaient resserrées, c'était très perturbant. Le temps que l'adversaire cherche les solutions, on avait le temps de mettre en place notre propre jeu. » C'est ainsi plus offensivement (quatrième attaque avec 57 buts marqués) que défensivement (neuvième défense avec 41 buts concédés) que le Téfécé a brillé cette saison-là, notamment grâce à son pressing collectif. La qualification européenne lui échappera toutefois lors de la dernière journée, le 2 mai 1984, après une défaite au Parc des Princes (1-0, but de Sušić). « Je me suis éclaté en tant que joueur, s'exclame tout de même Guy Lacombe aujourd'hui. Cela m'a d'ailleurs permis d'être sélectionné olympique pour 1984 (les Bleus remporteront l'or à Los Angeles). Et ça m'a beaucoup marqué dans mon cheminement d'entraîneur. » De cette équipe, d'ailleurs, Philippe Bergeroo, Jean-François Domergue, Laurent Roussey, Lucien Favre et donc Guy Lacombe deviendront tous entraîneurs de haut niveau. Comme dans le cas du Barça 1997, qui comptait dans ses rangs Pep Guardiola, Laurent Blanc, Luis Enrique et Julen Lopetegui, présents en quart de finale de la Ligue des champions 2014-2015, ce n'est pas forcément un hasard.

À la fin de la décennie 1980, c'est donc en Italie, à Milan plus précisément, que s'établira le modèle ultime, la première grande référence historique du marquage en zone, dicté par les idées d'un génie au crâne chauve. Une approche dont la réussite est à relier nécessairement au pressing agressif prôné dans le même temps, simplement séparé ici par le besoin pédagogique de séquencer les phases de jeu. « La

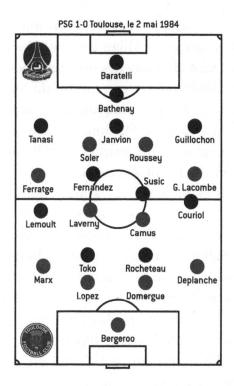

PSG 1-0 Toulouse, le 2 mai 1984

Baratelli

Bathenay

Tanasi   Janvion   Guillochon
    Soler   Roussey

Ferratge   Fernandez   Susic   G. Lacombe
                         Couriol
Lemoult   Laverny   Camus

    Toko   Rocheteau
Marx   Deplanche
    Lopez   Domergue

Bergeroo

défense en zone existait déjà, mais était assez floue sur le plan tactique, explique Christian Gourcuff. Sacchi a su la structurer à partir du 4-4-2, le système à mon avis le plus rationnel quand on joue la zone. Pour Sacchi, l'alignement défensif était une donnée fondamentale. La remontée de la ligne défensive était, elle aussi, intéressante dans la réduction des espaces entre les lignes. Disposée en bloc compact, la défense nécessairement avancée permettait une récupération rapide et haute qui s'appuyait sur le hors-jeu. »

Pour autant, comme Daniel Jeandupeux, Arrigo Sacchi a dû, lui aussi, convaincre ses joueurs de la

COMMENT REGARDER UN MATCH DE FOOT ?

cohérence de ses idées. « J'ai convaincu Gullit et Van Basten [arrivés à Milan comme lui en 1987] en leur disant que cinq joueurs organisés pouvaient en battre dix désorganisés, raconta-t-il un jour. Et je le leur ai prouvé. J'ai pris cinq joueurs : Giovanni Galli dans les buts, Tassotti, Maldini, Costacurta et Baresi. L'autre équipe avait dix joueurs : Gullit, Van Basten, Rijkaard, Virdis, Evani, Ancelotti, Colombo, Donadoni, Lantignotti et Mannari. Ils avaient quinze minutes pour marquer contre mes cinq joueurs, la seule règle était que si on gagnait la possession ou qu'ils perdaient le ballon, ils devaient repartir 10 mètres dans leur propre camp. Je l'ai fait très souvent, et ils n'ont jamais marqué. Pas une fois. » Gullit et Van Basten étaient-ils vraiment incapables d'organiser leur propre équipe pour profiter de leur supériorité numérique ? Aucun tir dévié n'est jamais allé au fond ? On chipote sur des détails forcément anecdotiques. Pour Sacchi, le but était simplement de faire adhérer ses joueurs à ses principes, et il y est parvenu. Il avait, il est vrai, les joueurs pour, avec des défenseurs intelligents, maîtres du placement et de la défense debout. « Ce n'est pas seulement être rapide en tant qu'individu, mais en tant qu'équipe, explique Franco Baresi à *FourFourTwo*. À l'AC Milan, on a atteint un niveau où nous étions un seul homme, bougeant en ligne, au bon moment, dans toutes les directions. » « Aujourd'hui, on ne peut plus défendre de façon individuelle, il faut envisager la chose d'un point de vue collectif », estime Arrigo Sacchi.

Une anecdote, racontée dans le livre *Secrets de coachs* de Daniel Riolo et Christophe Paillet, illustre à quel point cette idée était nouvelle dans la culture tactique italienne de l'époque. Un soir, avant d'affronter le Naples de Diego Maradona, Arrigo Sacchi dîne au restaurant avec sa femme. Des journalistes se trouvent également dans la salle. L'un d'eux vient voir Sacchi : « On a fait un pari sur qui prendrait au marquage dimanche et on voudrait savoir... » La réponse du « Mage de Fusignano » (sa ville natale) l'interloque : « Mais tout dépendra de la zone dans laquelle se trouvera Maradona quand il aura le ballon ! Face

AC Milan 1989

à lui, il aura un joueur, puis un autre. Il n'y aura jamais un joueur dédié à un marquage individuel chez nous ! » « Pendant des années, je me suis battu tel Don Quichotte face aux moulins à vent contre cette idée du marquage individuel », résume Sacchi. Les trophées (une Serie A, deux Coupes d'Europe des clubs champions, deux Coupes intercontinentales, entre autres) lui donneront cette crédibilité initialement refusée.

→ Principes généraux

Le marquage en zone n'est pas unique : il recouvre des applications et nuances très variées, en fonction des perceptions des entraîneurs du positionnement et du comportement optimaux de leurs joueurs. Avant de les détailler, il faut d'abord présenter les principes généraux de cette approche, qui met l'accent sur le collectif plutôt que sur l'individu. « Pour avoir cette notion collective dans la récupération du ballon, la défense de zone s'impose, c'est-à-dire le contrôle des espaces », affirmait ainsi Christian Gourcuff dans une conférence en 2009. « La zone, c'est le principe fondamental, ce sont les repères fondamentaux à acquérir », ajoute Raynald Denoueix, avant d'en énumérer les points clés : « Les distances, l'espace, couvrir le partenaire, couvrir l'espace. Les distances, c'est ce qui va nous lier constamment. D'où l'importance de l'intelligence tactique. En fonction de l'action, on va parfois être à 3, 4 ou 5 mètres... Parce qu'il y a le ballon, des partenaires, combien il y en a... Si je suis latéral droit, j'ai un adversaire dans le dos, est-ce que mon ailier va pouvoir venir ? Donc est-ce que je rentre complètement dans l'axe ou pas ? Combien mon partenaire a d'adversaires autour de lui ? » « En zone, la clé, ce sont les distances, martèle Guy Lacombe. Il y a aussi la couverture mutuelle, le placement des pieds... Ça, c'est très important. Les pieds, les épaules... Si vous êtes de face, vous êtes mort. » On comprend donc que l'expression « défense en zone » a quelque chose de trompeur si on la prend au pied de la lettre : il ne s'agit pas simplement de découper le terrain en espaces, en zones, comme s'il était un échiquier, afin de confier à chaque joueur une case. La bonne position est une chose relative. Les repères sont moins des surfaces à parcourir que des coordonnées à observer pour bien tenir sa distance. Oui, les footballeurs sont des matheux.

En marquage individuel, le point de référence principal est l'adversaire. En zone, il y en a plusieurs possibles et de multiples variations. L'analyste autrichien Rene Maric distingue quatre référentiels principaux :

- la position : le bloc-équipe reste formé à tout moment et se déplace ensemble, préservant sa compacité. Chaque joueur couvre sa propre « position » dans un ensemble composé avec d'autres joueurs. Les lignes de la défense et du milieu de terrain sont très facilement repérables, et elles se resserrent si le ballon est joué entre elles. Les côtés sont volontairement ouverts, avant d'y coulisser rapidement, à la manière d'une barre de baby-foot, si l'adversaire y joue.

L'application peut sembler parfois passive, avec peu de pression directe sur le porteur de balle. Le ballon est récupéré majoritairement grâce aux mauvaises passes ou aux erreurs techniques adverses. Cette approche est risquée, ou peut être insuffisante, face à une équipe qui dispose d'une circulation du ballon de qualité ;

• l'homme : l'adversaire est le point de référence de base. Chaque défenseur s'oriente de manière à conserver une distance d'intervention par rapport à l'adversaire direct le plus proche. À la différence du marquage individuel, cette distance est élastique, liée à la couverture de la zone environnante. De quoi permettre une pression rapide sur le porteur de balle et ses solutions potentielles. Il y a également un peu plus de flexibilité individuelle au sein du système que lorsque la position est le premier référentiel. « On fait du marquage à distance, on s'informe, on sait, souligne Raynald Denoueix. Je suis arrière gauche, je regarde mon attaquant, j'ai vu, je sais s'il est à 10 mètres, 20 mètres... Les repères, c'est être capable de savoir où on se situe, de couvrir l'espace, de couvrir le partenaire. Dans la zone, ce qui est important, c'est prendre, faire prendre, c'est parler, c'est lâcher, faire prendre... Ça fait beaucoup de choses. » ;

• l'espace : l'équipe coulisse pour aller occuper l'espace de jeu choisi par l'adversaire, la pression est ciblée. Le problème, c'est que des espaces s'ouvrent naturellement et sont facilement exploitables, surtout pour une équipe douée dans la circulation de balle. La structure globale perd également de sa forme et de son équilibre ;

• le ballon : le bloc se déplace en fonction de la position du ballon et des opportunités pour l'adversaire. Cela nécessite une grande intelligence dans l'interprétation des situations, ainsi qu'une bonne coordination collective pour empêcher l'ouverture d'espaces. « Il n'y a qu'un seul référent : le ballon et son porteur, affirme ainsi Christian Gourcuff. C'est lui qui va conditionner l'action du défenseur et son positionnement. »

Ces quatre référentiels ne sont pas les seuls, tant les possibilités sont multiples et les variations nombreuses. Elles peuvent même avoir lieu au sein d'un même match, voire d'une même action, afin de surveiller de plus près un adversaire particulièrement dangereux par exemple, ou pour neutraliser le meneur de jeu reculé adverse. Reste que toutes ces variations conduisent à l'ouverture d'espaces, et lorsqu'elles sont bien maîtrisées, ces espaces (côté « faible », le plus souvent, c'est-à-dire opposé au ballon) ne portent pas préjudice à la solidité défensive. Pour l'équipe qui a le ballon, « renverser le jeu », c'est donc aussi renverser la structure de la défense adverse. « Tenir bon », pour celle-ci, c'est aussi conserver la concentration et l'application nécessaires.

L'objectif final reste le même : créer de la densité autour du porteur et fermer le chemin vers le but, grâce à une occupation la plus rationnelle possible de l'espace, qui permet d'optimiser les efforts individuels à fournir. « Le principe de la zone est de mettre le bloc-équipe en écran du porteur afin de contrôler sa progression, maîtriser les espaces, et ainsi favoriser la récupération du ballon », résume Christian Gourcuff. Raynald Denoueix a un exemple précis de l'application de cette focalisation sur le ballon, pas toujours évidente à intégrer pour les joueurs : « J'ai été confronté à ce problème à la Real Sociedad, parce que j'avais deux latéraux qui étaient d'anciens attaquants, dont mon capitaine Agustín Aranzábal, qui jouait encore en équipe d'Espagne. J'avais vu un match contre la Hongrie, ils ont pris deux buts, c'était de sa faute, parce que lui, en tant qu'arrière gauche, il n'était pas rentré dans l'axe, il n'avait pas serré. Et dans une conversation, il me dit : "On ne m'en a jamais parlé." Lui, son repère, c'était son attaquant, point final, il ne s'occupait que de ça. »

Peu importe les permutations adverses, les dézonages, les décrochages : l'équipe qui défend en zone reste généralement toujours en place, dans son système de base. « J'ai quatre défenseurs, je ne veux pas que ça bouge, explique Stéphane Moulin. Donc, quand on n'a pas la balle, nos quatre défenseurs défendent ensemble. Le but du jeu, c'est de masquer les espaces le plus longtemps possible. Compte tenu de ce que je veux, c'est important de ne pas sortir nos joueurs de la ligne défensive trop tôt. »

→ Coulisser en bloc

Cette configuration défensive, être « en place » dans son organisation de base, est à l'origine de l'expression « bloc-équipe ». Du stade, les onze joueurs semblent former un ensemble unique, en étant tous liés les uns aux autres. Première consigne : « Avoir une équipe courte avec pas plus de 25 mètres de l'attaque à la défense », *dixit* Marcelo Bielsa. Les distances varient d'un entraîneur à l'autre, mais tous s'accordent : si en attaque, le bloc s'étire pour agrandir son espace de jeu, en défense, il se resserre pour réduire le champ d'expression de l'adversaire. « Le bloc-équipe doit être court et étroit afin d'obtenir une densité de joueurs favorisant la récupération du ballon », résume Christian Gourcuff.

En zone, ce bloc coulisse ensemble, sur la largeur comme sur la longueur. « On est lié par les distances », explique Raynald Denoueix. Pour des déplacements collectifs efficaces et pour maintenir ces distances, Christian Gourcuff travaille longuement sans ballon avec ses joueurs, les faisant se mouvoir ensemble pour qu'ils acquièrent les repères indispensables. Généralement, plus le ballon se rapproche du but, plus cette distance est courte. Défendre en bloc nécessite en tout cas cohésion, coordination et communication. En étant proches en largeur comme en longueur, on forme un bloc défensif compact et dur à percer, empêchant la création d'intervalles (espaces entre deux adversaires) et d'espaces entre les lignes.

Mais ce n'est pas parce que l'on couvre l'espace que

toute notion de pressing disparaît, bien au contraire. La défense placée n'est pas une défense passive. « Il y a des principes de jeu immuables, dont la pression sur le porteur, indique ainsi Guy Lacombe. Si vous ne faites pas pression sur le porteur, vous ne pouvez pas être en défense active, vous allez être constamment sur le reculoir. Après, il y a la notion de bloc, de ligne, de distance entre les joueurs, de distance entre les lignes. Si vous ajoutez cette notion de pression/pas pression, vous arrivez à quelque chose de cohérent. » Le porteur du ballon et les coéquipiers, points de repère pour contrôler l'espace en bloc. C'est d'ailleurs le ballon qui détermine la hauteur du bloc. « Tout le monde dit : "Il y a un joueur qui déclenche la montée", mais c'est faux, lâche Guy Lacombe. Ce sont des principes de ballon. C'est le ballon qui déclenche la montée, si le porteur est cadré ou pas. Quand vous êtes en défense active, ça casse le moral de l'attaque, parce qu'à chaque fois qu'il y a une remontée, l'attaquant est hors jeu. On ne joue pas le hors-jeu, c'est l'adversaire qui se met hors jeu. Ça, c'est un de mes principes, c'est immuable. » Le hors-jeu n'est pas recherché en tant que tel. Il est la conséquence d'une remontée pertinente du bloc-équipe mal anticipée par un attaquant adverse.

Dépourvue de libero (qui défendait lui en zone, derrière un ou deux stoppeurs, dans une approche en marquage individuel), une défense en zone est vulnérable dans son dos, dans la profondeur. « Il y a deux manières de contrôler la profondeur : la pression sur le porteur du ballon, et l'anticipation des longs ballons », enseigne Stéphane Moulin. Si le porteur du ballon est libre, l'ensemble du bloc doit reculer pour se prémunir d'un éventuel ballon par-dessus ; s'il est en revanche bien pressé, le bloc peut remonter, puisque la passe en profondeur sera pratiquement impossible à réussir. « Le principe, c'est toujours un cadrage et une ligne en couverture, détaille Christian Gourcuff. D'ailleurs, sans le cadrage qui sert à empêcher le joueur de voir devant et donc de jouer vers l'avant, on ne peut pas conserver une structure en couverture. »

→ La couverture

L'ancien entraîneur du FC Lorient introduit ici une autre notion déterminante dans la défense de zone : la couverture du coéquipier (et logiquement celle de l'espace). C'est là toute la puissance de cette approche, qui diffuse la responsabilité de la solidité défensive à l'ensemble des éléments. « Ce qui est capital, c'est l'idée de compensation, confie l'Espagnol Rafael Benítez. La solidarité entre les joueurs. Un joueur doit savoir quels sont son espace, son champ d'action. Et il doit également savoir quel est l'espace du joueur à côté de lui. Et chaque joueur est responsable de l'autre. » L'idée de distance est, là aussi, très importante, pour pouvoir répondre présent dans le bon timing si un coéquipier se fait éliminer, par exemple, ou si une ligne de passe s'ouvre. C'est ce que Carlo Ancelotti appelle, dans son ouvrage *Mes secrets d'entraîneur*, l'équilibre : « Garder les distances nécessaires pour une couverture réciproque. »

Cette couverture mutuelle implique que les lignes ne restent pas à plat. En fonction de la position du ballon, certains joueurs du bloc resteront décrochés par rapport à d'autres, notamment pour une bonne occupation des diagonales. C'est ce que l'on appelle une « couverture en escalier ». « La ligne du milieu qui ne doit pas jouer à plat, mais se positionner en oblique, ce qui permet de fermer les angles de passe et d'obtenir des couvertures mutuelles, enseigne Christian Gourcuff. Cette oblique est très contraignante au niveau des courses. Le milieu droit par exemple, qui va jouer en couverture (si le ballon est situé sur le flanc gauche), va devoir faire l'effort de venir cadrer le porteur si le ballon change de côté, et vice versa... » Cela implique de coulisser efficacement ensemble sur la largeur, car les renversements de jeu rapides sont l'un des points de vulnérabilité d'une défense en zone. Tous les joueurs, des attaquants aux défenseurs, sont impliqués dans ce processus de coulissage, de pression orientée et de couverture.

→ Zone intégrale/zone mixte
On l'a dit, toutes les défenses en zone ne sont pas strictement identiques, en fonction notamment des référentiels choisis. En France, on distingue généralement deux écoles : la zone intégrale et la zone mixte, cette dernière conservant une part de marquage individuel.

Influencé par Daniel Jeandupeux à Toulouse, Guy Lacombe est un fervent défenseur de la zone intégrale. Dans l'ordre de ses points de référence prioritaires, c'est le ballon qui vient en premier, impliquant une certaine dose de pressing sur le porteur. « C'est le ballon, le coéquipier puis l'adversaire. L'adversaire est en troisième. Si vous êtes dans une zone mixte ou en individuel, l'homme est plus important. Dans la zone, c'est le ballon. On couvre simplement les espaces, et après on va dans le duel. » Si Lacombe parle de duels, la récupération se fait toutefois par un autre biais. « Dans la zone, il faut couper les lignes de passes, anticiper la passe qui va être faite, explique-t-il ainsi. C'est le ballon qui fait réagir, ce n'est pas autre chose. » Christian Gourcuff va, lui, encore plus loin, refusant autant que possible toute notion de duels. La récupération du ballon est alors exclusivement une question de bon positionnement, de lecture du jeu et d'anticipation. « C'est une question d'intelligence, reprend Guy Lacombe. S'il n'y a personne dans certaines zones, on s'adapte. On est dans la distance d'intervention, qui est très importante. C'est dans le temps de passe que les joueurs sortent, et il y a des couvertures qui se font. »

Dans le magazine *Vestiaires* de mars-avril 2015, Gilles Salou, ancien défenseur et désormais responsable du centre de formation de l'Évian Thonon-Gaillard, détermine les trois objectifs principaux de la zone intégrale :
- empêcher l'adversaire de jouer vers l'avant ;
- le faire reculer ;
- récupérer le ballon si la situation le permet.

Cela implique donc des déplacements coordonnés

afin de fermer les lignes de passes potentielles et les intervalles. Le porteur du ballon est cadré, tandis que le reste du bloc coulisse. Si le processus est effectué efficacement, le porteur n'a dès lors que deux solutions : le dribble ou la passe en retrait. Les bons dribbleurs, surtout en défense, sont rares. Et même s'ils réussissaient, les couvertures mises en place compenseraient. Le déplacement du bloc est autant latéral, lorsque l'adversaire joue sur le côté, que vertical, lorsque celui-ci joue en retrait. « Tous les joueurs – sauf celui qui cadre le porteur – doivent être "connectés" au jeu en s'informant constamment de ce qui se passe autour d'eux, expose Gilles Salou. Leur action se limite ensuite à la fermeture des espaces et des trajectoires de passes. L'essentiel étant que le bloc-équipe reste compact. »

Mais même dans l'application de cette zone intégrale, des variations sont possibles. « Sylvain Ripoll [entraîneur de Lorient, dont il est le tuteur dans le cadre du BEPF] joue la zone intégrale comme moi je pouvais la proposer à l'époque, mais on a des divergences dans certains domaines, des petits trucs, confie Guy Lacombe. Il y a par exemple une petite nuance : si le ballon est côté opposé, le latéral doit pour moi être aligné. Eux, ils sont plutôt dans une oblique, ça me gêne un peu. Et je peux vous garantir que chez Sacchi, c'était aligné ! (rires) » Tout est une question de préférences personnelles : rester à plat favorise la mise hors jeu de l'adversaire, tandis qu'une oblique permet une couverture plus sécurisante sur la largeur.

En revanche, tous s'accordent sur un point : l'égalité numérique défensive n'est pas un problème, puisqu'une défense en zone intégrale efficace empêche l'adversaire de trouver ses attaquants, en fermant ou en coupant les lignes de passes. « On peut être en égalité numérique, ça ne pose pas réellement un problème, affirme ainsi Guy Lacombe. Je dirais même que c'est une force, parce que quand vous récupérez le ballon, c'est l'adversaire qui est en danger. La zone intégrale nous permet de gagner des joueurs. »

La zone mixte est en quelque sorte une adaptation moderne du marquage individuel, dont elle reprend la notion de duel et de surveillance des adversaires. Ce ne sont ici pas les lignes de passes qui influencent les déplacements, mais bien, dans une certaine mesure, le positionnement des joueurs adverses eux-mêmes. « Dans une zone mixte, le défenseur est un peu plus vers l'adversaire, note Guy Lacombe. Au moment où l'attaquant va recevoir le ballon, il sera déjà plus prêt. »

En fonction de la situation de jeu, certains joueurs se retrouvent ainsi, à un moment donné, en marquage individuel ou en couverture de zone. C'est le cas en charnière centrale, où l'on parle alors de « couverture alternée » : en fonction du déplacement de l'avant-centre adverse, le défenseur axial droit ou gauche le prend au marquage, tandis que l'autre se décale légèrement pour évoluer en couverture. « Le Paris Saint-Germain le fait très bien, observe Guy Lacombe. C'est une couverture alternée qu'ils font, avec Thiago Silva et David Luiz. Et on voit que petit à petit, quand ils se rapprochent de leurs 16 mètres, on retrouve cette notion d'alignement. » Autre cas de zone mixte : lorsqu'un joueur adverse est particulièrement ciblé par un marquage individuel strict. Cela entraîne des mécanismes de compensation collective contraignants, puisqu'un élément n'est plus régi par le fonctionnement en bloc.

Quelles que soient les convictions personnelles d'un entraîneur, la zone mixte représente souvent un bon compromis, quand on arrive dans un nouveau club ou que l'on dispose de peu de temps pour appliquer des idées complexes, par exemple. « J'ai fait sept clubs. Quand vous arrivez dans une équipe, parfois, il faut faire attention, souligne Lacombe. Si vous tombez sur des joueurs qui ont envie d'apprendre, ça adhère, c'est super. Parfois, non, il faut le temps, donc il faut amener, on reste sur une zone mixte, on travaille un petit peu. Mais petit à petit, en revanche, l'année suivante, on y arrive. » Parce qu'elle nécessite une réflexion permanente, des repères précis et des automatismes collectifs, la défense en zone est moins facile à mettre en place qu'un marquage individuel basique.

→ Enseigner la zone
Guy Roux lui-même a dû se mettre à jour. « Pour ne pas mourir idiot », il est passé de l'individuel à la zone pour ses quatre dernières saisons à l'AJ Auxerre. « Je n'avais pas les outils pédagogiques, se souvient-il. Mais je m'étais arrêté une année parce que j'étais épuisé.

J'étais à la Coupe des confédérations au Japon, et le soir on suivait les play-offs américains de basket. Je regardais tous les soirs, et ils faisaient tantôt de l'individuel, tantôt de la zone. Je me disais que ça serait drôlement bien si on pouvait éduquer une équipe de football pour qu'elle fasse les deux dans un même match. » Une idée rendue impossible en raison de la grandeur du terrain, du nombre supérieur de joueurs et de l'absence de maîtrise du ballon, contrairement au basket. « Donc j'en ai déduit qu'on ne pouvait faire que l'un ou l'autre. Je venais de faire trente-huit ans de marquage individuel, il me restait quatre-cinq ans : je vais faire de la zone. »

Guy Roux sollicite alors l'aide de nombreux techniciens, dont Roger Lemerre, Gérard Houllier et Aimé Jacquet, qui a répondu à certaines de ses inquiétudes. « Il m'avait dit : "Quand l'adversaire a le ballon sur un côté, tu fais un pressing sur le joueur qui a le ballon, et tout le monde en couverture derrière pour couvrir le terrain, jusqu'au dernier joueur." Et donc il restait 20 mètres de l'autre côté. Je lui signale : "Et si le joueur fait une transversale, il n'y a personne !" Et il me répond : "Mais il ne fait jamais de transversale si tu presses bien !" » On pourrait même ajouter qu'en cas de transversale, le ballon prend un certain temps pour voyager jusqu'à la ligne opposée, permettant à un bloc-équipe réactif de se retourner et coulisser. L'entraîneur bourguignon apprend aussi avec une cassette d'exercices d'Arrigo Sacchi. « Et puis j'ai commenté quelques matchs de Coupe d'Europe, je commentais la Ligue des champions pour TF1, et il y avait Leeds avec David O'Leary, un entraîneur irlandais, qui faisait une zone magnifique. Olivier Dacourt y jouait, je l'ai rencontré au jubilé de Roger Boli, j'ai mangé avec lui, et il m'a expliqué tout ce qu'il faisait à l'entraînement. Avec tout ça, j'ai fait ma méthode d'entraînement. » Fini son habituel 4-3-3, place au 4-4-2, en zone, donc. Lors du stage d'avant-saison, en Suisse, Guy Roux avait également pu observer le Stade Rennais de Christian Gourcuff, qui disputait un match amical dans le coin. « C'était une merveille la façon dont ils jouaient ça », souffle-t-il.

Certains mots symboliques sont restés, comme « Serrez ! ». De quoi en déduire que l'AJA évoluait dans une zone mixte. Mais de nouveaux termes sont apparus dans le langage de Guy Roux. « Les mots, c'étaient "pressing" quand on va sur le porteur, et puis *"floating"* quand on est entre le joueur à marquer et le but. » Le changement de paradigme s'est fait avec réussite, puisque, sur cette période de quatre ans, Auxerre remporte notamment deux Coupes de France, termine troisième, sixième, quatrième puis huitième de Ligue 1 et se signale par quelques coups d'éclat en Coupe d'Europe, dont une victoire à Highbury contre Arsenal en Ligue des champions.

Pas de quoi convertir totalement Guy Roux aux vertus intrinsèques du marquage de zone, notamment en raison de ce qu'elle implique dans le comportement des joueurs. « Dans la zone, ils peuvent se planquer, affirme-t-il. Sous prétexte de couper les trajectoires, d'être bien placé, ils économisaient les efforts. » D'où l'importance de conserver une notion d'attaque du ballon, au moins dans la zone décisive. Parce qu'on a beau vouloir éviter les duels au maximum, ils sont souvent inévitables : l'adversaire les provoque. Autre grief : « Quand il y a une zone, c'est flou, vous ne savez pas de qui c'est la faute. » Mais parce que l'humain est forcément faillible, qu'une erreur peut être compréhensible, la zone permet d'en limiter potentiellement l'impact, on l'a vu, grâce à une couverture collective.

La responsabilité est dès lors diffuse et permet d'éviter de pointer du doigt un fautif. Pour certains entraîneurs, cela sera aussi bénéfique dans la gestion de groupe. Tout le monde est impliqué dans le processus défensif, personne ne peut faire d'impasse, d'où l'importance que tout le monde s'approprie les principes définis et les applique. « Yaz' [Zinedine Zidane], par exemple, avait appris avec moi, puisqu'en 1989, il était en formation à Cannes, c'est moi qui l'ai mis à côté du numéro 6, confie Guy Lacombe. Il était à la fois récupérateur et meneur de jeu de l'équipe. Pour Yaz', quand je suis arrivé, il y avait deux phases : celle où on avait le ballon, et celle où on ne l'avait pas. La phase où on avait le ballon, il était là, il n'y avait pas de souci. Mais sans le ballon, il n'était pas là. C'est là où la zone est importante. Tout le monde est important, de l'attaquant aux défenseurs. » En plus d'être tactiquement efficace, la défense de zone peut donc être bénéfique dans la construction d'un joueur, de son intelligence et dans son inclusion dans le collectif.

« On forme un tout, et le tout est plus que la somme de ses parties. Quand vous êtes ensemble avec la même idée, vous êtes vachement plus fort. Mais pour faire comprendre ça aux joueurs, c'est compliqué. La zone demande beaucoup de travail. »

Du travail, et de l'intelligence, on l'a déjà mentionné. « Ceux qui se placent où il le faut, on ne voit même pas que ce sont de grands joueurs, parce que, comme par hasard, l'adversaire ne fait pas certaines passes, ou cela favorise des interceptions pour d'autres, relève Raynald Denoueix. Avec un autre joueur qui ne prend pas la même décision, on peut avoir des soucis. » Un exemple : un joueur qui tacle efficacement va être applaudi pour son geste spectaculaire. Pourtant, il est révélateur d'une erreur initiale. « Un tacle glissé est presque un aveu que vous n'étiez pas bien placé, estime ainsi le défenseur central Aymeric Laporte pour *FourFourTwo*. C'est un moyen, mais aussi votre dernier recours. Si vous pouvez couper une attaque de manière propre, alors l'attaque peut partir beaucoup plus rapidement. » « C'est quand même une organisation qui favorise l'intelligence, appuie Guy Lacombe. J'adore les joueurs qui étaient bons en duel, car quand vous leur faites réfléchir sur une zone… J'ai eu un cas extraordinaire à Sochaux : Souleymane Diawara. Il était tellement puissant qu'il laissait presque l'adversaire partir pour le rattraper. Je me suis évertué à l'aider à réfléchir. À lui dire : "Si tu rentres dans les principes, il n'y aura plus un mec qui pourra te passer. Tu n'auras pas besoin de rattraper." Parce qu'en championnat, il ne va pas avoir de problème, mais au niveau supérieur, il va tomber sur un mec qui sera aussi rapide que lui. Et moi, mon objectif, c'est qu'il puisse répondre à ça. D'où la recherche de joueurs intelligents. »

Mais cette intelligence de l'ombre peut aussi s'acquérir, à force de répétitions. C'est du moins ce que croient les entraîneurs italiens, très friands de longues séances tactiques à vide, uniquement basées sur le placement et la coordination des déplacements collectifs. Christian Damiano, ancien entraîneur adjoint à Parme, à la Juventus Turin, à la Roma et à l'Inter Milan, l'expliquait à *France Football* en 2012 : « Durant toute la semaine qui précède le match, l'entraîneur est obnubilé par la mise en place de son équipe et par la synchronisation de tous les mouvements, tous les déplacements, pour pouvoir faire face à toutes les situations possibles. Vous n'avez pas idée à quel point tout ce travail est exigeant et minutieux dans la répétition. Il arrive qu'on fasse des séances tactiques de quarante minutes, parfois même sans le ballon. C'est impressionnant, notamment dans les situations de jeu défensives. »

Si la coordination est si importante, c'est parce qu'en cas d'erreur, « la défense de zone peut vite vous mettre en difficulté », estime Gilles Salou. Guy Lacombe a un autre exemple en tête de joueur avec qui il a dû particulièrement travailler sur cette coordination et ce placement au sein du bloc : Florent Malouda, qu'il a fait grandir à Guingamp. « Il jouait milieu gauche dans mon 4-4-2. Je lui disais toujours : "Hauteur ballon." J'ai appris ça quand j'étais milieu excentré. Il faut un gros volume de jeu. On l'a travaillé avec des piquets à la fin de l'entraînement. À un moment donné, il a pigé. Quand le ballon était à l'opposé, il devait toujours se placer "hauteur ballon". »

Autre aspect qui complique encore un peu plus la tâche des joueurs : la nécessaire communication. « Avec la zone, il faut davantage communiquer, confie Cris dans *France Football*. Aujourd'hui, un défenseur central qui ne parle pas, il est mort. » Les défenseurs, comme les gardiens, ont le jeu et l'ensemble de leur équipe devant eux. Ils sont donc les mieux placés pour repérer les failles, les retards et les espaces qui s'ouvrent. Ce sont eux qui « guident par la parole les déplacements des milieux », *dixit* Gilles Salou.

La défense de zone a favorisé l'émergence de différents styles de joueurs défensifs. Parce qu'ils n'ont plus à disputer seulement une suite de duels, les joueurs se sont diversifiés. Charge à l'entraîneur de trouver les associations optimales en fonction de l'approche choisie dans la zone. « J'aime bien que mes défenseurs soient athlétiques, forts dans les duels, mais aussi techniques, glisse Stéphane Moulin, l'entraîneur d'Angers. Parce que souvent, quand ils sont techniques, ils sentent le jeu, donc ils vont anticiper. Autre exemple : j'ai un défenseur axial côté gauche qui n'est pas très rapide, mais le latéral à ses côtés, c'est une fusée. Il y a des couvertures mutuelles. Il y a toujours moyen de donner des réponses. » « Dans la zone, la complémentarité des deux défenseurs c'est fondamental, ajoute Guy Lacombe. Un joueur comme Nicolas Nkoulou, que j'ai eu à Monaco, il lui faut quelqu'un de fort dans l'impact physique à côté de lui. Et lui, il gérera, il est intelligent et c'est un bon joueur. » Là encore, les joueurs restent prépondérants dans la réussite d'une approche, selon l'entraîneur national : « On revient toujours aux joueurs, même défensivement. Même si je pense que défensivement, on peut beaucoup travailler, et qu'avec le travail des joueurs se révèlent. Pour moi, en défense, c'est 70 % de travail et 30 de talent, ou 60-40, et c'est l'inverse en attaque. »

→ Le 4-4-2, système préférentiel en zone
Pourtant, de nombreux entraîneurs favorisent tout de même, quels que soient les joueurs, un système en particulier pour leur défense en zone : le 4-4-2. Il est même devenu le schéma défensif de base aujourd'hui. « Le 4-4-2, c'est le mieux pour couvrir l'espace, justifie Raynald Denoueix. C'est mathématique : on a six joueurs dans l'axe, deux de chaque côté, donc les côtés sont bien occupés. Et sur le terrain, ça va se transformer. On part en 4-4-2, mais si on arrête le match, on va s'apercevoir qu'on n'est plus tout à fait comme ça. C'est la tête des joueurs qui va décider si on va prendre, mettre hors jeu, laisser partir, suivre, chercher... » « Avec les deux attaquants du 4-4-2, vous pouvez presser facilement sur les deux défenseurs centraux adverses, ajoute Carlo Ancelotti dans une

interview au journal *L'Équipe*. Quand votre équipe est en 4-3-3, c'est plus compliqué pour votre avant-centre de bloquer la relance. Bien sûr, l'un des deux autres attaquants excentrés peut aller presser le deuxième défenseur central, ou bien l'un des deux milieux relayeurs peut y aller aussi, mais cela déséquilibre votre équipe. Avec le 4-4-2, en phase défensive, vous conservez cet équilibre. » « C'est à la fois rationnel dans la profondeur et en zone », résume Élie Baup.

Quitte, d'ailleurs, à changer de schéma en phase offensive, comme le Real Madrid de Carlo Ancelotti, justement, qui alternait entre 4-4-2 sans le ballon et 4-3-3 avec, pour décharger Cristiano Ronaldo du repli défensif. Les Girondins de Bordeaux d'Élie Baup, champions de France 1999, avaient un mécanisme similaire : « Quand on perdait le ballon, les deux meneurs se replaçaient sur les côtés, et les deux attaquants, j'en mettais un sous l'autre. Il fallait qu'il travaille sur le 6. Ou, parfois, les deux étaient à plat et on allait sur les deux défenseurs centraux adverses, cela incitait les autres milieux de chez nous à suivre. Après, comme je voulais qu'il y ait d'autres solutions pour attaquer, le 4-4-2, c'était uniquement sur l'aspect défensif. »

Guy Roux n'est, lui, pas vraiment convaincu. « Le 4-4-2, il faut vraiment avoir les joueurs pour, deux avants-centres complémentaires, et avec des milieux de terrain excentrés qui coulissent, qui attaquent et défendent. D'ailleurs, les grandes équipes jouent en 4-3-3. Dans le 4-4-2, il y a un *no man's land* au milieu entre les deux milieux de terrain et les deux avants-centres.

Il y a un carré vide. Si vous êtes l'équipe adverse et que vous occupez ce carré, vous avez gagné, parce que vous avez la maîtrise du milieu de terrain. » Cette critique est valable seulement à vide, sur le papier. Pour y remédier, le bloc en 4-4-2 peut évoluer plus bas, les deux avants-centres encadrant l'organisateur reculé adverse, ou l'un d'eux décrochant. Car, comme l'a précisé Raynald Denoueix, les lignes ne restent jamais à plat et s'adaptent aux situations. Le premier rideau, généralement, est chargé de gêner la première passe vers l'avant adverse à hauteur du rond central ; les deux lignes de quatre derrière sont compactes pour densifier l'axe, afin de s'y assurer une supériorité numérique systématique, comme le permettent également des déplacements efficaces sur la largeur. Les sacrifices en termes d'efforts pour maintenir ces supériorités numériques sont importants, car elles ne sont pas évidentes sur le papier. Avec l'usure physique, le bloc peut perdre en efficacité. Mais n'en déplaise à Guy Roux, le 4-4-2 apparaît bien comme le schéma défensif de référence, à une époque où les équipes n'ont jamais été aussi bien organisées.

→ Où orienter l'adversaire ?
Une fois que l'approche en zone a été peaufinée et le système choisi, de multiples mécanismes sont possibles pour forcer l'adversaire à jouer dans certaines zones. Là encore, pas de vérité générale, tout est question de préférences personnelles et d'adaptations aux adversaires, aux joueurs et aux situations de jeu.

« Quand on défend, on oriente les équipes pour qu'elles jouent là où on veut, confirme Stéphane Moulin. Si on arrive à le faire contre des équipes qui nous sont supérieures, c'est bien, parce que ça peut nous permettre de mieux gérer. Mais parfois, on pare au plus pressé, et là, le sens tactique du joueur intervient, on n'est plus forcément dans le travail collectif. L'adversaire a dépassé ça, donc il faut donner une réponse rapide qu'on n'avait pas forcément envisagée. » L'intelligence du joueur, encore et toujours. « Le plus classique c'est d'orienter vers les côtés, éclaircit Élie Baup. D'autres ferment l'extérieur pour faire rentrer à l'intérieur. »

Commençons donc par l'approche la plus classique. La ligne de touche aide la défense, puisqu'elle représente même un défenseur supplémentaire. En orientant le jeu d'un adversaire vers les côtés, on peut aisément l'y enfermer en coulissant en nombre, fermant les possibilités de jeu à l'intérieur. C'est ainsi sur les côtés que l'Atlético Madrid de Diego Simeone (dont le 4-4-2 se mue parfois en 4-2-3-1 avec un attaquant en retrait, mais c'est une simple question de nuance) oriente les équipes adverses quand ils défendent et pressent, pour les y enfermer ou les inviter à centrer. Cette dernière situation sublime les qualités de défenseurs centraux comme João Miranda (parti à l'Inter Milan à l'été 2015), Diego Godín et José María Giménez, spécialistes des batailles en altitude, maîtres du nettoyage de surface. En fermant l'axe, Simeone épargne à des joueurs moins mobiles, comme Tiago Mendes et Gabi, des duels d'agilité face aux prestidigitateurs adverses. « Le travail de Simeone est fantastique, il n'y a pas d'équipe mieux organisée en Europe que l'Atlético, s'enthousiasmait Arrigo Sacchi en février 2014, quelques mois avant que l'Atlético ne soit sacré champion d'Espagne et atteigne la finale de la Ligue des champions. La fluidité en attaque n'est pas toujours optimale, mais, quand ils pressent leur adversaire, leur style est de jouer très resserré. Ils ont une très bonne disposition défensive. » Régulièrement défait par les Matelassiers quand Tata Martino le dirigeait, le FC Barcelone a enrayé la mécanique défensive madrilène lorsqu'il a remis Lionel Messi sur le côté droit, sous l'égide de Luis Enrique, arrivé à l'été 2014. Autrefois zones de confort pour l'Atlético face aux Catalans, les ailes sont devenues des zones de danger, où un renversement de jeu éclair et un dribble réussi par l'Argentin ou par Neymar peuvent effacer tout le travail d'un bloc.

On trouve en France le contrepoids original à cette approche. À Angers, Stéphane Moulin invite généralement ses adversaires à jouer à l'intérieur. « Quand j'ai présenté ça au BEPF (Brevet d'entraîneur professionnel de football), on m'a pris pour un fou, commence-t-il en s'emparant d'une feuille et d'un stylo. On oriente l'adversaire pour jouer à l'intérieur, parce que c'est là qu'on l'attend. » Objectif : maintenir la structure de la ligne défensive en toute circonstance et éviter la création d'espaces pour l'adversaire dès la première passe. « Quand le latéral adverse a le ballon, souvent, son ailier décroche un peu vers l'extérieur, détaille Moulin. Et moi, je demande à mon attaquant de ne pas lui ouvrir la passe, parce que si le latéral peut le trouver facilement, notre défenseur doit sortir et libère sa zone. Ou, s'il ne sort pas, l'action adverse est partie. Je ne veux pas de ça. Ce que j'attends, c'est que mon attaquant se mette entre deux, en étant agressif. C'est-à-dire pas trop sur l'extérieur non plus, pour ne pas se faire éliminer à l'intérieur. L'idée, c'est de ne pas faire sortir notre arrière latéral. Parce que s'il sort, sa zone est libérée et l'avant-centre adverse peut plonger dans son dos et tout le système est mis par terre. Alors que si l'adversaire est amené vers l'intérieur, son ailier ne joue plus. Il joue à dix. Ce sont des principes que l'on travaille. »

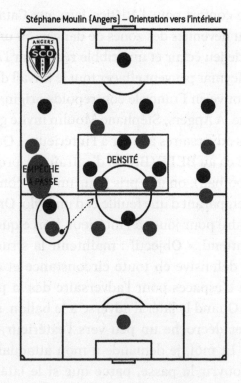

Stéphane Moulin (Angers) – Orientation vers l'intérieur

Moulin s'est ainsi battu contre les conventions, les codes classiques. « Quand j'ai expliqué ça, on m'a dit que c'était quand même moins dangereux à l'extérieur qu'à l'intérieur. Mais moi, je veux que l'adversaire vienne là. Parce que le latéral adverse est contraint de jouer sur son mauvais pied, il ne me mettra pas une belle diagonale. Il y en a quelques-uns qui en sont capables, mais pas beaucoup. Il va venir trouver une solution à l'intérieur, où j'ai du monde, sur son mauvais pied. » Les limites techniques sont immortelles et le pressing, refus de céder de la tranquillité à l'adversaire, ne fait que les souligner. « Quelle est la différence entre un bon et un mauvais joueur ? s'interroge Johan Cruyff, de façon directe, comme à son habitude. C'est la vitesse de contrôle, donc si vous les forcez à accélérer, vous pouvez provoquer des erreurs. » Avec notamment le Sénégalais Cheikh N'Doye, le SCO 2014-2015 dispose, au cœur du jeu, d'éléments forts à la récupération, capables de répondre présents face aux sollicitations que cette approche entraînera. Les trois milieux du 4-3-3 sont un gage de sûreté, mais on peut aussi imaginer un 4-4-2 dans lequel un attaquant décrocherait pour refermer l'étau dans l'axe une fois la passe adverse effectuée. Là encore, les possibilités sont multiples.

À Cannes, Guy Lacombe avait déjà opté pour une orientation de l'adversaire vers l'intérieur. « Parce qu'on avait deux milieux très forts à la récupération, justifie-t-il. Mais ça dépend des joueurs. À un moment, je l'ai abandonnée parce que ça posait des problèmes. Si vous avez des joueurs dans l'axe qui sont plutôt créateurs, ce qui m'est arrivé, on ne le faisait pas. L'excentré, dans le pressing, était hyper important. On le travaillait avec Daniel Jeandupeux, il fallait prendre le latéral sur le côté. Je jouais excentré, donc je le savais : il nous demandait d'empêcher la passe sur le côté. On avait du beau monde au milieu, et pour les adversaires c'était novateur, ils donnaient à l'intérieur, on en piquait, des ballons ! » Et c'est bien là le but final, peu importe la méthode et ses inclinaisons : récupérer des ballons pour pouvoir repartir en phase offensive.

Garer le bus

« Tottenham aurait tout aussi bien pu garer le bus de son équipe devant son but. Parfois, quand tu es un grand club, un très petit club vient jouer dans ton stade. Tottenham a obtenu un point qu'il n'aurait pas dû obtenir. On voulait jouer, ils ne le voulaient pas. On voulait marquer, ils ne le voulaient pas. Ils ne faisaient que dégager le ballon. » Nous sommes le 19 septembre 2004. José Mourinho est furieux. Son équipe vient de concéder un match nul et vierge à Stamford Bridge, face à des Spurs qui ont passé le match à défendre très bas devant leur but. Ironie de l'histoire, le Portugais est donc l'inventeur de cette expression aujourd'hui très répandue et utilisée à moult reprises par le passé pour dénoncer sa propre approche : « garer le bus ». Mais

NE PAS AVOIR LE BALLON

en ce dimanche de septembre 2004, José Mourinho est donc dans le rôle de l'accusateur. L'accusé est français : Jacques Santini, qui dirigeait son sixième match avec Tottenham (et n'en vivra que sept autres avant de démissionner le 6 novembre). « Si Mourinho gagnait 1-0 à Highbury [l'ancien stade d'Arsenal], il est possible qu'il fasse la même chose, lui rétorqua l'ancien sélectionneur des Bleus. Je comprends qu'il ne soit pas content parce qu'ils ont raté une occasion de revenir à hauteur d'Arsenal en tête. Mais quand on joue contre une grande et bonne équipe, il faut défendre. »

Ce n'est pourtant pas le fait de défendre en tant que tel qui est dénoncé à travers l'expression « garer le bus ». Après tout, défendre fait partie du jeu. C'est une certaine manière de le faire qui est en cause. Celle de le faire outrageusement, en renonçant à pratiquement toute velléité offensive. Défendre très bas à neuf, à dix, et attaquer en contre à un ou deux. Gagner du temps, dégager le ballon le plus loin possible. Détruire, toujours, et renoncer à construire. On remarque également le paradoxe suivant : garer le bus est critiqué lorsque cela a marché. Au lieu de vanter les mérites d'une équipe qui a tenu bon, qui a si bien défendu que l'on croirait que le bus a été garé devant la cage pour empêcher le ballon d'y entrer (les dimensions de l'un et de l'autre étant vaguement analogues), on accuse l'adversaire d'avoir fait ce choix. Accuse-t-on parce qu'on est vexé ou parce que ce choix est effectivement immoral ?

L'exemple le plus emblématique de cette stratégie reste l'Inter Milan de José Mourinho, lors de la demi-finale retour de Ligue des champions contre le FC Barcelone, en 2010, comme précédemment évoqué. Avant la finale contre le Bayern, quelques semaines plus tard, le Portugais s'était justifié : « On n'a pas garé le bus, on a garé l'avion et on l'a fait pour deux raisons. Un, parce qu'on était réduit à dix, et deux, parce qu'on les avait battus 3-1 à San Siro, pas en garant le bus, ni le bateau ni l'avion, mais en les écrasant à San Siro. On ne voulait pas le ballon parce que quand Barcelone presse et gagne le ballon, on perd notre position. Je ne veux jamais que l'on perde notre position sur le terrain, donc je ne voulais pas que l'on ait le ballon, on le rendait directement. J'ai dit à mes joueurs que l'on pouvait laisser le ballon nous aider à gagner et que nous devions être compacts, fermer les espaces. »

On fait difficilement plus pragmatique et cynique que José Mourinho. Ce qu'il dénonce fermement un jour, il pourrait le défendre avec autant d'assurance le lendemain. En septembre 2014, il s'est de nouveau retrouvé dans la peau de l'accusé, après un match nul décroché sur la pelouse de Manchester City (1-1). « Cela ressemblait beaucoup à la manière de jouer de Stoke, à une grosse équipe jouant contre une petite équipe avec de très bons joueurs, mais essayant de défendre pour garder le score à 0-0, dénonça Manuel Pellegrini, l'entraîneur mancunien, à l'issue du match. Ils avaient neuf joueurs devant leur surface. Ils n'avaient pas l'intention de jouer. Ils sont juste venus pour faire match nul et ils ont marqué en contre face à nos dix joueurs [après l'expulsion de Pablo Zabaleta en seconde période]. Nous, on comprend ce qu'est le football. On essaie pour le jeu, pour les gens. » Un point partout, mais seuls les joueurs de City ont été vertueux en songeant aux supporters, tandis que leurs adversaires ont été bien égoïstes.

Jouer sans ballon, et sans penser au plaisir des supporters, cela ne pose aucun problème à José Mourinho. Dans son livre intitulé *Prepárense para perder, La Era Mourinho 2010-2013*, Diego Torres, journaliste à *El País*, quotidien espagnol, révèle les principes du style de jeu prôné par le coach portugais lors de son passage au Real Madrid. Sept règles qui expliquent les tendances protectionnistes du « Mou » sur le rectangle vert, sept règles qui racontent son acceptation du partage des points :

- le match est remporté par l'équipe qui commet le moins d'erreurs ;
- le football favorise celui qui provoque l'erreur chez l'adversaire ;
- à l'extérieur, au lieu d'essayer d'être meilleur que l'adversaire, il vaut mieux encourager leurs erreurs ;
- celui qui possède la balle a plus de chances de commettre une erreur ;
- celui qui renonce à la possession réduit donc ses chances de commettre une erreur ;
- celui qui a le ballon a peur ;
- celui qui ne l'a pas est de ce fait plus fort.

Préserver au moins le match nul, c'est généralement

le souhait des petits en déplacement chez les gros. Mais personne ne va s'imaginer qu'il suffit d'être immoral et indifférent au plaisir des spectateurs pour aller chercher un 0-0. Si l'on pouvait garer le bus en appliquant un schéma tactique imprenable, cela se saurait, et les moins bons feraient systématiquement nul chez les meilleurs. Dans les faits, peu nombreux sont les petits qui ne perdent pas chez les grands. Et ce n'est pas parce qu'ils manquent d'immoralité. On peut même schématiser quelques paramètres qui empêchent de rendre sa cage imprenable. Les bus les mieux garés doivent être capables de couvrir 50 mètres de large, pour enfermer l'adversaire sur les côtés, en étant ni trop près des cages pour ne pas laisser l'adversaire s'approcher dangereusement avec le ballon, ni trop loin pour parer les appels des attaquants dans le dos des défenseurs. En resserrant les lignes, on se fragilise dans l'un ou l'autre des cas ; en voulant être à la fois assez haut et assez bas, on laisse de l'espace entre les lignes…

Dix joueurs de champ ne peuvent contribuer à la densité suffisante pour empêcher à coup sûr un dribbleur de passer, ou pour interdire un joueur démarqué de recevoir le ballon. Ils ne peuvent y arriver qu'à la condition de conserver une concentration maximale ininterrompue, de résister aux assauts de l'adversaire supérieur techniquement sans accumuler les fautes (coups francs bien placés, cartons et expulsions), d'avoir de la chance, aussi (des dégagements en catastrophe qui tombent bien, des frappes déviées sur le poteau, des adversaires qui ont la tête à la Ligue des champions, etc.). Sans compter qu'il faut accepter, quatre-vingt-dix minutes durant, de renoncer à exploiter le ballon. « Les équipes qui jouent le 0-0 et qui y arrivent, je leur tire mon chapeau parce que ce n'est pas facile », souffle Raynald Denoueix dans une admiration feinte.

Nouvelle preuve de l'évolution de la posture de Mourinho depuis ses critiques de 2004 : en juin 2015, à l'occasion du lancement de la nouvelle chaîne de football européen de BT Sport, à Londres, il a joué sur les mots avec plaisir : « D'abord, j'ai beaucoup de respect pour les chauffeurs de bus. Il faut être très, très bon pour être un bon chauffeur de bus. Et il faut de l'aide, pour garer le bus. Sans cette aide, vous avez un accident. Donc donnons un peu de mérite aux chauffeurs de bus ou aux entraîneurs qui savent garer le bus. Le chauffeur de bus a besoin de beaucoup d'expérience et d'entraînement pour garer le bus. Cette saison, Chelsea [champion d'Angleterre 2015] était prêt à tout. On était prêts à garer le bus et également à jouer du grand football. Mais en août, lors de Chelsea-Everton [6-3], on avait garé le bus vraiment très, très mal ce jour-là, puisqu'on a concédé trois buts ridicules. »

Comme un moyen de démythifier l'expression, de la dénuer de son sens originel, aussi, en l'associant à un score fleuve. Mais derrière la dérision perce un argument tactique fort : pour Mourinho, défendre est tout aussi difficile et tout aussi méritant qu'attaquer.

« En football, cela prend du temps et du travail pour le comprendre. Parfois, j'ai le sentiment que mes gars travaillent dur, et même si tous les footballeurs voudraient aller sur le terrain pour s'amuser, parfois ce n'est pas toujours comme ça. » Et il serait impossible d'y échapper. « Le football est un sport de moments. Il est très difficile d'avoir un match unique de la première à la dernière minute. Parfois, vous dominez ; parfois, vous êtes dominés. Parfois, les adversaires mènent et vous devez jouer différents matchs dans le match. Ce n'est pas facile. » Les commentateurs sont-ils parfaitement justes lorsqu'ils estiment que celui qui a dominé aurait « mérité » de l'emporter ? Celui qui a su défendre n'a-t-il pas « mérité » d'obtenir un point ?

Slaven Bilić, l'entraîneur croate, est du même avis. Avant de se déplacer à Anfield pour affronter Liverpool, fin août 2015, l'entraîneur de West Ham avait prévenu : « C'est un jeu très exigeant que l'on demande aux joueurs. Si vous voulez appeler ça "garer le bus", appelez ça "garer le bus". Mais pour moi, c'est défendre face au ballon. Ou garer le bus, un bus à deux ou trois étages. Mais c'est ce que l'on demande à nos joueurs quand l'adversaire a le ballon. C'est un jeu très exigeant contre de grands joueurs, mais on essaie de faire ça à chaque match. » Score final : une victoire surprise 3-0 pour les Hammers. « On a garé le bus, mais on n'a pas mis le frein à main, s'est satisfait Bilić après le match. On a simplement très bien défendu quand on n'avait pas le ballon. »

Le FC Barcelone, capable d'imposer sa domination

à toutes les équipes du monde depuis plusieurs années, n'est qu'une exception qui confirme la règle, un cas à part magnifié par l'alignement positif de tous les signaux conjoncturels et structurels. Hormis le Barça – désormais rejoint par le Bayern –, toutes les équipes, même les plus grandes, sont amenées à devoir défendre, à subir. Ce n'est pas déshonorant.

Mais il y a toutefois une nuance que José Mourinho élude volontiers. Car défendre parce qu'on y est contraint n'est pas la même chose que refuser le jeu par choix, et fait entrer la question de la morale dans le débat. Est-il acceptable de ne pas chercher à faire le jeu alors qu'on a les armes pour le faire ? Y a-t-il un devoir de jouer ? En somme, tous les moyens sont-ils bons pour gagner – ou au moins pour ne pas perdre ? Dit autrement : le pragmatisme peut-il consister à ne pas faire honneur au football ? « Il y a des choses que je ne suis pas prêt à faire pour gagner, affirme d'emblée Stéphane Moulin. Par exemple se mettre tous derrière pour tout miser sur un contre. Ce n'est pas ma manière de faire, même contre meilleur que nous. Le football est un jeu, dans "jeu" il y a "jouer", donc on doit jouer ! C'est structuré, organisé, mais ce n'est pas quelque chose d'extrêmement rigide. Les joueurs ne sont pas des robots. Le joueur doit jouer. Je ne suis pas prêt à pourrir le match. Je n'ai pas la notion du jeu à travers ces choses-là. » On a parfois l'impression, aussi, que des grands pourraient être davantage bousculés par les petits, si seulement ces derniers y croyaient. Facile à dire devant sa télé ?

Guy Roux n'est pas du même avis. Celui qui a construit l'AJ Auxerre pratiquement à lui tout seul n'a pas hésité, au cours de l'ascension de son club vers le plus haut niveau, à adopter certaines pratiques qui ont tout de l'antijeu. « [En deuxième division,] on allait à l'extérieur pour faire 0-0, raconte-t-il à Daniel Riolo et Christophe Paillet dans *Secrets de coachs*. Tout le monde en défense ! On faisait de l'individuel total. On essayait de faire une ou deux contre-attaques de temps en temps et puis de marquer sur une balle arrêtée. Quand il y avait 0-0 ou 1-0 pour nous à dix minutes de la fin, je faisais signe, et là, la honte commençait... Quand on arrivait au milieu de terrain, au lieu de continuer à attaquer, on mettait une jolie balle à côté du poteau de corner. À l'époque, il n'y avait pas dix ballons, il n'y en avait qu'un. L'adversaire devait aller faire une touche et ça prenait trente secondes. Et on en mettait quatre ou cinq comme ça en attendant la fin du match. J'ai même fait pire ! Quand on menait 1-0, on tirait tous les coups francs le plus haut et le plus loin possible, de manière à ce que le gardien adverse aille chercher la balle. Il n'y avait pas de ramasseurs à l'époque. On gagnait encore du temps. On défendait à 100 %. J'ai fait ça pendant presque une année. Quand on a obtenu les points nécessaires pour le maintien, on a commencé à jouer normalement. »

Tout est, en somme, une question de principes, de perceptions voire d'éducation footballistique. Entre le résultat et la manière, tous les entraîneurs ne placent pas le curseur au même endroit. Mais dans cette notion de « garer le bus », il y a une part de vice et d'intention résolument négative qui la distingue en degré et en nature des autres approches défensives. Comme si une définition essentielle du football – utiliser le ballon pour marquer – était sacrifiée lorsque l'on gare le bus. Si l'on ampute le football de l'une de ses définitions essentielles, s'agit-il encore de football ? Selon la définition donnée par les règles : oui. « Tous les moyens légaux sont bons pour gagner, résume Guy Lacombe. Il y a mille façons de jouer au football. Celui qui gagne, il a raison. » « Pour bien défendre, il faut être nombreux, synthétise Raynald Denoueix. Tant que tu n'as pas eu de rouge, tu en as dix qui peuvent défendre. Défendre, c'est une question de nombre et de volonté. Tu devrais pouvoir demander à des joueurs de se sacrifier, surtout aux prix où ils sont payés, vous allez me dire, mais tu ne peux pas toujours. »

Cette approche restrictive peut également se comprendre pour d'autres motifs. Purement mathématiques, d'abord. Dans *The Numbers Game,* Chris Anderson et David Sally ont démontré qu'un but non encaissé rapporte plus qu'un but marqué. Une équipe qui ne prend pas de but dans une rencontre récolte ainsi 2,1 points en moyenne, alors qu'un seul but inscrit ne rapporte en moyenne qu'un point. Avec la victoire à trois points, en tout cas. Et si cette dernière apparaît comme un progrès du football, c'est parce qu'elle correspond à une approche morale qui voit un mérite supérieur dans l'initiative offensive, valorisant un peu plus une victoire par rapport à un match nul.

Autre explication : une équipe en manque de résultats peut avoir tendance à se replier sur elle-même
et sur des notions de combat, de duel, pour se ras-
surer avec une base défensive solide. « Le jeu est un
moyen de gagner, c'est même le meilleur moyen, mais
qu'appelle-t-on le "jeu" ? s'interroge Guy Lacombe. Il y
a mille façons de jouer ! » « Quand ça va mal dans un
club, le président et l'entraîneur disent : "Peu importe
la manière", nous explique Raynald Denoueix. *"Como
sea"*, comme ils disent en espagnol. » « L'obligation
de gagner conduit plus souvent au calcul, notamment pour l'évaluation des risques », ajoute Ottmar
Hitzfeld.

Une autre justification tient à la logique court-
termiste qui est généralement reconnue dans le
monde du football d'aujourd'hui. Car si bien défendre
implique certes des mécanismes tactiques rigoureux
et une vraie réflexion, tous les techniciens avec lesquels nous nous sommes entretenus et tous ceux
dont nous avons récolté les propos le confirment :
bien défendre est plus facile que bien attaquer. « C'est
beaucoup plus facile d'apprendre comment défendre
que comment attaquer, affirme ainsi Tomislav Ivić,
entraîneur croate qui a exercé dans treize pays différents et passé notamment par le PSG et l'OM en
France, dans le dixième numéro du *Blizzard*. Cela
prend aussi moins de temps. » Quand le temps est
compté et les résultats impératifs, le choix est donc
vite fait. « Quand tu arrives dans un club avec peu
de temps, c'est plus facile d'avoir des lignes courtes,

compactes, d'être bien organisé, de jouer en contre-attaque, estime Élie Baup. Parce que l'adversaire qui doit trouver des solutions, il faut qu'il élargisse, qu'il prenne des risques vers l'avant. Si tu es bon à la récupération, il va forcément y avoir des espaces qui vont se libérer. Et là, tu vas procéder par attaques rapides pour contrer l'adversaire. On ne cherche alors pas un pressing haut, à récupérer le ballon immédiatement à la perte de balle, ce qui est la tendance actuelle. On va plutôt se replacer, attendre, coulisser... » « Être onze derrière le ballon, c'est plus facile que d'y être à trois ou quatre, résume Stéphane Moulin. On ne peut pas attaquer sans se déséquilibrer. On essaie, mais c'est difficile. »

Garer le bus est un aveu de faiblesse face à la puissance d'un adversaire, mais aussi une posture, celle de la recherche de la victoire à tout prix. Si Mourinho le fait parfois, c'est, d'après Louis Van Gaal, parce qu'« il joue seulement pour gagner. Avec cette philosophie, vous êtes parfois amené à ne jouer que très défensivement, à ne penser qu'à détruire le jeu de votre adversaire ». Après tout, gagner est bien le but ultime du football. Le résultat légitime la manière. Nul ne dira qu'il est immoral de chercher à gagner, alors pourquoi condamner celui qui s'est qualifié en faisant 1-1 à l'extérieur et 0-0 à domicile ? Après tout, l'histoire ne retient-elle pas seulement les vainqueurs, quels qu'ils soient, et estompe les vaincus ? Eh bien pas vraiment, justement, et c'est là l'une des beautés et des complexités du football, sport où celui qui perd est parfois plus honoré que celui qui gagne. On se souvient des Pays-Bas de Cruyff en 1974, mais beaucoup moins de l'Allemagne de l'Ouest sacrée ; on analyse en longueur les mécanismes tactiques et les envolées techniques de la Hongrie finaliste en 1954, comme pour oublier que c'est la RFA qui lui avait damé le pion ; en France, on oublierait presque que l'Italie, d'une efficacité froide, a été championne du monde en 1982, après le drame de Séville, entre les sublimes Bleus de Platini et l'Allemagne, en demi-finale. « La victoire reste inscrite dans un almanach, mais la façon dont tu gagnes reste dans la mémoire des gens, affirme Arrigo Sacchi. À mes yeux, une victoire sans mérite ne vaut rien. »

Par « sans mérite », comprendre sans audace, sans oser, sans jouer au sens noble du terme. Là encore, c'est une question de sensibilité. Les supporters de l'Inter Milan, champions d'Europe en 2010, défendront d'autant plus l'approche de leur équipe à Barcelone qu'elle leur a permis d'aller décrocher leur première C1 depuis quarante-cinq ans. « Le football, ce n'est pas un spectacle, martèle Guy Lacombe. C'est un sport qui peut être spectaculaire et doit l'être le plus possible. Mais le sport, c'est gagner par tous les moyens légaux[1]. Pour moi, le spectacle n'est pas suffisant. Le spectateur veut du spectacle, mais quand on gagne 1-0 à la quatre-vingt-neuvième, il va dire que c'est fantastique. Le même match, s'il le perd, il va dire que c'était un match pourri. Ceux qui défendent

---

1. Les moyens illégaux n'entrent pas dans le champ de l'analyse tactique.

pendant quatre-vingt-neuf minutes et se qualifient en gagnant 1-0 comme a pu le faire Mourinho avec l'Inter, chapeau les gars ! Ce sont aussi les valeurs du sport, même si ce ne sont pas forcément les valeurs du spectacle. Et la fierté des supporters est beaucoup plus grande que si l'on perd. »

La beauté extérieure d'une équipe qui gare le bus n'est donc réservée qu'au supporter avide de victoire, ou aux analystes jusqu'au-boutistes qui se délectent de la compacité du bloc défensif, de l'intelligence vicieuse des fautes tactiques, de la puissance du surnombre permanent dans ses 30 mètres, de la rigueur du marquage, de l'engagement dans les duels, de l'organisation sans faille. Un spectacle que l'on ne peut observer que depuis les tribunes d'un stade, où rien de ces mécanismes collectifs ne peut nous échapper, tandis qu'une telle approche vue de la télévision exaspérera par les cassures de rythme incessantes, les exagérations et l'absence de volonté offensive.

Peut-on faire l'hypothèse que ces débats sont propres au foot ? Oui, risquons-la. Quel autre sport permet de gagner en ne marquant qu'une seule fois (voire aucune, lorsqu'on veut aller aux tirs au but) ? Quel autre sport majeur autorise que rien ne soit marqué ? Le sport où l'on peut faire 0-0 est le seul où la question morale de vouloir faire 0-0 se pose. Au rugby, toute pénalité dans sa moitié de terrain donne une occasion de marquer. Au handball et au basket, la nécessité de tenter quelque chose est forcée par le temps de possession compté. Au volley, le nombre de passes est limité et il suffit que le ballon sorte des limites pour qu'un point soit accordé. Ce n'est qu'à onze contre onze sur les terrains de football que l'on peut se donner l'ambition concrète, réaliste et absolue d'empêcher l'adversaire de marquer.

C'est peut-être aussi une question de médiatisation. Les actions que l'on voit et revoit prioritairement, au ralenti et sous tous les angles, sont les réussites offensives. Les gardiens ont eux aussi droit à leurs compilations sur YouTube, car cela entre dans le champ des performances individuelles adorées, mais la tactique, pour défendre, notamment, se prête mal aux mises en scène de l'héroïsme. Il n'est pourtant pas interdit d'envisager l'exploit défensif collectif comme cinématographique : il s'agissait de rugby, et il y avait la contrainte de la fidélité aux faits, mais Clint Eastwood avait en tout cas su donner à l'effort de résistance des défenseurs, et non à un éventuel essai vainqueur, le rôle de la représentation émouvante et symbolique pour le *happy end*, dans son film *Invictus*.

Les débats sont enflammés, et parfois beaucoup trop sérieux. Ce n'est qu'un jeu, après tout. Nicolas Benezet l'a bien compris. Avant un déplacement au Parc des Princes pour affronter le PSG avec Guingamp, il a posté sur Twitter un dessin humoristique représentant un bus garé devant un but, avec cette question : « Nous demain au Parc ? » Le journal finlandais *Urheilu* a opté pour le même ton avant un match Finlande-Espagne en septembre 2013 : « Prenons le bus ! » s'exclamait-il en « une », avec une photo pleine page des compositions des deux équipes, avec une particularité tout de même : les photos des joueurs finlandais étaient disposées aux fenêtres d'un bus positionné dans la surface de réparation, avec le seul avant-centre Teemu Pukki loin devant. Le sélectionneur Mixu Paatelainen était, lui, affublé de la casquette du chauffeur. À défaut de mettre d'accord les romantiques et les pragmatiques, les puristes du jeu et les fondamentalistes du résultat, « garer le bus » est devenu un levier comique de choix.

Montez !

Sur pas mal de sujets, défense comprise, il y a autant de discours que d'entraîneurs. Mais tous les techniciens que nous avons interrogés, de Stéphane Moulin à Guy Lacombe en passant par Élie Baup et Raynald Denoueix, se sont accordés sur un point : un match de football est un tout, et il convient de l'observer et de l'analyser comme tel. On ne peut considérer la défense indépendamment de l'attaque, et vice versa, travers dans lequel tombent de nombreux observateurs – nous les premiers, parfois, mais on ne nous y reprendra plus. « Les deux sont étroitement liées, enseigne Christian Gourcuff dans le magazine *Vestiaires*. D'où la nécessité d'une cohérence dans la conception du jeu collectif. Il y a interdépendance. »

La démarche pédagogique de ce livre nous a contraints à le séquencer par souci de clarté et pour entrer dans le détail des approches de chaque phase du jeu. Mais il faut bien avoir à l'esprit qu'elles sont toutes liées entre elles. Le comportement d'une équipe quand elle défend influe sur sa façon d'attaquer. On défend d'une certaine manière car on a un projet d'attaque compatible. Des anticipations sont à l'œuvre, des ajustements de placement en prévision de la transition vers la phase offensive. De même, lorsqu'une formation attaque, elle met en place des garde-fous défensifs en prévention.

Puisque que, comme le dit Mike Ford dans *The Numbers Game*, « dans un match de base, le ballon change de possession 400 fois », on n'a en principe pas trop le temps de s'installer dans le confort d'attaquer ou de défendre. L'idée, comme le répète Juan Manuel Lillo de manière schématisée, c'est que tout est lié. « Comment l'attaque et la défense peuvent-elles exister l'une sans l'autre ? Les gens ont besoin de communiquer, donc il y a une réduction de concepts, une simplification. Je le comprends. Mais il faut être capable de réduire sans appauvrir. On ne peut pas prendre des choses hors de leur contexte, parce qu'elles ne sont dès lors plus les mêmes choses, même si on prévoit ensuite de les réassembler. On ne peut pas prendre un bras de Rafael Nadal et l'entraîner séparément. Si on le faisait, en le remettant, cela pourrait créer un déséquilibre, un rejet par l'organisme. » De manière beaucoup plus prosaïque, Carlo Ancelotti résume : « Le football, c'est la défense et l'attaque. Ce qu'il y a de plus important, c'est l'équilibre, la capacité de pouvoir bien défendre et bien attaquer. »

Attaquer en imaginant déjà ce qui se passera en cas d'échec ? Oui, aussi bizarre que cela puisse paraître. « Lorsqu'on attaque, ce qui est important, c'est de savoir ce qu'on fait si on perd le ballon », ose Guy Lacombe. Même sans rechercher la possession à outrance, la phase d'attaque ne se construit pas indépendamment de la phase défensive. « Il faut laisser libre cours à l'animation offensive, mais avec toujours un respect pour ne pas se déséquilibrer, souligne Stéphane Moulin, à la tête d'une équipe angevine joueuse. C'est toute la difficulté du football : attaquer, oui, mais comment ? Combien ? On ne peut pas partir, sous prétexte qu'on est en situation offensive, n'importe comment. Une équipe de foot, c'est une chaise. S'il n'y a que trois pieds, ça va se casser la figure. Donc on doit toujours être en équilibre pour éviter de se casser la figure. » Les compensations sont permanentes. Un latéral monte ? Les trois autres défenseurs se décalent pour couvrir l'espace ouvert. Un défenseur axial fait une percée ? Le milieu défensif prend sa place. « Le joueur qui attaque ne doit pas se dire : "Si on est contrés, je ne suis pas là !" précise Stéphane Moulin. Non. Ceux-là doivent justement le faire sans aucune appréhension, parce qu'ils savent qu'il y a une compensation. Ils sont dans l'attaque, parce que les autres ont déjà, eux, anticipé l'éventuelle perte de balle ou le contre. » Des mécanismes logiques qui deviennent naturels au fil de l'approfondissement des automatismes collectifs. Ou quand, en construisant une attaque, on prépare aussi sa défense. « Il y a toujours des sécurités, on sait qui couvre qui, par rapport à la perte de balle éventuelle, indique Élie Baup. Mais, par exemple, Paris contre le Real Madrid [0-0, le 21 octobre 2015, en phase de poules de la Ligue des champions] s'est imposé une forme de retenue parce que les joueurs pensaient trop au moment où ils allaient perdre le ballon. »

Ce soir-là, les joueurs offensifs des couloirs parisiens sont restés bien plus excentrés qu'à l'accoutumée, limitant le potentiel de déstabilisation de leur équipe pour assurer une plus grande sécurité. Comme dans chaque phase de jeu, tout est une question d'équilibre. Une méthode globale pas toujours comprise, mais partagée par beaucoup de techniciens, comme Pep Lijnders, membre du staff de Jürgen Klopp à Liverpool : « Nous réfléchissons à la phase défensive quand nous attaquons et réciproquement. »

Aussi défensives soient-elles, même les équipes conservatrices espèrent marquer. Défendre pour ne pas prendre de but, sans penser à la suite, donc à l'attaque, est en effet totalement improductif. Hormis, bien sûr, quand il ne reste que deux minutes à jouer et que chaque seconde gagnée est une victoire... Coach offensif s'il en est, Zdeněk Zeman s'aventure sur le terrain de la philosophie de jeu : « Mon idole était Stefan Kovács, il avait l'habitude de dire qu'on ne défend qu'en allant de l'avant. Vous n'avez pas besoin de courir après les adversaires puisque vous devez leur faire face. En Italie, les entraîneurs ont peur que perdre un match veuille dire perdre leur poste. C'est pour ça que la plupart des équipes essaient d'empêcher l'adversaire de jouer au lieu de jouer elles-mêmes. Vous devez faire tous les efforts pour gagner et non pour éviter la défaite. » Mais pas besoin d'aller chercher l'extrémiste tchèque pour retrouver l'idée qu'il faut défendre en avançant – à divers degrés, selon les sensibilités.

Pas forcément réputé pour le beau jeu pratiqué par ses équipes, l'entraîneur nantais Michel Der Zakarian est clair : tout commence par la solidité des fondations. « Quand l'entraîneur insiste sur les principes de récupération du ballon, on le catalogue facilement parmi les entraîneurs défensifs. Mais c'est la base. Vous croyez que "Coco" [Suaudeau] n'était pas attaché à cela ? La récupération, c'est la phase de transition entre le moment où on n'a pas le ballon et celui où, l'ayant récupéré, il s'agit de bien l'utiliser. Pour que la transmission se fasse bien, il faut commencer par l'avoir récupéré dans de bonnes conditions, le plus haut possible, le mieux possible. Le grand Milan avait très exactement la culture de cela. » Une idée qui revient à dire, comme le fait Van Gaal : « J'organise une défense... mais pour mieux attaquer. » Et si la défense est solide mais les attaques improductives, pour une raison ou une autre ? Eh bien, on se satisfait de ne pas encaisser, répond Guy Lacombe. « Parfois, les gardiens sont bons et la défense aussi, et heureusement. Je sais qu'il y a une certaine jouissance pour l'entraîneur et l'équipe de ne pas prendre de but parce que c'est quelque chose qui permet d'avoir un socle de bien-être par la suite, qui permet d'attaquer le mieux possible. C'est un peu ce qu'a amené Luis Enrique à Barcelone. » Lequel, pourvu de talents exceptionnels en attaque, doit un peu moins réfléchir aux manières de tromper l'adversaire tant Neymar, Messi et les autres sont capables d'avoir les bonnes inspirations. Sa réussite plus mitigée dans les précédents clubs qu'il a dirigés accrédite la thèse qu'il ne faut pas forcément être un génie offensif pour entraîner les équipes qui aiment aller de l'avant.

Désormais dominante, la défense de zone, au-delà de son intérêt défensif, a de vraies fonctions offensives. Elle demande une intelligence de déplacement transposable sans délai si elle est bien maîtrisée et permet plusieurs types de reconversion, de la contre-attaque au jeu de possession. « On est beaucoup mieux placé, on a plus facilement les bons triangles pour repartir quand on récupère le ballon, lance Guy Roux. On est plus en place, on peut jouer en bloc plus homogène, ce qui favorise éventuellement un jeu collectif de qualité. » « Tu prends en compte une notion d'espace, de temps, de partenaire dans le jeu », ajoute Élie Baup. Raynald Denoueix, d'accord sur le constat, entre dans le détail : « La zone continue en phase offensive. Si tu es en soutien, tu es en couverture. Donc ces distances, tu les maintiens aussi quand tu as le ballon, pas seulement pour défendre. Un des principes que j'avais, c'était de permettre de jouer en une touche.

Pour appliquer ce principe, il faut être assez proche. Les distances, c'est ce qui nous relie. »

Ces principes généraux de la défense de zone se mettent en place à la récupération, qui doit être soignée. Car, comme le dit Hervé Renard, double vainqueur de la Coupe d'Afrique des nations avec la Zambie et la Côte d'Ivoire, « si vous désirez pratiquer un jeu agréable, au sol, mais que vous n'avez pas le répondant pour récupérer le ballon, vous ne pouvez rien espérer ». C'est assez facile à imaginer : si l'on reprend la balle dans de mauvaises conditions, on aura du mal à soigner la première transmission. « Une récupération très haute favorise bien sûr les attaques rapides puisque le déséquilibre existe déjà dans le bloc adverse, écrit Christian Gourcuff dans *Vestiaires*. Mais certaines récupérations basses avec une "aspiration" de l'adversaire facilitent aussi la verticalité sur des distances importantes, à condition d'avoir des attaquants capables de faire des différences sur des courses longues. » « Je sais que quand on défend assez haut, quand on va récupérer le ballon, on va vite aller de l'avant, confie Stéphane Moulin. Si on défend un peu plus bas et qu'on essaie d'aspirer l'adversaire, on va être plus dans une notion de conservation pour souffler, parce qu'il y a aussi la notion de défendre avec le ballon qui est importante. » Carlo Ancelotti, pas idéologue, s'adapte aux hommes dont il dispose. Avec le Real, il avait des joueurs rapides. Alors, sans pour autant pratiquer un « jeu moche », il allait vite. Et cette caractéristique a été reprise par son successeur, Rafa Benítez, comme l'expliquait Laurent Blanc avant un affrontement européen à l'automne 2015 : « Le Real se plaît à défendre bas pour repartir en contre car ça va à 3 000 à l'heure. On a l'impression qu'on va pouvoir marquer contre eux, mais, dix secondes plus tard, ce sont eux qui marquent. »

La clé ? Le déclenchement. Dans son livre *Mes secrets d'entraîneur*, Ancelotti développe : « Quand on récupère le ballon, il est essentiel de ne pas le perdre immédiatement. Celui qui défend ne peut se limiter à intercepter, mais il doit rendre l'action efficace par une première passe correcte. » Giacinto Facchetti en profite pour rétablir la stratégie qu'a beaucoup utilisée l'Italie dans son histoire. « Le *contropiede*, le jeu de contre, ce n'est pas le plus souvent défendre à outrance, mais se replier dans sa moitié de terrain pour contre-attaquer à toute vitesse. » Défendre bas peut donc être pensé de manière à attaquer, en laissant venir l'adversaire pour créer des espaces dans son dos. Une stratégie pas plus risquée qu'une autre quand on sait ce qu'on fait, à l'image de l'escrimeur qui se laisse attaquer pour lancer un enchaînement parade-riposte supersonique. « Coco » Suaudeau l'avoue : il n'était pas toujours mécontent de ne pas avoir le ballon, loin de là. « Il nous arrivait, dans les attaques dites "placées" aujourd'hui, de donner délibérément le ballon à l'adversaire, sans qu'il s'en rende compte, mais sur un joueur ou une zone bien précise du terrain, en faisant en sorte que le contrôle ne soit pas évident à réaliser... Et là, au signal, on se

NE PAS AVOIR LE BALLON

jetait dessus. » Défense, attaque... tout se mélange en quelques secondes. « Les transitions sont les principaux témoins de la cohérence dans la stratégie collective », théorise même Christian Gourcuff.

L'autre versant, c'est bien évidemment la défense haute. En pareil cas, on convoque Barcelone. Leo Beenhakker, par exemple : « On ne défend plus pour protéger le gardien, on défend haut pour essayer de récupérer le ballon aussi vite que possible[1]. C'est ce qui est merveilleux à Barcelone. C'est impossible de jouer ainsi pendant quatre-vingt-dix minutes. Même les chevaux ne peuvent pas tenir ce rythme. Pourtant, le Barça y parvient parce que l'énergie de chaque joueur – des défenseurs aux attaquants – est consacrée à la récupération aussi rapide que possible du ballon. » Christian Gourcuff, également : « Le fait, pour cette équipe, de perdre le ballon très haut (devant son bloc), après une remontée collective du ballon qui maintient ce même bloc compact, permet un pressing à la perte d'autant plus efficace que l'adversaire est déjà usé par une longue et épuisante phase de récupération... Les efforts consentis (pas toujours à bon escient) pour la récupération du ballon engendrent une perte de mobilité dans l'élaboration des attaques, alors qu'une bonne "organisation" permet une économie pouvant se répercuter ensuite dans la richesse des déplacements offensifs. » On en revient au pressing,

---

1. Cela se rapproche de la conception de Jürgen Klopp, qui « préfère toujours défendre pour récupérer le ballon et attaquer que défendre seulement pour neutraliser l'adversaire ».

longuement évoqué précédemment. Plus ou moins intense, il est utile à partir du moment où il est bon.

Johan Micoud, qui a travaillé sous les ordres de Guy Lacombe, détaille : « Par exemple, il nous disait de faire l'effort d'aller gêner l'adversaire, parce qu'en même temps, ça nous permettait de nous retrouver libres du marquage. Si tu restes devant le stoppeur adverse, ton équipe va récupérer le ballon plus bas et tu seras déjà marqué. Mais si tu te décales sur le côté pour l'empêcher de revenir dans l'axe, le conduire sur l'extérieur, finalement tu vas te retrouver entre les deux défenseurs, et si le ballon est récupéré rapidement, tu es libre. Guy Lacombe nous faisait comprendre, avec certains mécanismes, que si tu défendais, tu te retrouvais en meilleure position quand on récupérait le ballon. » Ou quand la disposition défensive met en place les conditions optimales de l'attaque qui suivra.

AVOIR LE BALLON

Ça vient peut-être de l'école et des jardins publics. Qui, à l'école ou dans les jardins publics, est valorisé parce qu'il a un excellent sens du placement, des idées tactiques audacieuses, une capacité à multiplier les appels ? Personne. Dans les cours de récréation, celui qui est bon au foot est celui qui est bon avec le ballon. Point barre. En tant qu'individu et pas en équipe, pour continuer. Il n'y a pas de système pour tenir le ballon en équipe, dans les écoles ou les parcs, de plus en plus rares, où les pelouses sont autorisées. On n'est donc bon au foot que lorsqu'on se démerde tout seul et très bien avec le ballon. Lorsqu'on sait jongler et dribbler. Ou qu'on a une grosse frappe. Et cette façon de penser semble faire son chemin jusque dans le cerveau des réalisateurs de la télévision, qui ne jurent que par cela : le contact entre le corps et le ballon, les passements de jambe accumulés, la conduite de balle, au détriment, bien souvent, des mouvements d'ensemble et de la perception des choix qu'a le porteur du ballon. Même si la créativité technique individuelle est un trésor chéri aussi des entraîneurs. « On fait beaucoup plus appel, évidemment, à la qualité individuelle et à la notion de créativité du joueur dans l'animation offensive, parce que pour déstabiliser un adversaire, ce qui fait la différence, c'est la surprise », nous explique l'entraîneur angevin Stéphane Moulin.

Il est vrai qu'en maîtrisant un ballon, on accomplit une prouesse trop rarement valorisée. Les pédants qui rabaissent le foot au rang de sport grotesque où l'on pousse une baballe avec son pied ne voient même pas qu'ils prennent de haut ce qui, justement, est le génie de ce sport, qu'aucun autre n'a l'audace d'envisager. Notre outil naturel pour manipuler des choses, c'est en effet (comme le mot « manipuler » l'indique) la main, bien pratique pour attraper, tenir, lancer, toucher, tripoter (une balle directement, ou un objet pour taper dedans indirectement) avec son pouce en opposition des autres doigts. Mais le pied ? Contrôler quelque chose avec son pied, le voilà, le génie singulier du foot. Contrôler quelque chose avec son pied, c'est contre nature, c'est un acquis merveilleux et rare de la culture. Parce que le football est le sport le plus populaire, on croit que c'est banal. On devrait plutôt remarquer que le foot est le seul à l'exiger à ce degré de perfection. Parce que c'est commun autour de soi et à la télé, on a vite fait d'oublier la discipline merveilleuse exigée pour ne plus taper dans un ballon simplement du bout du pied, n'importe comment, mais en utilisant toutes ses parties, en sachant que chacune a sa spécificité, et en choisissant la plus adéquate à une situation donnée, en pivotant son bassin avec grâce, pour négocier jusqu'à la courbe de la trajectoire que l'on donnera à la balle, pour qu'elle aille où l'on veut qu'elle aille. Et il est aussi difficile, et particulièrement méritant, de vouloir qu'elle reste collée au pied lorsqu'on court, de vouloir qu'elle atterrisse pile là-bas, à 60 mètres, dans la course du partenaire, que d'espérer qu'elle nettoie cette lucarne, l'endroit de la cage le plus éloigné du gardien et le plus précieux, parce qu'à un centimètre ou à un poteau carré près, il n'y aura pas but.

On la comprend, la valorisation du jeu balle au pied. On la connaît. Qu'on ait jalousé tel pote « vachement technique » ou attendu qu'il veuille bien, ce tricoteur, nous faire une passe un de ces quatre, on l'a observée mille fois et on la saisit parfaitement, cette focalisation sur la technique. « Si tu traites bien le ballon, avec tendresse, il te le rendra », disait l'un de ceux qui le soignaient le mieux, Juan Román Riquelme. On sait que, pour gagner, il faut marquer, et que pour marquer, il faut avoir le ballon dans les pieds. Mais ici, l'enjeu est tactique, et on abordera l'autre génie balle au pied : la maîtrise collective. Les passes et les courses. On s'intéressera moins au dernier geste qu'à tous ceux qui ont précédé, depuis le premier, lorsque l'adversaire a perdu le ballon.

À la récupération du ballon, c'est l'équipe qui doit en faire quelque chose. En commençant par le joueur qui a le premier la balle, bien sûr, mais ce qu'il en fera sera aussi commandé par une philosophie de jeu, dépendant d'un espace disponible, solidaire d'un ensemble de partenaires démarqués, ou produisant les appels nécessaires à la création d'espaces disponibles. Il faudra donc aussi que ce porteur du ballon joue le jeu de son entraîneur : va-t-il, première catégorie d'options, aller vite de l'avant ? Ou préférera-t-il, seconde catégorie, faire tourner et temporiser ? Tout dépend d'où l'entraîneur place le curseur, mais aussi de la faculté du joueur à prendre la bonne décision. « Si on récupère le ballon, soit il y a de l'espace et on peut le prendre ; si un joueur peut y aller tout seul en conduisant le ballon, vas-y, si en une passe on peut y aller, vas-y ! s'exclame Raynald Denoueix. Pour marquer des buts, ce n'est pas le nombre de passes qui précèdent qui va faire que le but vaille plus ou moins. Soit il n'y a pas d'espace, et on va construire, on va ancrer. » C'est cette alternative qui donne le coup d'envoi à cette quatrième partie.

« Sans le ballon, vous ne pouvez pas gagner », disait Johan Cruyff. Comme joueur et comme entraîneur, le Néerlandais a toujours vécu avec cette idée : puisqu'on ne peut pas gagner sans le ballon, il faut l'avoir pour gagner. On n'est pas loin du sophisme tant le mouvement inhérent à ce sport empêche toute confiscation, mais l'histoire récente, notamment les nombreux titres d'une équipe barcelonaise attachée plus que toute autre à sa philosophie, prouve que le jeu de possession permet de gagner des titres. S'il faut, à un moment, avoir le ballon pour marquer et donc pour gagner (évidemment), alors le raisonnement de Cruyff et des Barcelonais est le suivant : plus on a le ballon, plus on a de chances de gagner (ce qui est moins évident, plus audacieux, plus contestable aussi). En radicalisant cette logique : si on confisque le ballon, on a toutes les chances de gagner...

Le jeu en possession est cependant un moyen plutôt qu'une finalité. S'il est communément acquis qu'il est plus difficile de créer que de détruire – « C'est plus facile de s'appuyer sur le jeu de l'adversaire que de s'appuyer sur son propre jeu », nous confiait ainsi Stéphane Moulin –, et donc d'attaquer que de défendre, chaque entraîneur théorise différemment la manière dont on doit agir pour se retrouver en position de marquer. Sans vérité absolue, évidemment. Certains aiment garder le ballon et attendre jusqu'à trouver une solution ; d'autres vont au plus court et prennent le risque d'en être dépossédés pour aller rapidement jusqu'au but adverse. Dans tous les cas, pour créer le déséquilibre, il faut être capable de se mettre en danger. Faire le choix, par la passe, le dribble ou la frappe, de rendre le ballon à l'adversaire si l'intention initiale n'aboutit pas. Les différences d'interprétation et d'approche naissent du contexte autour de cet instant crucial où les plus grands talents font généralement la différence.

Passer comment et jusqu'à quand ?

C'est l'un des matchs les plus marquants de l'histoire récente, la deuxième confrontation d'un duel entre une équipe qui va sans cesse de l'avant et une autre qui veut d'abord faire déjouer son adversaire. Ce 6 mai 2009, Chelsea reçoit Barcelone pour une place en finale de la Ligue des champions. Les Anglais ont réussi à ne pas prendre de buts lors du match aller au Camp Nou (0-0) et, parfaits maîtres de toutes les zones du terrain – dont la largeur souvent décisive –, ils ne concèdent presque pas d'occasions au match retour, simplement des situations dangereuses. Et marquent même rapidement grâce à Michael Essien, ce qui leur permet de se replier encore plus pour conserver le résultat et jouer en contre. Barcelone, qui essaie sans cesse de trouver la faille en faisant tourner le ballon devant la surface londonienne, comme une équipe de handball, n'y arrive pas et concède d'énormes situations à chaque perte de balle, d'autant plus après l'expulsion d'Éric Abidal à la soixante-sixième minute. Les décisions contestées de l'arbitre, Tom Henning Ovrebo (« Une putain de honte », pour Didier Drogba, scandalisé devant les caméras en rentrant aux vestiaires à la fin du match), et les ratés des attaquants anglais empêchent le score d'évoluer. Jusqu'à un tir d'Andrés Iniesta, dans les arrêts de jeu. De l'extérieur de la surface, zone où aucun Catalan ne tente habituellement sa chance. « Je suis très, très heureux pour lui qu'il soit l'auteur de ce but historique, confiait Pep Guardiola à l'issue de la rencontre. Andrés est un garçon extraordinaire. Il ne se plaint jamais. Que je le mette titulaire, remplaçant, milieu de terrain ou attaquant, à droite ou à gauche, il ne fait jamais la moindre réflexion. Il a le mérite d'avoir marqué le but le plus important de sa vie. J'espère qu'il y en aura d'autres [Iniesta marquera le but vainqueur en finale de la Coupe du monde sud-africaine un an plus tard]. C'est un immense joueur. »

Chelsea 1-1 FC Barcelone — Ligue des champions 2009

Avec son tact habituel, Daniel Alves savourait lui aussi cette qualification arrachée de justesse. « Rester derrière, c'est pour les perdants. Attaquer, c'est pour les gagnants », lâche-t-il. Pourtant, si son équipe a effectivement tenté des choses, elle a marqué sur sa seule tentative cadrée et n'a globalement jamais semblé très menaçante. Au contraire des Blues, qui n'ont certes pas eu souvent le ballon (30,6 % de possession), mais ont toujours su quoi en faire : généralement la pousser rapidement en direction du but adverse. Dans cette opposition de style, chacun était dans sa zone de confort. Barcelone voulait le ballon et Chelsea ne le voulait pas, un schéma ensuite répété lors des oppositions face aux équipes de José Mourinho, notamment le fameux duel contre l'Inter Milan, là aussi en demi-finale de Ligue des champions, deux ans plus tard. « On n'a pas pu trouver les espaces que l'on s'ouvre d'habitude parce que Chelsea possède un bloc défensif qui est sans doute le meilleur en Europe, poursuivait Guardiola. Je voyais bien que leur bloc très haut et très fort, dans l'axe, était infranchissable. Et pourtant, je disais à mes joueurs d'insister, d'insister, d'insister... Je dis toujours que si un entraîneur a de la réussite, il le doit au talent et au courage de ses joueurs. »

Pendant une bonne partie de cette rencontre ô combien importante, avoir le ballon n'a servi à rien, et surtout pas à se procurer des occasions alors qu'il fallait absolument marquer. « Vous ne voulez pas une forme de possession stérile ou passez sans aller

vers l'avant, disait Leo Beenhakker dans *The Blizzard*.
Vous devez penser à comment vous allez amener le
ballon vers l'avant. » C'était effectivement le cas ici,
un problème inhérent au jeu du Barça de Guardiola,
qui acculait l'adversaire sur son but, mais pouvait difficilement bénéficier de la moindre profondeur. « Le
ballon est toujours en meilleure forme que n'importe
qui », disait Sepp Herberger, entraîneur de l'Allemagne championne du monde en 1954. Mais il est
compliqué de prendre de vitesse le bloc positionné
bas que l'on a forcé l'adversaire à adopter. D'autant
que la formule a ses limites. « Il y en a qui disent :
"L'important, ce n'est pas que le joueur puisse courir
vite, mais que le ballon aille vite." Et ils croient dire
une incroyable vérité, maugrée Julo Velasco, entraîneur argentin double champion du monde avec la
sélection italienne de volley-ball dans les années 1990.
Mais c'est simple : pourquoi n'y a-t-il aucun joueur de
45 ans ? Il est important que le ballon aille vite, et il
est important que le joueur aille vite. Il n'y a aucun
joueur de 40 ans dans l'élite. » Dans le champ, tout
du moins.

La question de l'attitude à adopter face à un adversaire replié est essentielle. Dans l'histoire récente,
très peu de confrontations entre deux équipes voulant à tout prix la possession ont en effet eu lieu. Le
match aller-retour entre le FC Barcelone et le Bayern
Munich, en demi-finale de la Ligue des champions
2014-2015, fut de celles-là, mais il est à peu près le
seul à un tel niveau. « Pep Guardiola a été loyal envers

sa philosophie de jeu et nous avons essayé de faire de même », jugeait Luis Enrique, l'entraîneur du Barça, à l'issue d'un match aller dominé à 55 % par le Bayern. Les autres formations qui aiment avoir le ballon n'ont pas les armes pour lutter contre les Catalans, et doivent abandonner la partie, sur ce plan-là du moins, comme ce fut le cas du PSG au tour précédent. « Le jeu de Barcelone n'évolue pas selon moi. C'est toujours la même philosophie. Notre composition d'équipe sera aussi en fonction du match qu'on attend : défendre bas groupé et être en position de contres avec des joueurs d'espaces et de rupture », annonçait ainsi Laurent Blanc avant le match aller, pourtant disputé à domicile. Un aveu de faiblesse pour un technicien qui a « pour principe d'essayer d'imposer [son] jeu à toutes les équipes qui [lui] sont proposées », comme il l'a affirmé en conférence de presse avant un déplacement à Rennes, fin octobre 2015.

La grande majorité des rencontres que disputent les deux géants espagnol et allemand se font face à un mur plus ou moins dense. Pour arriver à ses fins, il faut du mouvement, beaucoup de mouvement. « La plupart du temps, par définition, au plus haut niveau, il n'y a pas d'espace, remarque Raynald Denoueix. Donc il faut en créer pour le prendre lancé. » Il faut aussi des joueurs capables de faire des différences en un-contre-un et de s'exprimer dans les petits espaces. On ne parle donc pas de joueurs nécessairement rapides, mais doués techniquement, les Mesut Özil, Alexis Sánchez ou Lionel Messi.

L'un des meilleurs moyens d'éliminer un opposant est certes de le prendre de vitesse, et beaucoup de ces joueurs ont une capacité d'accélération hors normes. Arjen Robben, qui sublime le jeu du Bayern et dont les problèmes physiques ont incité Pep Guardiola à recruter Douglas Costa, joueur au profil similaire, est de ceux-là. Influents même face à neuf ou dix adversaires, ils doivent casser le rythme, imposer une sorte de cacophonie pour briser la routine d'un tempo auquel les défenseurs finissent par s'habituer. Mario Götze rappelle en effet à *FourFourTwo* qu'avoir le ballon n'amène pas de buts sans moments déséquilibrants : « La possession est une clé pour gagner, mais, à un moment donné, il faut prendre un risque pour se créer des opportunités et marquer. Quelqu'un doit oser jouer une *killer pass*. Il faut bouger le ballon rapidement, ne jamais permettre à l'adversaire de défendre sans mettre son organisation en péril. » Les accélérateurs de particules ne peuvent évidemment pas tout faire tout seuls, et une circulation de balle rapide, avec des renversements de jeu pour faire bouger le bloc adverse et ouvrir des brèches, fait tout aussi bien le travail. Les projections des milieux permettent également de casser les lignes, tout comme les passes longues, d'autant plus inattendues quand une équipe joue au sol.

Gerard Piqué et Sergio Busquets à Barcelone ; Xabi Alonso et Jérôme Boateng au Bayern : ces joueurs à vocation défensive peuvent ainsi être décisifs offensivement sans quitter leur zone. Lors de l'affrontement entre le club bavarois et Dortmund, en octobre 2015

(5-1), deux longues ouvertures aériennes de Boateng, depuis son propre camp, se sont transformées en passes décisives. Des « Bombatengs » qui ont bien embêté Thomas Tuchel, le coach borussien : « Le Bayern a un certain comportement tactique quand Boateng a le ballon, et on voulait l'éviter. Si Boateng lève la tête et voit l'espace dans la profondeur, on devait reculer et être très attentifs, défendre de manière robuste et avec vigueur. Sur les deux buts concédés dans notre dos, on ne l'a pas fait et on a été pénalisés. » Si le ballon ne vit pas, que personne ne dépasse sa fonction ou ne tente de changer le rythme, on est à la fois impuissant en attaque et menacé en défense. Bien en place et pas désorganisée, l'équipe adverse peut alors facilement lancer des contres une fois le ballon récupéré.

Pour marquer, il faut créer un déséquilibre. C'est cet état que recherchent tous les entraîneurs. La manière d'y parvenir fait ressortir les plus grandes différences philosophiques entre eux. Arrigo Sacchi, dans *Soccer Modern Tactics*, établit des données géographiques. « Les aspects principaux sont la supériorité numérique dans la zone du ballon pendant la phase offensive et d'être regroupés, car si vous êtes près les uns des autres, tout le monde peut jouer à la fois en attaque et en défense. » Le quadrillage du terrain est essentiel, avec peu de variations : quelques essais, comme les défenses asymétriques du Bayern de Pep Guardiola, adaptent des lois d'occupation quasi immuables. Les approches appartiennent aux entraîneurs.

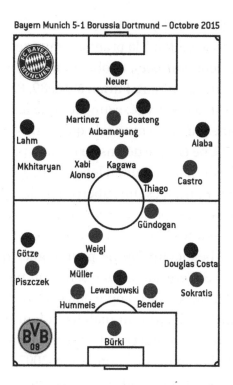

Bayern Munich 5-1 Borussia Dortmund – Octobre 2015

« Ce n'est pas une question de ballon long ou de ballon court. C'est une question de ballon juste », rappelle Bob Paisley, ancien entraîneur du grand Liverpool, entre 1974 et 1983. « C'est bien de dominer le ballon, mais bien dribbler ou bien passer le ballon peut être une erreur si ce n'est pas fait quand il faut le faire, ajoute l'un de ses successeurs, Rafael Benítez. La clé est dans l'intention, dans la compréhension du jeu, dans la prise de décision. » On parle ici d'un travail de longue haleine, qui prendra plus ou moins de temps selon les qualités techniques et le QI football

des joueurs. « Au départ, je me dis un truc tout bête :
si tu prends le ballon à la première minute et que tu le
rends à la centième *(sic)*, tu obtiens au moins le match
nul, exposait Jean-Marc Furlan à Rue89. 85 % de mon
travail, c'est la créativité, cette idée que le football est
comme une partition musicale qu'il faut s'entraîner à
jouer. [...] Une équipe défensive ne peut pas se mettre
à produire du jeu du jour au lendemain. Ça prend des
mois et des mois. C'est une aberration dans la culture
du foot français pour qui jouer est souvent synonyme de défaite. Mais c'est ma philosophie : quand
on défend beaucoup, on ne peut gagner qu'à court
terme. [...] Si j'entraînais une sélection nationale, ce
serait différent. Là ne compte que la réussite pendant
une compétition, sur huit matchs. Il faut un résultat
tout de suite. Je comprends très bien que le Brésil ait
été sacré champion du monde (en 2002) avec trois
défenseurs centraux. J'aurais fait pareil. »

En pointant du doigt les défenseurs centraux,
Furlan ne pense pas tant à la composition d'équipe
brute ou aux qualités des joueurs qu'à la réflexion derrière ce 5-4-1 utilisé par le Brésil, dans une équipe illu-
minée par trois talents offensifs : Rivaldo, Ronaldinho
et Ronaldo. Ancien défenseur central lui-même, Paco
Jémez, qui prône désormais un jeu offensif sur le banc
du Rayo Vallecano, défend les qualités de ces joueurs
longtemps dénigrés dans une interview à JotDown.es :
« J'ai été un réprimé toute ma vie. Avant, les entraîneurs ne nous laissaient pas mieux jouer. Ils nous
disaient : "Tu interceptes et tu la passes à celui qui

est le plus proche." Mais pourquoi je dois la donner à celui qui est à côté de moi alors que ce qu'il va faire, je peux au moins le faire aussi bien ? Les choses ont évolué, on a donné plus de liberté aux défenseurs centraux, jusqu'à aujourd'hui où on ne leur dit pas seulement de jouer, on les oblige à le faire. » Au centre de toute cette idée, un geste simple en apparence mais déterminant : la passe. Pour Jocelyn Gourvennec, entraîneur de Guingamp imprégné du « jeu à la nantaise », elle est une obsession : « Je ne peux pas accepter qu'un joueur banalise une passe, affirmait-il dans *L'Équipe*. S'il n'y a pas l'exigence sur la passe, il ne se produit rien. La passe, c'est le lien entre deux joueurs, c'est donc le plus important. »

Le grand thème du football actuel concerne la possession. C'est ce jeu qui a failli condamner Barcelone en 2009 mais, finalement, celui qui lui a aussi permis de réussir une saison parfaite. La question n'est pas tant de savoir si le résultat aurait été le même en jouant autrement que de réfléchir à la puissance du jeu de possession : peut-il, maîtrisé parfaitement, offrir la victoire à tous les coups ? « Une équipe peut attaquer trop longtemps », jugeait Herbert Chapman, entraîneur d'Arsenal dans l'entre-deux-guerres, donnant plutôt un non en guise de réponse. Mais confisquer le ballon a ses atouts. « Ce n'est pas de vouloir faire des passes ou poser le jeu, c'est l'idée de préparer, précise Raynald Denoueix. Parce que parfois, si on ne prépare pas, il y a un déchet énorme… Je dirais d'ailleurs plus préparation que possession, parce que le Barça se fait des passes, mais dès qu'en face, il y a un petit espace, généralement ils le voient et ils l'exploitent. » « La nature humaine fait que quand vous avez quelque chose en votre possession, l'autre personne le veut, analysait Alex Ferguson dans le quatrième numéro de *The Blizzard*. Donc la patience s'effrite, ils perdent le contrôle. Un de ces dix joueurs va tenter de récupérer ce ballon, donc vous jouez contre neuf joueurs. » Théorie étayée par des propos de Pep Guardiola : « Il faut faire bouger l'adversaire, pas le ballon. Il faut l'inviter à presser. » Mais, parfois, personne ne cherche vraiment à reprendre la balle, cas extrême de défense du résultat.

Pour les Catalans, on a rapidement défini le jeu de passe sous le terme de tiki-taka. Dans *Herr Pep*, l'homme à qui l'on attribue la chose, grince : « Je déteste ce tiki-taka, je le déteste. Il consiste à se faire des passes sans aucun sens et sans aucune intelligence. Il ne mène à rien. Ne croyez pas ce qu'on vous raconte : le Barça n'avait rien à voir avec le tiki-taka. C'est une invention. Mon idée est d'avoir le ballon, d'élargir le jeu, d'attirer l'adversaire dans un coin du terrain pour l'attaquer de l'autre côté. Notre jeu, c'est patapam et pas tiki-taka. » Après un large succès contre Arsenal (5-1) en Ligue des champions début novembre 2015, Guardiola insistait, tout de même : la possession du ballon est, pour lui, la base de tout. « Certains disent que la possession de balle n'est peut-être pas la chose la plus importante, mais pour moi elle l'est. C'est la première étape et, ensuite, la deuxième, la troisième et la quatrième peuvent arriver. Avec le ballon, vous avez plus de possibilités de créer quelque chose et de concéder moins d'occasions. J'ai beaucoup de respect pour mes joueurs et, quand ils ont décidé de devenir footballeurs, ils voulaient jouer avec le ballon. Ce n'est pas seulement de la course, l'objectif c'est d'avoir la balle, s'en occuper et jouer. » « Les autres équipes jouent à se passer la balle, alors que le Bayern passe la balle pour jouer », complimente Jorge Sampaoli, qui a mené le Chili à la victoire lors de la Copa America 2015.

Les accès de stérilité vus çà et là ne seraient donc pas le produit d'une philosophie biaisée, mais plutôt d'une application erronée – comme un jeu de contre peut amener une équipe à ne jamais dépasser le milieu de terrain. « Souvent, on critique les principes, mais en réalité, ce ne sont pas les principes qu'il faut remettre en cause, souligne Raynald Denoueix. C'est parce que les principes sont mal appliqués. C'est parce que ce qui est demandé n'est pas bien appliqué que cela ne fonctionne pas. Mais quand c'est bien appliqué, ça fonctionne. »

Face à un bloc regroupé, une circulation de balle rapide est souvent déterminante, comme des changements de rythme et de côté, des dépassements de fonction (montée d'un défenseur central, projection d'un milieu axial...) pour perturber le bloc adverse. L'exploit individuel est un plus, forcément. Mais la base est collective. « Dans le football, le ballon ne se porte pas, il se passe. C'est un point de départ, explique

César Luis Menotti à *El Gráfico*. La possession du ballon n'est pas une stratégie, c'est une nécessité, parce que c'est le ballon qui ne te fait pas perdre, qui te fait gagner. »

La menace de l'inutilité, une overdose de passes sans rien autour, n'est pas la seule à exister. Quand on a trop le ballon, ou qu'il circule trop lentement pour désorganiser l'adversaire, on s'expose forcément. « Une possession sans objectif est une possession dangereuse pour ton équipe, affirmait Carlo Ancelotti à *L'Équipe* en octobre 2014. Elle doit être verticale, pas horizontale. » « La possession pour la possession, non, rebondit Stéphane Moulin dans son bureau angevin. L'objectif du foot, ce n'est pas d'avoir la possession, c'est de gagner le match et de marquer des buts. Si on fait comme le Barça et Paris, qu'on est capable de l'avoir et d'en plus marquer des buts, oui, ça, c'est le nirvana. Mais il ne faut pas oublier que le plus important pour nous, ça reste l'efficacité. Il faut alterner. Il y a des moments où on doit s'assurer la possession pour fatiguer l'adversaire, le faire douter éventuellement, et il y a des moments où on doit lui faire mal. » « Là où se gagnent les matchs, c'est dans la zone de vérité, devant comme derrière, ajoute Michel Der Zakarian. C'est la priorité. Il ne faut pas faire de la "conserve" [du ballon] pour la conserve. Si la maîtrise est bonne, mais que tu n'es pas décisif dans ces zones-là, tu n'existes pas. » « Le foot est un jeu de passes, d'accord, mais quelles passes ? synthétise Jean-Claude Suaudeau dans le magazine *Vestiaires*.

Parce que c'est aussi un jeu de contre-pieds. Ainsi, les passes latérales, les passes rectilignes, tout ça est exclu. Et puis il y a le jeu dans les pieds et le jeu dans l'espace. Trop dans les pieds, tu n'avances pas. Trop dans l'espace, tu la perds. »

Comme pour l'organisation d'une équipe, la mise en application de l'approche de jeu dépend irrémédiablement de l'adversaire. « Si on devait rencontrer une équipe avec des défenseurs centraux lents, eh bien on les faisait sortir pour trouver l'espace derrière eux, détaille Arrigo Sacchi. S'ils n'étaient pas grands, on préparait un jeu à base de centres. On savait toujours contre qui on allait jouer. Vous devez à l'entraînement préparer vos joueurs à toutes les phases de jeu envisageables. Il faut faire en sorte qu'ils ne soient pas surpris, que tout leur semble du déjà-vu. »

Autre déterminant, primordial : les qualités des joueurs. « [Pour jouer] il me faut des joueurs techniquement doués, souligne Paco Jémez dans *So Foot*. On relance toujours à terre, par des passes courtes. Si j'ai des joueurs techniques, les chances qu'ils fassent des erreurs seront plus faibles. Sans prise de risque, il n'y a pas de plaisir. » « C'est évident qu'on en a toujours beaucoup plus quand on a le ballon que quand il faut faire les efforts pour le récupérer, conclut l'ancien latéral Grégory Tafforeau. C'est sympa de pouvoir participer. » Ainsi responsabilisés, les joueurs sont heureux... à condition de savoir quoi faire. Inutile de citer des noms, mais tous les pros ne sont pas raffinés balle au pied, et certains défenseurs ont tendance à envoyer le ballon en tribune plutôt que de commencer à le tripoter. Ils sont plus rares dans les grands clubs, et introuvables dans ceux qui veulent s'inspirer du tiki-taka. « Passer la balle cent fois, toucher le ballon cent fois, que l'adversaire ne puisse pas respirer, qu'il ne puisse pas conserver le ballon ; jouer au football ainsi est très plaisant ! » s'enthousiasme le latéral Philipp Lahm, passé également milieu avec l'arrivée de Guardiola en Allemagne[1] et converti aux préceptes du technicien catalan.

Devenu une sorte de référence, le jeu guardiolien, héritier de beaucoup d'autres avant lui – à commencer par le *totalvoetball* de Rinus Michels à l'Ajax –, polarise les attentions. On se construit de plus en plus par imitation ou par rejet, avec José Mourinho dans la figure du méchant quand il entraînait le Real – et que les nombreux *clasicos* étaient aussi intéressants tactiquement qu'engagés physiquement. Leo Beenhakker se fait le porte-voix de ceux qui rappellent que ce ne sont pas les trophées qui font du Barça un modèle absolu. « Vous ne croyez pas qu'il y a une incompréhension autour de Barcelone et de Guardiola ? demandait-il à l'époque où le Catalan entraînait chez lui. Les gens semblent croire qu'ils incarnent le football, alors qu'en réalité ils ne représentent qu'une façon de jouer au football. Le football d'aujourd'hui, tout

1. Même s'il avait déjà joué à ce poste de manière éphémère, pendant un peu plus d'une mi-temps, avec Louis Van Gaal en septembre 2009 lors d'un match de Bundesliga contre Hambourg, dans une organisation en 3-3-3-1 que ne renierait pas Marcelo Bielsa.

simplement. Cette équipe a un tel niveau de notoriété, tant d'exposition et de qualité qu'elle influence la planète entière. Elle est devenue un exemple pour tout le monde. Je ne sais pas ce que l'avenir réserve, mais aujourd'hui, tout le monde essaie d'avoir le ballon et de contrôler les matchs. » La légitimité de l'approche catalane dépasse ainsi le simple cadre de la validation par le résultat. « Les succès ne justifient pas la philosophie de l'équipe, opinait Juan Manuel Lillo, l'un des mentors de Pep Guardiola, en 2012. Pep pourrait faire la même chose et perdre. Si Michael Essien dégage bien le ballon à Stamford Bridge, Pep ne gagne pas la Ligue des champions 2009 et ce Barça-là n'existe pas. Le hasard joue un rôle immense. L'important, ce ne sont pas les résultats, mais le procédé. Et c'est sur ce procédé qu'il faut juger le travail d'un entraîneur. »

Un procédé décortiqué comme rarement et envié partout, jusqu'en Ligue 1. « C'est le foot que tout le monde désire pratiquer, sans y parvenir : une maîtrise totale du ballon, du jeu en mouvement perpétuel et une défense hyper agressive, énumérait ainsi Philippe Montanier en 2011. On a besoin d'équipes comme le Barça ou l'Ajax, qui, à un moment donné, donnent le tempo aux autres. Il vaut mieux que ce soit elles la référence, plutôt que le *catenaccio*. » Mais l'imitation, forcément, se heurte à un réalisme terre à terre. « Pour atteindre une telle maîtrise collective, il faut avoir les joueurs capables d'y arriver », souligne ainsi le Nantais Michel Der Zakarian. « Comme tout le monde, j'aimerais jouer comme le FC Barcelone ou le Bayern Munich, mais on s'adapte aux joueurs que l'on a », explique Hervé Renard en écho. Pour Raynald Denoueix, un exemple illustre cette contrainte, celui du Real Madrid : « Il y a deux-trois ans, ils décident de jouer comme le Barça. Ils prennent Bale, ils ont Ronaldo, mais Ancelotti se creuse la tête, il a bien du mal à y arriver. Parce que Bale, quand il joue dans la moitié de terrain adverse, il n'a pas forcément les aptitudes. Les joueurs ont des caractéristiques, et on dépend des joueurs. Bale sait faire des choses, s'il a de l'espace, qu'il peut aller tout droit, il frappe, il est capable de dribbler, il a un bon jeu de tête... Mais se retrouver de dos, dans de petits espaces, combiner, ce n'est pas son truc, ce n'est pas ce qu'il a appris à faire. » Si même le rival madrilène s'y met, la conclusion est claire, pour Roberto Martínez : « Barcelone et la Roja ont changé la façon dont on pense qu'il faut jouer pour gagner un match. »

Cette uniformisation peut agacer. En important ses idées en Bundesliga, Guardiola a influencé Joachim Löw, qui a notamment repris l'idée de faire jouer Lahm au milieu lors du Mondial 2014 – avant de se raviser en cours de route. Mais si le style de jeu du Bayern, bien différent de celui de Jupp Heynckes les années précédentes, a forcément eu des conséquences sur celui d'une sélection alignant systématiquement cinq Bavarois (Neuer, Boateng, Lahm, Schweinsteiger et Müller), la patte est plus ancienne. « Guardiola est un génie, mais lorsqu'on voit notre jeu actuel, basé sur la possession du ballon, je te dirais que Louis Van Gaal (2009-2011) en est à l'origine, analyse Karl-Heinz

Rummenigge, le président du club allemand. Nous l'avions engagé pour établir une nouvelle philosophie durable du point de vue tactique et technique et il y est parvenu. »

Même si le dicton de Gary Lineker voulant que « les Allemands gagnent à la fin » est encore utilisé quand le contexte est propice, il a perdu son sens originel : que l'Allemagne obtient des résultats, peu importe le contenu. « On ne gagne plus de titres seulement avec des défenseurs ! s'exclamait le sélectionneur Joachim Löw un an avant le titre mondial au Brésil. On a besoin de solutions offensives parce que d'autres nations, et notamment les supposées plus petites, reposent encore sur des valeurs défensives. Si vous n'êtes pas en mesure de proposer un jeu attractif et rapide, vous n'avez plus aucune chance. »

Le football sans fioritures d'antan, brut, a disparu à peu près en même temps qu'Oliver Kahn. Beenhakker soupire : « On ne veut pas d'une forme de possession stérile ou passer le ballon sans avancer. C'est énervant. Il faut penser à la façon dont on fait avancer le ballon. Même les Allemands, qui pendant longtemps ont cherché à récupérer le ballon très bas pour utiliser l'espace en contre-attaque, pensent de la même façon désormais. » Le fruit d'une refonte générale du football national allemand entreprise au début du xxıe siècle, couronnée d'un sacre mondial en 2014. Heureusement pour Beenhakker et pour la variété du jeu, il existe d'autres courants de pensée, parfois aussi absolus dans leur réflexion.

Le jeu de position et ses composantes

Depuis toujours, les Néerlandais ont dû modeler l'espace. Bien avant de s'intéresser au rectangle vert, ils se débattaient avec la petitesse de leur territoire. Un conflit entre un peuple et sa terre que raconte David Winner dans le livre *Brilliant Orange : The Neurotic Genius Of Dutch Football*, tristement jamais traduit dans la langue de Molière. Publié à l'aube du troisième millénaire, l'ouvrage explore l'influence de la culture batave sur son football. « Le football total fut basé sur une théorie nouvelle de l'espace flexible. Au xixᵉ siècle, Cornelis Lely (ingénieur en hydraulique né à Amsterdam en 1854 et décédé en 1929) conçut de nouveaux polders immenses, modifiant les dimensions physiques de la Hollande par la construction de digues et l'exploitation de la nouvelle technologie à vapeur. Rinus Michels et Johan Cruyff en firent de même lorsqu'ils exploitèrent les capacités d'un nouveau type de joueur pour changer les dimensions du terrain de football. » Réduire et étirer l'espace selon leurs désirs, les Néerlandais furent forcés de le faire dans la vie de tous les jours avant de l'appliquer au ballon rond à partir des années 1960.

« Les terrains de football ont la même forme et la même dimension partout dans le monde. Pourtant, personne n'avait conçu le football de cette façon. Alors, pourquoi les Néerlandais l'ont-ils fait ? Peut-être qu'ils envisagent l'espace dans le football de manière innovante, créative et abstraite parce que depuis des siècles, ils ont dû se montrer innovants quant à l'espace dans tous les domaines de leur vie. Affectés par leur étrange paysage, les Néerlandais forment une nation de névrosés de l'espace », théorise Winner, liant directement l'histoire d'un pays à sa compréhension du football. Géomètres par nécessité, les Néerlandais le seraient aussi entre deux cages, subissant le genre de déformation culturelle qu'évoquait l'écrivain uruguayen Eduardo Galeano dans son superbe ouvrage *El Fútbol a Sol y Sombra* : « Un style de jeu est une manière d'être qui révèle le profil unique de chaque communauté et affirme son droit d'être différente. Dis-moi comment tu joues et je te dirai qui tu es. Depuis des années, le football a été joué dans des styles différents, les expressions de la personnalité de chaque peuple, et la préservation de cette diversité est aujourd'hui plus nécessaire que jamais. »

Arrigo Sacchi dresse le même constat : « Pour [l'Espagne], le football est un spectacle sportif. Une victoire sans mérite n'est pas une victoire. Pour les pays du nord de l'Europe, le football est un sport avec des règles strictes. Et pour nous, Italiens, le football est une revendication sociale. Seule la victoire compte, même si nous ne l'avons pas méritée. » « L'Italie, c'est la culture de la victoire, affirmait également Christian Damiano, ancien entraîneur adjoint de Claudio Ranieri à Parme, à la Juventus, à la Roma et à l'Inter, dans *France Football* en 2012. Tout découle de là, donc, et tout le système est conditionné ainsi. La nature du jeu, bien entendu. L'extraordinaire pression générée par cette nécessité, permanente, de faire un résultat. Mais aussi la mentalité des joueurs et des entraîneurs. L'omniprésence de la tactique. Le contenu de la formation. La manière d'utiliser les jeunes, au compte-gouttes. Tout dans l'environnement du foot là-bas est conçu à travers cette idée de la gagne. » « Les Italiens vont à la guerre comme si c'était un match de football et à un match de football comme si c'était la guerre », disait même Winston Churchill. Pour les Néerlandais, le football est synonyme de maîtrise et d'optimisation spatiales.

« En possession du ballon, l'Ajax – et plus tard l'équipe nationale des Pays-Bas – avait pour objectif d'agrandir le terrain le plus possible, écartant le jeu sur les côtés et considérant chaque course et chaque mouvement comme une manière d'étendre et d'exploiter l'espace à disposition, poursuit Winner. Quand ils perdaient le ballon, la même façon de penser et les mêmes techniques étaient utilisées pour détruire l'espace de l'adversaire. Ils pressaient loin dans le camp adverse, chassaient le ballon, leur ligne de défense 10 mètres derrière la médiane, et se servaient du piège du hors-jeu pour encore plus rapetisser l'espace. » « Le made in France, c'est laisser le ballon à l'adversaire et faire comme au rugby en jouant les ballons de récupération, regrettait l'ancien Troyen Jean-Marc Furlan en juin dernier. Il faut savoir faire ça, mais, moi, j'aime bien l'idée de pouvoir jouer comme les Néerlandais. J'aime les mecs qui disent : "On a la responsabilité." » Arrigo Sacchi imitera l'Ajax plus tard, dans les années 1980 et 1990, quand il systématisera l'emploi du piège du hors-jeu avec l'AC Milan (champion d'Italie en 1988 et vainqueur de la Coupe d'Europe des clubs champions en 1989 et 1990). Depuis, la règle a changé, et l'acceptation du hors-jeu passif empêche les blocs-équipes d'interdire aussi facilement l'espace dans leur dos. Jouer très haut en comptant sur l'arbitre assistant pour lever son drapeau est désormais un pari quasi suicidaire, que seuls les plus fous, Pep Guardiola notamment, s'autorisent encore.

Pep Guardiola, l'homme pour qui « il ne faut pas bouger le ballon, mais l'adversaire ». Le ballon, pièce centrale du jeu, forcément. « Sans le ballon, il n'y aurait pas de jeu, relève Juan Manuel Lillo. C'est le football. On doit tout faire par rapport au ballon, c'est l'acteur central. Sans le ballon, il n'y a rien ; le ballon est la mère, la source de la vie dans le football. Pourquoi le but est là ? Pour que le ballon y entre. Sans le ballon, rien n'a de sens. » Dans cette approche de possession patiente, il est un outil dédié à illusionner l'adversaire, à l'attirer dans une zone pour qu'il en oublie une autre. « Jouer contre un bloc bas est l'un des problèmes les plus difficiles et les plus persistants dans le football. Si une équipe domine la possession du ballon et cherche à contrôler le match, alors elle doit savoir comment déconstruire une défense basse », affirme Tim Lees, entraîneur de jeunes passé par Watford, Wigan et Liverpool, où il croisa entre autres Roberto Martínez et Brendan Rodgers, deux techniciens obnubilés par la qualité du jeu sur attaque placée, une expression devenue convention mais pourtant maladroite : s'il y a une chose placée dans cette situation, c'est bien la défense adverse. Et l'attaque doit parvenir à la déplacer, à la décomposer, à la désintégrer presque scientifiquement, en séparant les joueurs comme on séparerait des molécules.

Sans le ballon, on joue à un contre deux : contre le ballon et contre l'adversaire. « Il n'y a qu'un seul ballon, alors il me faut l'avoir », dit Johan Cruyff. Si le jeu de possession semble insister sur le ballon, il est indissociable de l'adversaire, lui aussi susceptible d'agiter un bloc, même sans le cuir. En Espagne, on a donné un nom à cette activité : le « *juego de posición* » ou jeu de position. En une idée simple, il s'agit de faire circuler les joueurs et le ballon avec harmonie et un but en tête : libérer de l'espace pour un coéquipier, densifier une zone pour en vider une autre, aimanter le bloc adverse d'un côté pour l'attaquer de l'autre. Loin d'être de la simple conservation de balle, le processus est pensé. « C'est pour ça qu'ils font des passes : ils préparent, insiste Raynald Denoueix. Ce n'est pas de la possession, c'est de la préparation. Les trois P de Guardiola : pression, possession et position. » Trois « P » interdépendants dont on ne retient souvent que le plus visible, la possession. Pourtant, là où n'est pas le ballon compte tout autant. Pour une bonne possession, il faut un bon positionnement, donc des mouvements intelligents, harmonieux, qui libèrent les partenaires et facilitent leur expression. « Le Barça ne fait que des passes faciles, parce qu'il se déplace bien, affirme Raynald Denoueix. Quand tu as des joueurs moins bons techniquement, il faut se déplacer plus et mieux que les autres pour proposer des passes faciles. » Arrigo Sacchi, géomètre obsédé par la proximité des joueurs sur le terrain et l'intégration de l'individualité comme partie d'un tout, confirme : « Le mouvement, le déplacement coordonné des joueurs, les liaisons, les connexions, c'est capital pour arriver à un véritable jeu d'équipe. C'est la synchronisation des déplacements qui rendra l'individu plus fort à travers le jeu de l'équipe. » Juanma Lillo, entraîneur théoricien – « Je pense que c'est un génie au niveau conceptuel », déclare Jorge Sampaoli, sélectionneur du Chili qui l'a pris comme adjoint –, va dans le même sens que Sacchi : « On ne joue pas individuellement. On joue dans le contexte d'une équipe. Ce que fait l'autre impose les décisions à prendre. Les gens parlent d'actions individuelles, mais il n'y a pas d'actions individuelles. »

Pas d'actions individuelles, mais des talents indéniables, qui font exister le football désiré par Guardiola et ses frères d'idées. Roger Schmidt, entraîneur du Bayer Leverkusen, apprécie le style prôné par le FC Barcelone et le Bayern Munich. Mais il tient à rappeler la nécessité d'avoir des joueurs d'exception à disposition : « Je trouve ça super la façon dont joue le Bayern. Un football formidable. Barcelone aussi joue un formidable football de possession. Mais je pense aussi que cela a à voir avec le fait que ce sont deux équipes capables de se payer des joueurs extraordinaires, qui ont de très bonnes qualités. Il en faut, pour pouvoir jouer un football de possession. C'est mon avis, du moins. Bien entendu, j'ai besoin de bonnes unités d'entraînement, d'un bon système, etc. Mais à la fin, je suis dépendant du fait que mes joueurs réagissent bien dans une situation difficile – par exemple si je perds le ballon dans ma défense –, qu'ils fassent preuve de sécurité quand ils ont le ballon dans les pieds et qu'ils ne fassent pas d'erreur. C'est pour cette raison que le Bayern prend des joueurs comme Vidal, Thiago ou Xabi Alonso. Tous ces joueurs – sans oublier Alaba, Bernat ou encore Boateng – sont très sûrs d'eux balle au pied, ne font pas beaucoup d'erreurs et ont un très bon jeu de passes. Avec ce type de joueurs, il est toujours possible de trouver une solution vers l'avant, et même si l'adversaire attaque tôt. Si j'essaie de jouer la possession avec une équipe qui n'a pas ces qualités, je vais avoir de gros problèmes face à une équipe qui sait bien jouer sans ballon. » Reste qu'il revient toujours à l'entraîneur d'organiser ces génies pour les sublimer, en les unissant autour d'un projet commun, des principes tactiques qui doivent les convaincre.

« Dans tous les sports collectifs, le secret est de surcharger un côté du terrain pour amener l'adversaire à faire pencher sa défense en réaction, détaille Guardiola dans le livre *Herr Pep*, œuvre de Martí Perarnau, journaliste espagnol qui a suivi et échangé avec l'ancien coach du FC Barcelone pendant sa première saison à la tête du Bayern Munich. On surcharge un côté, on attire l'adversaire sur celui-ci pour qu'il s'affaiblisse sur l'autre côté. Une fois que tout cela est fait, on attaque et marque de l'autre côté du terrain. C'est pour cela qu'il faut passer le ballon, mais toujours avec une intention claire. » Raynald Denoueix, se remémorant le Barça de Guardiola, précise : « À Barcelone, les mecs savent dans leur tête qu'à droite ou à gauche, il y aura quelqu'un qui fera la largeur. Chaque action pratiquement passe par un côté, arrive par un côté. »

Les mots de l'entraîneur catalan retentissent intérieurement lorsque l'on regarde un match de la formation bavaroise. Les Munichois redoublent de passes dans une aire de jeu, éliminent des adversaires par le dribble ou la feinte, puis ouvrent rapidement côté opposé, en quelques transmissions rapides ou par du jeu long (Xabi Alonso tel un quarterback de football américain), sur un des ailiers supersoniques parmi leurs coéquipiers. Douglas Costa ou Arjen Robben, souvent. Ces deux-là, divins dribbleurs, sont ensuite chargés de profiter du décalage créé, du un-contre-un qui leur tend les bras pour aller au bout avec les pieds. « Il faut amener le ballon dans la zone de vérité à 25-30 mètres et ensuite, ce sont les joueurs créatifs et attaquants percutants qui font la différence », résume Guy Lacombe. En Catalogne, Guardiola basait tout sur le besoin de mettre Lionel Messi en position favorable. En Bavière, il mise toujours sur ses meilleures individualités, cherche à les placer en situation de briller. L'idée n'est pas si différente, sauf que ces individualités-là préfèrent les ailes. Et lorsque le Bayern

COMMENT REGARDER UN MATCH DE FOOT ?

Munich s'est retrouvé face au Barça, en demi-finale de la Ligue des champions 2014-2015, tout s'est effondré en l'absence de Robben et Ribéry. Si le Bayern était un homme, sans ces deux joueurs-là, c'est comme s'il avait joué sans pieds.

Désormais, Guardiola veut que le ballon arrive dans les pieds de ses ailiers, mais pas n'importe comment. Ces derniers évoluent très haut sur le terrain, collés à la ligne comme une caméra qui ferait un travelling. Ce sont les latéraux qui prennent l'intérieur du jeu, agissant tels des milieux. Et le cuir ne doit pas toucher le pied des ailiers dans des zones trop basses. Il ne leur est destiné que lorsqu'ils sont dans une situation de déséquilibre potentiel. « Il y a plusieurs supériorités : numérique, positionnelle et qualitative. Tous les un-contre-un ne sont pas des situations d'égalité », explique Paco Seirul-Lo, professeur à l'université de Barcelone devenu préparateur physique au club catalan et auteur d'une méthodologie qui a séduit Pep Guardiola. Et l'on comprend les propos de Seirul-Lo quand on voit Douglas Costa déborder des adversaires qu'on pensait être prêts. « Je ne peux pas apprendre à mes joueurs à dribbler, mais je peux faire en sorte qu'ils se retrouvent dans des situations de un-contre-un », admet ainsi Pep, relayé par Raynald Denoueix : « Il cherche le joueur libre. Quand tu es libre et que tu reçois le ballon, c'est sûr que c'est plus facile d'aller attaquer un adversaire en étant face au jeu. Là, tu peux dribbler, ce sont les bonnes conditions. »

Sun Bin (descendant de Sun Tzu et auteur lui aussi d'un art de la guerre) ne dit pas autre chose lorsqu'il se demande comment renverser des symétries parfaites à son avantage. Si vous avez dans votre armée un faible, un moyen et un fort, que vous affrontez un faible, un moyen, un fort, comment ne ferez-vous pas match nul ? Grâce à un choix tactique : sacrifiez le faible face au fort, battez le faible avec votre moyen, battez le moyen avec votre fort. Vous vous retrouvez avec le fort et le moyen contre le fort d'en face. La tactique, c'est mettre les talents en situation avantageuse.

Pour que ses joueurs de côté soient servis dans les meilleures conditions, Guardiola reste fidèle à l'un de ses principes essentiels : contrôler le cœur du jeu et dominer entre les lignes. En 2007, auteur d'une tribune dans le quotidien espagnol *El País*, le Catalan évoquait le Barça d'alors, dirigé par Frank Rijkaard, équipe dont il héritera à peine un an plus tard : « [Les joueurs du Barça] comprennent qu'il vaut mieux que le ballon arrive dans les zones avancées du terrain par l'axe que par les côtés. »

Martí Perarnau, qui a conversé avec l'homme pendant plus d'un an pour écrire son livre, le rejoint : « Le jeu de position ne consiste pas à passer le ballon horizontalement. Il s'agit de quelque chose de bien plus difficile : générer des supériorités derrière chaque ligne de pressing. Cela peut être fait plus ou moins rapidement, de manière plus ou moins verticale et plus ou moins groupée. La seule chose qui doit être maintenue à tout instant est la quête de supériorités.

En d'autres mots : créer des joueurs libres entre les lignes. » Pour cela, il faut un mouvement constant et réfléchi, un dévouement à l'investissement des espaces dès qu'ils se libèrent.

Parce que le décalage est une affaire éphémère en football, il faut ne jamais négliger le besoin de se déplacer.

« Tu les vois constamment se démarquer, entre deux, entre trois, ils sont accessibles, ils rendent les passes faciles, souffle Raynald Denoueix. C'est sûr qu'Iniesta est à gauche, que Busquets sera là, qu'il trouvera Xavi là. Et s'ils sont plus hauts, que Xavi pouvait piquer dans la surface, les petites diagonales, ils savent tout ça. Tout simplement, il ne faut pas rester en place ! Il y a un moment, où, entre guillemets, il faut se désorganiser, ce qui va créer le désordre en face. Il faut qu'il y ait du mouvement. Si je suis arrière droit et que tu es toujours face à moi, l'espace ne va jamais s'ouvrir. Si toi tu rentres... Au Real Madrid, Zidane, a priori il jouait à gauche, mais il rentrait constamment. Comment tu fais ? Et puis derrière lui, le pépère qui arrive lancé, il s'appelle Roberto Carlos, tu peux t'inquiéter. Alors, comment il fait l'arrière droit ? » « Plus que des mouvements, on établit une série de relations à travers la répétition, précise Juan Manuel Lillo. On essaie de créer une situation dans laquelle les joueurs sont conscients de leurs options. Le mouvement n'est pas toujours le même, l'adversaire change. C'est pour ça que je parle de culture : il faut comprendre. Il faut savoir reconnaître ce qui nous fait face avant de pouvoir décider quels outils utiliser. Ce qui compte vraiment, c'est la relation de l'espace et du temps. »

« À Cannes, je faisais ce que j'appelle le "jeu Cruyff", un jeu d'intervalles, nous raconte Guy Lacombe. Six contre quatre, un intervalle (espace entre deux adversaires) pour chacun, il ne faut pas être dans le même intervalle, sinon le joueur défensif peut vous piquer le ballon. Guardiola est complètement là-dedans, dans la recherche de l'intervalle pour chacun. L'appel de balle permet le jeu. Ce n'est pas un appel de 55 mètres, c'est être dans les intervalles et disponible pour le porteur, autant derrière, à côté que devant. » « Le mouvement, c'est offrir la liberté à son partenaire », théorise pour sa part Jean-Claude Suaudeau, portant un autre jugement un peu plus médical : « La grande maladie du jeu d'une équipe, c'est d'être statique. » Dans une interview accordée au magazine *Vestiaires*, questionné à propos du jeu sur les ailes, le cerveau hyperactif responsable du FC Nantes des années 1980 et 1990, celui qui pratiquait ce que l'on a appelé le « jeu à la nantaise », répondait ceci : « La semaine, je travaillais en balisant le terrain. Je me suis fait pas mal charrier d'ailleurs avec ça, car c'était parfois carrément un terrain d'aviation ! Toujours est-il que ces bandes étaient des repères, collectifs mais aussi individuels. » Taquiné il y a vingt ans, Suaudeau était pourtant en avance. Certains techniciens vont jusqu'à demander aux jardiniers de tondre la pelouse de manière que les lignes offrent des points de repère de positionnement aux joueurs en attaques placées. Pep Guardiola, lui, divise le terrain en plusieurs zones de dimensions différentes. « Il fait des tracés dans la largeur parce qu'il ne veut pas que les joueurs soient dans une même zone », nous explique Raynald Denoueix.

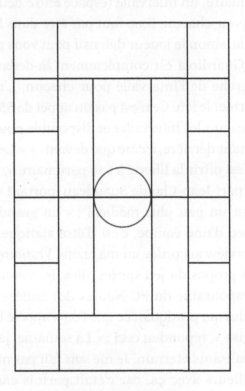

(Image Spielverlagerung)

« Les seuls éléments importants de notre jeu sont ceux qui se passent à l'intérieur de ces lignes, affirme Guardiola à propos de ce qui ressemble à un court de tennis au centre du terrain. Tout le reste est secondaire. » Entre ces quatre lignes se joue la majeure partie du football guardiolien, densifié dans l'axe pour s'assurer le contrôle du jeu et la proximité des joueurs, dont la visée n'est pas uniquement offensive, comme l'indique Johan Cruyff, toujours avec sa rhétorique si particulière et autoritaire : « Vous savez pourquoi Barcelone récupère le ballon si rapidement ? Parce qu'ils n'ont jamais plus de 10 mètres à courir : ils ne font jamais de passes de plus de 10 mètres. » Même chose au Bayern Munich, où les joueurs pressent dès la perte du ballon, une immédiateté dans l'action défensive que Guardiola n'a cependant pas fait découvrir à l'Allemagne, on l'a vu notamment avec le cas du *gegenpressing*.

Le jeu de position est une façon d'envisager le jeu dans sa globalité. Recette qui marche, elle a ses ingrédients. « Je crois au jeu de position car il renforce la relation entre les joueurs, explique Juanma Lillo. Cela implique, par exemple, de fixer la position des adversaires, d'essayer de développer des supériorités numériques dans des endroits clés sur le terrain, d'éliminer certaines zones, de faciliter certaines actions, de s'équiper pour avoir des solutions et des alternatives. » « Le jeu de position est une idée, un style, une manière de comprendre le jeu », écrit Dani Fernandez sur le site de Martí Perarnau, avant de lister douze idées et mécanismes essentiels selon lui :

- les joueurs doivent être positionnés à des hauteurs différentes pour faciliter la création de lignes de passes ;

- il est fondamental de donner de la largeur au jeu (que ce soit avec les ailiers ou les latéraux) pour que des chemins à l'intérieur du jeu apparaissent ;
- le concept d'homme libre est capital ;
- on ne passe pas le ballon pour le passer. Il faut que les joueurs sachent quand conduire le ballon et quand le passer ;
- la *conducción* permet d'attirer des adversaires et de provoquer l'apparition « d'hommes libres » ;
- l'idée mère de toutes est la nécessité de générer une supériorité derrière la ligne que le porteur de balle vient attaquer ;
- la formation de triangles de passes continus permet de jouer avec le « troisième homme » ;
- il est fondamental que les supériorités soient construites depuis l'arrière, depuis la première ligne ; ainsi, un principe essentiel de l'idée de jeu est la sortie de balle propre par les défenseurs ;
- défense et attaque étant des idées qui marchent ensemble et ne sont pas séparées, l'idée offensive est celle qui détermine le reste du jeu ;
- la possession de balle est un phénomène construit parce qu'elle prétend déstabiliser l'opposition, éliminer des adversaires et déterminer leur équilibre défensif ;
- le jeu de position permet que les joueurs, les positions et le ballon voyagent ensemble ;
- la conséquence de tout cela est que l'équipe, à la perte de balle, se retrouve ensemble, peut presser immédiatement et rendre difficile la

contre-attaque ; en définitive, l'attaque détermine la manière de défendre et, ainsi, le jeu de l'adversaire.

La non-séparation des phases offensive et défensive est illustrée par un des commandements de Johan Cruyff. « Une contre-attaque ne peut intervenir qu'après une erreur. C'est pour ça qu'il y a des règles. La passe horizontale ? Interdite. Dans mon dispositif, il y a le plus de lignes possible. Parce qu'il faut avoir la possibilité de faire une passe vers l'avant, ne serait-ce que d'un mètre. Ainsi, je peux toujours compenser la perte de la possession. Après une passe horizontale, c'est impossible. » Positionner les joueurs à différentes hauteurs, comme le prescrit Dani Fernandez, comprend autant de vertus défensives qu'offensives : cela permet d'avancer et évite d'être dépassé en cas d'échec. La pensée englobe toutes les phases de jeu, toutes les éventualités. Tout est réfléchi simultanément, ensemble.

De cette table de la loi footballistique émergent trois termes légèrement barbares et inhabituels dans le langage français du ballon rond : la *conducción*, « l'homme libre » et le « troisième homme ». Trois termes qu'il faut définir.

→ La conducción

Littéralement, ce mot espagnol se traduit par « conduite ». On comprend alors qu'il s'agit de la conduite de balle. Mais pas n'importe laquelle. La *conducción*, c'est l'utilisation du ballon comme leurre, comme appât, ce qui requiert une certaine maîtrise technique. En présentant le cuir comme une carotte à l'adversaire, lequel fait alors figure d'âne, le porteur du ballon l'invite à presser, afin qu'il quitte son bloc, libère un partenaire du porteur du ballon et de l'espace dans son dos. Il ne faut pas hésiter à garder le ballon dans les pieds, mais toujours en avançant pour que l'adversaire finisse par se sentir obligé d'intervenir. La *conducción*, c'est jouer sur l'humain et son dégoût de la passivité. Même les blocs les plus bas se lasseront de l'attente et un de leurs membres tentera de chiper le ballon à un adversaire en pleine *conducción*.

On retrouve cette idée dans les propos de Pep Guardiola : « Dans le football, chaque joueur est responsable d'un autre à l'exception des extrémités de chaque équipe, avec deux défenseurs centraux face à un attaquant. On commence ce deux-contre-un avec un défenseur central qui conduit le ballon vers le but adverse, forçant un joueur adverse à couper sa progression, ce qui libère un partenaire. Attention ! Si on perd le ballon, l'attaquant adverse est en un-contre-un face à notre défenseur central. »

→ L'homme libre

L'homme libre est l'objectif numéro un du jeu de position. Son apparition est le résultat d'un jeu de position efficace, que ce soit par la *conducción* ou par une circulation de balle qui découpe le bloc adverse. L'homme libre n'est pas trouvé n'importe où ; ce n'est pas juste un joueur qui n'a pas d'adversaire devant lui.

Il se situe entre les lignes, avec le temps de contrôler le ballon, de se retourner, de faire face au jeu et de le faire avancer. Une affaire de patience et de mouvement constant, de gammes répétées pour créer des supériorités.

« Chercher l'homme libre, c'est, par exemple, lorsque les défenseurs centraux ont le ballon et que l'un des deux est toujours libre, parce qu'il y a toujours un défenseur de plus qu'il n'y a d'attaquants adverses, explique Xavi Hernández, biberonné au football catalan et metteur en scène du jeu barcelonais des années durant. Dans ce cas, Puyol monte, monte, et monte avec le ballon jusqu'à ce qu'un adversaire vienne le stopper. Si celui qui tente de freiner Puyol est le joueur qui me marque, alors je deviens l'homme libre. Si celui qui tente de freiner Puyol est le marqueur d'Iniesta, alors Andrés devient l'homme libre. Et c'est ainsi que nous recherchons la supériorité dans toutes les zones du terrain. Tu fais un trois-contre-deux, tu le gagnes et tu as un homme libre. Et nous avançons nos positions. »

On pense alors aux échecs : l'adversaire doit être pris comme par une fourchette, être piégé dans une situation où il ne peut pas protéger deux options à la fois.

→ Le troisième homme
Si l'homme libre peut résulter d'une action à deux ou de la *conducción* d'un seul joueur, le troisième homme nécessite l'utilisation du jeu en triangle. L'influence de

l'école hollandaise et de Johan Cruyff se fait alors totalement ressentir. Le finaliste de la Coupe du monde 1974 le schématisa un jour à la télé néerlandaise, sur une ardoise d'écolier : le 3-4-3 qu'il établit au Barça créait naturellement des triangles et facilitait la circulation de balle. Un héritage loin d'être négligé par ses enfants spirituels. Xavi à nouveau : « Défendre sur le troisième homme, c'est impossible. Impossible. Laisse-moi t'expliquer. Imagine : Piqué veut jouer avec moi mais je suis marqué. J'ai un marqueur proche de moi, un joueur lent. Bon, il est clair que Piqué ne peut pas me passer la balle, c'est évident, donc je m'en vais et j'emmène mon défenseur avec moi. Ensuite, Messi décroche et devient le deuxième homme. Piqué est le premier, Messi le deuxième et moi le troisième. Il faut que je sois très attentif. Piqué joue ensuite avec le deuxième homme, Messi, qui lui rend le ballon. Et c'est à ce moment que j'apparais, après avoir planté mon défenseur. Piqué me passe la balle totalement démarqué. Si celui qui défend sur moi regarde le ballon, il ne peut pas voir que je me suis démarqué, donc j'apparais et je suis le troisième homme. On a atteint la supériorité. »

Dans ces paroles de Xavi, on lit deux choses : sa croyance en ce football et sa conviction qu'il parle là du football le plus beau et le plus efficace. « L'homme libre signifie qu'on peut toujours chercher la supériorité. Il y a des jours où on la cherche depuis le gardien et cela a plus de mérite », assure-t-il même, dans un élan idéologique.

*

Cette supériorité cherchée « depuis le gardien » repose sur une manière de sortir le ballon que Pep Guardiola et le Barça ont empruntée au Mexique de Ricardo La Volpe. Guardiola est un voleur. Il l'avoue sans détour. « Je ne serais pas là sans Cruyff. Je lui ai piqué tout ce que je pouvais. Mais les idées n'appartiennent à personne. » La Volpe a lui aussi été cambriolé par Pep. Natif de Buenos Aires, il a dirigé la sélection mexicaine entre 2002 et 2006, l'amenant en huitième de finale de la Coupe du monde en Allemagne. Pep Guardiola avait été impressionné par son travail à la tête de La Verde. Il s'était enthousiasmé pour le football pratiqué par cette équipe dans une tribune publiée dans *El País* durant le Mondial 2006. Guardiola admirait particulièrement l'implication des défenseurs dans la construction du jeu. « J'ai toujours apprécié la façon de jouer du Mexique et je crois que cela doit beaucoup à l'influence de Ricardo La Volpe », rappelait-il lors de la Coupe du monde 2014, juste après l'élimination d'El Tri.

Pablo Lavallén, joueur argentin passé entre 1997 et 2001 sous les ordres du coach moustachu à l'Atlas, club mexicain basé à Guadalajara, eut le temps d'apprendre les concepts chers à La Volpe. « Pour sortir le ballon proprement, on se reposait sur une chaîne de passes qui permettait de générer une supériorité numérique contre l'adversaire. La possession de balle était la priorité, au risque de se retrouver en un-contre-un derrière. » Cette fameuse supériorité revient, encore et toujours, comme si elle était la signature d'un courant de pensée qui a fait le tour du globe depuis. Le risque du un-contre-un également, accepté, calculé. « D'ailleurs, je sais que La Volpe a échangé à plusieurs reprises avec Guardiola, continue Lavallén dans *So Foot*. Rafa Márquez m'a aussi confié que Guardiola s'inspirait des exercices de La Volpe, en les réalisant à sa sauce. » La preuve de l'effraction est là.

La relance selon La Volpe, « *la salida volpiana* » comme l'appellent les hispanophones, se base sur un surnombre permanent au tout départ de la construction du jeu. « Son idée maîtresse est de ne jamais perdre la supériorité numérique », témoigne Lavallén. Pour ce faire, si l'équipe évolue avec seulement deux défenseurs centraux, c'est le milieu défensif qui décroche pour créer une supériorité numérique face aux deux attaquants adverses. En procédant ainsi, la qualité de la sortie de balle est garantie : il y aura toujours un joueur libre face au jeu pour trouver une ligne de passe. « Le jeu de position consiste à générer des supériorités depuis la ligne défensive face à ceux qui vous pressent. Tout est plus facile lorsque la première progression du ballon est propre », affirme Juanma Lillo, entraîneur de Pep Guardiola entre 2005 et 2006 aux Dorados de Sinaloa, une autre équipe mexicaine. Lillo influencera grandement Guardiola et deviendra son ami. « Pep est comme mon fils », ira même jusqu'à déclarer celui qui a entraîné une douzaine de clubs dans sa carrière, avant de rejoindre l'encadrement de la sélection chilienne en octobre 2015.

Au FC Barcelone, ce rôle de piston entre les défenseurs centraux est dévolu à Sergio Busquets, genre de meneur de jeu très bas sur le terrain. « *Deep-lying playmaker* », disent les anglophones. Quand Busquets recule, les défenseurs centraux du FC Barcelone s'écartent pour forcer le bloc adverse à s'étirer et éviter aux attaquants de pouvoir cadrer deux porteurs à la fois. Chacun des joueurs catalans dispose alors de plus d'espace. Sans espace, pas de jeu de position.

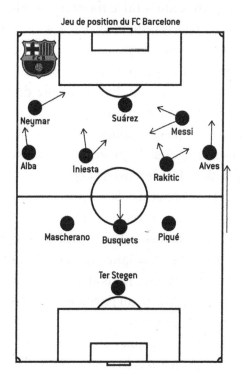

Jeu de position du FC Barcelone

La création d'espace s'opère évidemment dans la largeur. On peut entendre hurler chaque week-end, sur tous les terrains du monde, professionnels ou amateurs, des phrases clés : « Écartez le jeu ! » ou « Servez-vous des côtés ! » Des ordres qui sont même devenus des consignes à donner en cours de match dans les simulations vidéoludiques de football comme « Football Manager », rien qu'en un clic. Mais pour jouer entre les lignes, pour accoucher d'hommes libres dans des espaces qui le sont autant, il faut étirer l'adversaire verticalement, sur la longueur du terrain, soit en l'invitant à faire monter son bloc, soit en le repoussant vers sa surface. Face à un adversaire proactif, qui refusera de jouer avec un bloc bas et de se soumettre à l'attaque placée, une relance courte de qualité se révèle capitale. Parce qu'elle déshabille le pressing et trouve rapidement des espaces au milieu si l'adversaire n'est pas compact. Si tout le bloc adverse monte ensemble, c'est la profondeur qui se matérialise dans le dos des défenseurs centraux. Quelle que soit la stratégie ennemie, le terrain est si grand que le football offre des espaces, même dans des zones que l'on oublie parfois. « De la profondeur, il y en a dans les deux sens, souligne Raynald Denoueix. Il y en a vers le but adverse, mais derrière il y en a aussi. Repasser derrière, jusqu'au gardien, peut donc être un moyen d'en créer ailleurs. »

Pour exploiter ces espaces, l'homme qui importe le plus est celui qui n'a pas le ballon. Parce que toucher le ballon n'est qu'une petite part du jeu. « Pendant combien de temps le joueur porte le ballon dans un match ? interroge Diego Simeone, entraîneur de l'Atlético Madrid, la meilleure équipe d'Europe sans le ballon. Trois minutes ? Alors à quel point l'occupation des espaces est-elle importante ? » Soldat du milieu lorsqu'il était joueur, le coach des Colchoneros sait à quel point le football ne se résume pas au contact avec le cuir. « Jouer bien, ce n'est pas seulement bien donner le ballon. Beaucoup savent bien passer le ballon sans savoir bien jouer au football. » Se placer et se déplacer intelligemment prime. Pour aider son partenaire, lui donner du temps et créer des espaces, il n'y a même parfois pas besoin de bouger, bien au contraire. « Il y a toujours plein de choses que l'on peut apprendre, assurait Mario Götze en février 2015. Quand vous êtes jeune, vous voulez toujours le ballon, vous n'arrêtez pas de prendre les espaces. Au début, cela semble étrange quand quelqu'un vous dit : "Arrête de courir, attends le ballon", mais c'est l'une des nombreuses choses que vous pouvez et devez apprendre. C'est une partie de mon développement. » Que ce soit Pedro et David Villa dans le FC Barcelone de Guardiola ou Antoine Griezmann dans l'Atlético de Simeone, deux équipes aux antipodes philosophiquement, c'est l'interprétation des besoins de l'équipe dans le mouvement et le positionnement qui distinguent les joueurs de qualité de ceux qui échouent.

En Catalogne, Pedro ne fut jamais le meilleur technicien. Mais son génie du jeu sans ballon et ce qu'il apportait au collectif lui valurent d'être titulaire dans le plus grand Barça de l'histoire, celui de la saison 2010-2011. Il participait à créer l'équilibre entre jeu dans les pieds et jeu dans la profondeur, indispensable à toute équipe. « À l'Euro 2012, on a certainement baissé de niveau, se souvenait Xavi en 2014, interrogé par Canal+ Espagne. La raison est que nous avions beaucoup de joueurs qui demandaient le ballon dans les pieds et nous n'avions plus la profondeur de Villa et Torres. Regardez la finale contre l'Italie (4-0) : sur le but d'Alba, je suis le joueur le plus avancé. Moi ! Je n'ai aucune passe en profondeur possible. Heureusement que Jordi arrive comme une flèche. La passe est dans le ton, ça a fait but. » Pedro, en prenant d'assaut les espaces dans le dos des défenseurs adverses, en partant de son côté pour se servir de la distance entre les défenseurs centraux et les latéraux, les forçait à reculer. Et la zone réservée à Lionel Messi s'agrandissait, s'agrandissait... L'Argentin n'avait plus qu'à recevoir le ballon et à faire le reste. Le Barça trouvait là l'équilibre entre contrôle du jeu et désordre de l'adversaire, le juste milieu entre le calme de la mise en place collective et la tempête qui délie les lignes adverses. « Il y a des joueurs qui pensent plus aux besoins de l'équipe et à la meilleure solution pour elle, explique Pep Guardiola. Ce genre de joueurs, intelligents, peut vraiment contrôler les matchs. Ils suivent ce que l'entraîneur décide et savent ce qu'il faut pour l'équipe. Et puis, il y a ceux qui créent le chaos. Ceux qui jouent à l'instinct en s'appuyant sur leur talent. Nous avons besoin de ce genre de joueurs pour les 50 ou 20 derniers mètres. Ils peuvent tout décider et ça, aucun entraîneur ne peut le contrôler. » Pedro savait ce qui était le mieux pour Messi et « Leo » le récompensa : il l'aida à construire l'un des plus beaux palmarès du football ibérique.

Le 28 mai 2011, quand Pedro, ailier droit ce soir-là, appelle le ballon et ouvre le score face à Manchester United en finale de la Ligue des champions, Patrice Evra a les yeux fixés sur Lionel Messi. Le latéral gauche français arrête même son replacement pour rester proche du numéro 10 catalan. Le lieutenant de Messi, l'homme qui facilitait son existence et son expression, voyait son jeu facilité en retour. Alors à quel point l'occupation des espaces est-elle importante ? demandait Diego Simeone. Importantissime, évidemment. Capitale, essentielle, fondamentale, primordiale, vitale, et la liste des synonymes s'allonge, comme un bloc étiré par un appel en profondeur de Pedro. La puissance physique est secondaire. Dans cette recherche constante de l'espace, les petits gabarits brillent parce qu'ils ont dû, pour percer, développer d'autres qualités. « Généralement, les grands costauds qui vont vite, pendant des années, ils ont fait la différence comme ça, et puis une fois arrivés là-haut, ils ne font rien parce que pas une seconde ils pensent à comment jouer, regrette Raynald Denoueix, formateur au FC Nantes avant de prendre en main les destinées de l'équipe première. Et les autres, les petits de 1,25 m, ils sont bien obligés de réfléchir pour s'en sortir. » Andrés Iniesta (1,70 m) a ainsi

« hypertrophié, optimisé ses structures cognitives, de coordination, d'émotion », selon Francisco Seirul-Lo. Là aussi, si enseigner est la première étape, l'interprétation par le joueur se révèle indispensable. « On ne peut pas prédire le comportement humain, prévient Juanma Lillo. On peut voir que si Messi reçoit le ballon dans certains espaces, il est dangereux. Mais c'est conditionné par qui lui donne le ballon et quand, si son mouvement précédent a échoué ou non, son contexte émotionnel, comment l'adversaire réagit. Le jeu de position permet d'essayer de provoquer certaines situations. Mais il est plus important d'avoir l'intelligence, la culture, de savoir comment interpréter ce qui arrive, de s'adapter, de comprendre et de chercher la solution qui donne à l'équipe l'avantage le plus important. Donc les meilleurs joueurs sont les plus intelligents. »

Si Pep Guardiola est omniprésent quand on parle de jeu de position, il n'est pas le seul à y être associé. Il a des mentors, mais il est aussi devenu lui-même une inspiration, comme Johan Cruyff avant lui. Son plus grand rival sportif en Allemagne, Thomas Tuchel, arrivé sur le banc du Borussia Dortmund à l'été 2015, fait partie de ses nombreux admirateurs. « Le Barça avec Pep aux commandes est pour moi le point de référence dans le monde du football, affirmait-il avant son premier match contre le technicien catalan, lourdement perdu (5-1), en octobre 2015. Ces quatre années sont le paradigme maximal. Le talent surnaturel de ces joueurs couplé à cette faim à chaque match, faim de réussite, faim de rendement, uni aussi à cette humilité après chaque titre qui, pour moi en tout cas, ne te fatiguait jamais de les voir gagner, qui ne te faisait jamais penser : "Ça doit s'arrêter maintenant !", l'humilité de gérer tant de succès... Tout cela porte le sceau de Pep. Il est le meilleur, même s'il ne l'admettra jamais. Son passage à Barcelone m'a imprégné comme spectateur et j'ai beaucoup appris. »

Successeur de Jürgen Klopp à Dortmund, Thomas Tuchel, lui aussi passé par Mayence avant d'atterrir au BVB, a changé la façon de jouer des Marsupiaux dès son arrivée. Si Klopp préférait un jeu direct, basé sur la supériorité lors des transitions offensives et défensives, un style de jeu qu'il assimilait au heavy metal, le football de Tuchel demande plus de temps et Dortmund a pris des accents catalans depuis le passage de témoin.

En concentrant beaucoup de joueurs dans l'axe, en les faisant jouer proches les uns des autres, Tuchel crée de l'espace sur les ailes. À la différence du Bayern de Pep, ce ne sont pas les ailiers qui en profitent mais les latéraux, Mathias Ginter en premier lieu. Autrefois défenseur central, l'international allemand explose sur le flanc droit. Après onze journées de Bundesliga sous Tuchel, Ginter avait déjà marqué deux buts et donné quatre passes décisives. La répartition de l'espace et la proximité du reste de ses partenaires lui libèrent le couloir, où il déboule en venant de loin, prenant ainsi de l'avance sur son adversaire. Pendant que Marco Reus, Ilkay Gündogan, Henrikh Mkhitaryan et Shinji

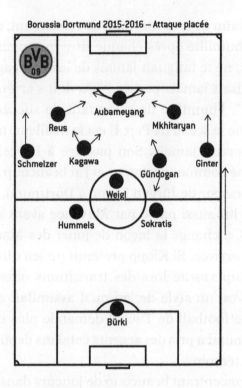

Borussia Dortmund 2015-2016 – Attaque placée

Kagawa redoublent les passes dans le cœur du jeu, Ginter se fait oublier sur son côté. Tout cela est gardé par Julian Weigl, jeune milieu de terrain allemand de 20 ans, que l'on compare déjà à Sergio Busquets outre-Rhin. C'était inévitable pour un gamin qui tient le même rôle que « Busi » dans une équipe dirigée par un coach qui s'endort en rêvant de « Pep ». En attendant que l'Allemagne fouille son langage pour traduire « *juego de posición* », elle peut déjà compter sur un homme. L'exportation espagnole se porte bien, au moins en ce qui concerne le football...

Appui et appel : faire ce que les partenaires suggèrent

La passe qui lance le joueur, ou l'appel qui sollicite la passe ? Et si [insérer ici son joueur toujours hors jeu détesté] était toujours hors jeu parce qu'on lui faisait toujours la passe trop tard ? Et à qui la faute lorsque le joueur aurait préféré le ballon dans les pieds mais l'a vu partir en profondeur ? Les deux mon général ?

Si l'on en croit Ancelotti, qui précise dans un solennel *nota bene* que « la passe et le mouvement sans ballon doivent se faire simultanément », il est bien compliqué de résoudre cette question. Pourtant, il donne au bout du compte la responsabilité du déclenchement au joueur sans ballon. Parce qu'il plébiscite une approche tactique et que celle-ci peut commander rationnellement la nature des appels ? Ce n'est pas impossible. Quoi qu'il en soit, il donne dans ses *Secrets d'entraîneur* trois critères pour apprécier le bon timing d'un démarquage. Ces trois critères répondent aux questions quand, comment et où.

Premièrement, un joueur doit se démarquer « quand son coéquipier est en mesure de le voir et de fixer sa position ». « Fixer la position » comprenant sans doute la capacité à déclencher la passe. Deuxièmement, on se démarque « par des mouvements diagonaux », car ce sont ces derniers qui permettent de voir (pour peu qu'on lève la tête) à la fois le ballon, le coéquipier et le but. Ancelotti insiste sur la nécessité de voir le partenaire pour anticiper et suggérer où le ballon pourra être reçu. Car, troisièmement, où se déplace-t-on ? Là où le ballon pourra aller, c'est-à-dire à la fois dans un espace disponible et dans un espace accessible : le ballon doit pouvoir passer par des intervalles et être récupéré dans un espace libre. Il est de plus en plus fréquent de voir les avants-centres astucieux préparer leur course en profondeur par des courbes vers l'arrière permettant à la fois de prendre de l'élan et de se prémunir du hors-jeu.

Se rendre disponible pour un jeu en appui manifeste un dernier critère pour le démarquage : la suggestion d'une passe intéressante dépend généralement d'une certaine rupture dans le mouvement (accélération, changement d'angle…). Alors, la faute à qui en cas de bug dans la transmission ? Eh bien, cela dépend. Un joueur peut partir « trop tôt » s'il l'a fait sans vraiment considérer le marquage subi par le porteur du ballon. À l'inverse, le numéro 10 peut, grâce à un crochet soudain, ouvrir un angle que l'attaquant pourra sentir et dans lequel il devra promptement s'engouffrer pour suggérer en retour la passe dans le bon tempo. Mais, plus globalement, la responsabilité incombe aussi au tacticien, qui doit créer les conditions globales de déplacement pour faciliter et favoriser telle ou telle mise en situation, ou construire son schéma autour de telle ou telle entente.

D'une manière plus générale, l'extraordinaire diversité des options du porteur de balle et des déplacements de joueurs n'empêche donc pas d'identifier quelques traits généraux dans les solutions données au porteur de la balle. À la caractérisation des solutions offertes peut s'ajouter la définition d'un invariant, d'un trait commun à toutes les propositions faites au porteur de balle : la tactique refuse généralement de dupliquer une sollicitation. Il faut, qu'elle qu'en soit la forme, du contraste dans les solutions proposées au porteur du ballon. S'il y a deux attaquants, l'un s'approchera du porteur et l'autre s'en écartera. À la réception d'un centre, l'un foncera au premier poteau tandis que l'autre se placera au point de penalty, etc. Aux deux façons schématiques de se démarquer (s'écarter de son défenseur en s'approchant ou en s'éloignant du porteur de la balle) s'ajoute donc l'exigence de s'opposer à ce qu'entreprend le partenaire susceptible de recevoir la balle lui aussi. Le célèbre commandement des entraîneurs – « Pas à deux à la tombée du ballon ! » – concerne la phase défensive, mais il ne faut pas davantage être en surnombre à l'arrivée éventuelle du ballon. C'est ce qu'Ancelotti appelle « jouer en accord », en déclinant les exemples : « L'un joue court et l'autre joue long », ou encore « Si l'un des deux attaquants vient en aide sur l'extérieur, le milieu offensif doit chercher à attaquer en profondeur avec l'autre attaquant. » Jouer en accord ne consiste donc pas à jouer les mêmes notes que les partenaires. L'harmonie collective sonne juste lorsqu'elle s'appuie sur une complémentarité subtile entre des options contraires.

Défendre avec le ballon

Faire tourner le ballon de manière infinie au milieu de terrain en attendant le coup de sifflet final est un idéal d'entraîneur. Il est inaccessible, mais la qualité des joueurs peut permettre de s'en approcher. En 2010, l'Espagne avait l'une des équipes les plus talentueuses au monde et restait sur un beau succès à l'Euro. Malgré une grande quantité de talents offensifs, elle se contenta de gagner 1-0 toutes ses rencontres à élimination directe. Sans fermer le jeu mais sans jamais l'ouvrir non plus, imposant à ses renommés adversaires (Portugal, Paraguay, Allemagne et Pays-Bas) une longue et agréable berceuse au tempo beaucoup trop régulier. Endormis, ils étaient réveillés par quelques passes tranchantes, bien plus rares une fois le score en faveur de l'Espagne. Ballon confisqué, avec talent et classe, par des joueurs parfaits techniquement – et pour bon nombre issus du FC Barcelone –, et ce jusqu'à la fin du match. Voilà comment on gagne un Mondial en ayant donné l'impression de gérer, en essayant de jouer mais pas trop, avec un pouvoir de décision exercé pour ne pas encaisser de buts peut-être encore plus que pour marquer.

Deux ans plus tard, lors de l'Euro, cette Espagne fut même qualifiée d'« ennuyeuse ». « Voir l'Espagne, c'est comme aller à l'école, ironisait un commentaire sur le site du *Guardian*. Tu sais que tu dois être là pour apprendre, mais tu veux que la cloche sonne pour t'en aller. » Un point de vue partagé par la sélection allemande, dont le style vertical et le rythme intense étaient plus enthousiasmants. « J'ai joué en Angleterre, je sais quel genre de matchs ils aiment : ouvert, avec beaucoup d'occasions, avance Alvaro Arbeloa. Peut-être que quand ils voient notre manière de jouer, un jeu défini par le contrôle, ils trouvent ça ennuyeux. C'est normal, et je peux le comprendre. Mais tout cela révèle les demandes faites à l'Espagne. Les gens ne réalisent pas que dans une compétition comme celle-là, la difficulté est énorme. On ne peut pas gagner chaque match 3-0, on ne peut pas être brillant chaque fois. L'adversaire joue aussi, mais on dirait que c'est comme s'il n'existait pas. » « On n'a peut-être pas joué de la manière esthétique que tout le monde réclamait, mais on a, à tout moment, eu le contrôle des matchs », s'est défendu Vicente Del Bosque après coup.

Car si « sans le ballon, vous ne pouvez pas gagner » pour Johan Cruyff, avec le ballon, vous ne pouvez pas perdre. L'intéressé l'a d'ailleurs déjà dit de manière quasiment identique : « Si nous avons le ballon, ils ne peuvent pas marquer. » La possession n'est pas seulement un moyen de mettre l'autre en danger, elle est aussi une façon de se protéger. Une stratégie conservatrice beaucoup moins affichée que celle visant à se replier devant son but puisque, par définition, on est maître du jeu et susceptible à tout moment de faire vaciller l'adversaire. Comme les spectateurs, les adversaires peuvent s'endormir devant ce faux rythme et en oublier d'attaquer. Encore plus face à une équipe qui garde le ballon, peu importe le moment du match et le score, et dont on ne sait donc jamais trop si elle cherche la faille ou attend que le temps s'écoule. « Je me rappelle de mon premier entraînement au Barça, qui s'est limité à un *toro* et à un match sans cages, racontait Xavi dans *So Foot* en 2014. J'avais 10, 11 ans à l'époque et je n'avais rien compris : "Comment on peut faire un match sans cages ?" On a joué sans devoir marquer. À partir de là, on a travaillé le ballon, puis est arrivé un monsieur qui s'appelait Cruyff et qui a dit : "On défend en conservant le ballon." Parfait. »

Xavi illustre peut-être mieux que quiconque cette dichotomie entre attaquer et défendre dans des phases de jeu au départ identiques. Excellent passeur, c'est sa capacité à voir le jeu en avance et à faire des différences offensives qui a fait de lui un joueur majeur pendant plus d'une décennie, empilant les trophées collectifs à défaut d'empocher des distinctions individuelles. Pourtant, c'est aussi parce qu'il est capable de conserver le ballon sous la pression, sans chercher autre chose qu'un partenaire libre, qu'il était si important à Barcelone. On l'a vu lors de sa dernière saison en Catalogne : de plus en plus juste physiquement, surtout dans une équipe qui posait moins le jeu et avait besoin d'athlètes pour récupérer le ballon haut, il arrivait souvent à l'heure de jeu pour conserver le score (23 entrées en 2014-2015, soit autant que sur les quatre années précédentes combinées). « Il y a plein d'idées toutes faites qui sont fausses : par exemple, quand on veut tenir un résultat, à dix minutes de la fin, on dit qu'il faut faire entrer un défenseur, note Jean-Marc Furlan, ancien entraîneur de Troyes, pour Rue89 en 2013. Moi, je trouve que ça n'a pas de sens, mieux vaut faire entrer un attaquant. Avec un défenseur, vous avez encore moins le ballon, vous reculez toujours plus et vous allez concéder plus d'occasions. »

Jean-Marc Furlan est plus réputé pour proposer un football attractif que pour la solidité de ses défenses, ce qui pourrait nuancer la portée de son discours. Son idée de faire entrer un attaquant peut être jugée dangereuse dans la mesure où ce n'est pas lui qui assurera le contrôle du jeu. Il est ici plus question de la menace qu'on fait peser sur l'adversaire plutôt que sur une idée de gestion, même si le fond repose sur une volonté proactive similaire. On impose à l'autre sa volonté au lieu de subir la sienne, en évitant de changer en cours de route ce qui a permis d'être en tête à ce moment de la rencontre. Sans doute qu'avec un Xavi sur le banc, il ne lui semblerait pas inconcevable de sortir un attaquant pour densifier son milieu.

Cette conception du football n'est pas partagée par tous les entraîneurs et donc, a fortiori, par les joueurs. Le travail est quotidien et l'adhésion doit être totale, car, si un élément sort du système, tout peut rapidement être déséquilibré. « Tous les joueurs veulent attaquer et notre façon de défendre est d'avoir le ballon. Évidemment, il faut que les joueurs y croient et on y parvient en travaillant là-dessus tous les jours à l'entraînement, avec le ballon dans les pieds », jugeait à ce propos Brendan Rodgers, ancien coach de Liverpool et grand fan de l'école néerlandaise mise en application à Barcelone. Le Rotterdamois Leo Beenhakker ne dit pas autre chose : « Si vous avez la balle pendant soixante-dix minutes, vous avez soixante-dix minutes pour essayer de vous créer des occasions et vous passez seulement vingt minutes à défendre. Donc si la meilleure façon de défendre est d'avoir la possession, alors on tente de garder ce foutu ballon ! »

Triple champion avec le Real de 1987 à 1989, Beenhakker introduit une autre donnée : la récupération. Physiquement, il est compliqué de courir à haute intensité pendant toute une rencontre, aussi bien préparé soit-on. Au fil des minutes, l'explosivité baisse et la lucidité avec. « Plus vous courez, moins vous voyez », résume Ronald Koeman, l'entraîneur néerlandais de Southampton. Les équipes de possession, susceptibles donc de défendre correctement avec le ballon, ont besoin d'effectuer un gros pressing pour être performantes, des efforts qu'il faut pouvoir digérer et qu'un système fonctionnel absorbe via ces temps plus faibles.

Beenhakker décrit ce qui se passe dans cette phase de transition après avoir récupéré la possession : « Une fois que l'équipe a le ballon, elle prend son temps. Chacun des joueurs touche un peu le ballon, le passe un peu. Tout en préparant leur prochaine action, ils récupèrent des efforts qu'ils viennent de faire au pressing. » La préparation de l'action suivante, idéal offensif, peut être décalée de plusieurs secondes... voire plusieurs minutes. Est-ce parce qu'elle était plus reposée que l'Espagne a réussi à trouver la faille en prolongation face aux Pays-Bas ? Le raccourci est sans doute un peu simpliste et omet les face-à-face manqués par Arjen Robben devant Iker Casillas (ou brillamment gérés par le portier espagnol, c'est selon). Mais c'est parce qu'elle était maîtresse du jeu que la Roja a concédé si peu d'occasions durant le tournoi, malgré une arrière-garde donnant parfois des signes de faiblesse inquiétants. Défendre avec le ballon, c'est ne pas exposer sa défense. À condition, évidemment, de savoir le faire. Ce n'est pas pour rien si les exemples sont si rares : balle au pied, défiant celui qui veut vous la prendre, on ne peut pas se cacher. Ni se permettre la moindre erreur, qui offrirait une situation de contre-attaque à l'adversaire, sur laquelle on est beaucoup plus exposé. « Le jeu à travers la possession de balle exige une précision immense, une pensée commune, une capacité à se placer dans la pensée de l'autre, indépendamment de la qualité technico-tactique, expose Juan Manuel Lillo. Une indécision, un désaccord, une désynchronisation intentionnelle et c'est la perte du ballon. Et même si l'Espagne s'entraîne beaucoup, il n'y aura jamais l'identification du FC Barcelone, qui, étant une équipe de club, vit et s'entraîne au quotidien toute l'année. On ne peut pas demander à une sélection la même communion, la même fluidité. Néanmoins, on comprend que devant le moindre doute dans la progression de l'attaque, on préfère faire circuler le ballon en attendant une meilleure occasion d'avancer, parce que la quantité et la qualité des milieux de la Roja te permettent d'avoir confiance en la possession du ballon. » Mais les équipes dotées de moins de talents préfèrent souvent limiter les risques. Quitte à ne pas être totalement en contrôle de leur destin.

Le jeu direct

Egil Olsen n'est pas une star des bancs et ne le sera jamais. L'histoire ne retiendra pas son nom et seuls les Norvégiens qui ont suivi cet ancien international entraîner la sélection de 1990 à 1998 puis de 2009 à 2013 s'en souviendront encore dans une décennie. Pourtant, Olsen était un penseur radical du football dont la philosophie, qu'on la valide ou non, reposait sur une réflexion de fond : il faut maximiser chaque seconde passée en possession du ballon et aller au plus vite vers le but adverse. Estimant que les équipes qui se procurent le plus d'occasions dans un match l'emportent 75 % du temps, il préconise de tout faire pour s'en créer, quitte à multiplier les tentatives infructueuses car trop audacieuses. « Si votre adversaire est déséquilibré, même un petit peu, il ne doit pas être en mesure de retrouver son équilibre, développe-t-il dans le troisième numéro de *The Blizzard*. [...] Traverser le terrain et marquer, c'est exceptionnellement rare. Donc, dès qu'il y a la possibilité d'exploiter un déséquilibre, la balle doit être jouée devant. Jouer la balle dans l'espace très rapidement, avec peu de touches de balle et beaucoup de mouvement autour. J'ai inventé ce que j'appelle un style *"gjennombruddshissig"*, un mot long et lourd... Aujourd'hui, on préfère appeler ça "football direct" – c'est plus court et un peu plus provocant en contraste avec ce que j'appelle le "football à reculons", ou "de possession" comme certains l'appellent, qui semble être populaire dans plusieurs clubs. » Évidemment, le manque de succès d'Olsen à la tête de ses équipes invite à la prudence. Il a pourtant fait passer un cap à la Norvège, qualifiée pour les Mondiaux 1994 et 1998 – où elle domina notamment le Brésil (2-1) en phase de poules avant de s'incliner de justesse contre l'Italie (0-1) en huitième.

On retrouvait les mêmes idées dans l'approche du légendaire Helenio Herrera, l'un des maîtres-penseurs du *catenaccio* italien : « Il faut peu de passes et un jeu rapide pour arriver au but le plus vite possible. Le dribble est quasiment proscrit. C'est une ressource et non un système. Le ballon se déplace toujours plus vite s'il n'y a pas de joueur derrière lui. » Mais malgré toutes les tentatives d'Egil Olsen de changer la perception qu'ont les entraîneurs, ses idées perdent du terrain, au point d'être carrément marginales. Aujourd'hui, de moins en moins d'équipes pratiquent cette forme de *kick and rush* primaire, où l'on balance devant vers un joueur doué de la tête (Tore André Flo, dans le cas norvégien) tandis que les autres éléments offensifs sprintent pour faire pression sur la défense. Lui insiste, conforté par son approche scientifique et une collection minutieuse de statistiques : « Il n'y a pas de réponse définitive dans le football, mais il y a sans doute un genre de seuil d'efficacité. On peut le mesurer en comptant le nombre de passes vers l'avant et en Norvège, on est en ce moment entre 60 et 65 %. Je pense que la façon de jouer la plus efficace est autour de ce chiffre, peut-être un peu plus. La philosophie est basée sur beaucoup de mouvement, on doit courir beaucoup et prendre de gros risques sans le ballon, ce qui veut dire qu'il faut réduire les risques que l'on prend avec lui. On ne peut pas risquer des passes latérales quand on envoie beaucoup de monde devant : si on fait une mauvaise passe, cela doit être une longue balle dans la zone dangereuse adverse, parce que si on la perd, on a alors du temps pour se regrouper et retrouver notre équilibre. » Qu'on partage ou non son approche, ce personnage à part, capable de citer sur demande le point culminant de tous les pays du monde, a tout de même étudié son dossier : plus on fait de passes, plus la probabilité de perdre le ballon augmente. Et plus celle de marquer diminue.

Cette dernière idée est celle de Charles Reep, pionnier de l'approche statistique du football et prophète du jeu direct. Retraité de la Royal Air Force, Reep était un analyste d'Opta avant l'heure, décomptant au bord du terrain le nombre de passes, leurs zones et bien d'autres éléments du jeu pendant une trentaine d'années. Parmi ses conclusions, deux nous intéressent ici :

- la probabilité de réussir une passe n'est que de 50 % environ et diminue à chaque passe réussie ;
- 91,5 % des mouvements ne dépassent pas trois passes.

Quelle interprétation donne-t-il de ces faits ? Dans un souci d'optimisation de l'utilisation du ballon, une équipe doit minimiser son nombre de passes avant de frapper au but. Des observations qui négligent la diversité des types de passes ainsi que le contexte dans lequel elles sont réalisées. Reep lui-même reconnaissait d'ailleurs que les probabilités de réussite des passes s'élevaient en même temps que le niveau des équipes. Sa quête de la fameuse « formule gagnante », d'une vérité absolue, ne résiste pas à la confrontation avec les formes si différentes de football qui ont un jour ou l'autre été couronnées de succès. « La vérité, c'est qu'il n'y a pas de vérité en football », résume l'entraîneur italien Roberto Mancini (Inter Milan, Manchester City, Galatasaray), qui fait sans doute involontairement référence à un paradoxe philosophique sur lequel Aristote, déjà, s'était cassé les dents : s'il n'y a pas de vérité, ça en fait au moins une.

Reste qu'Egil Olsen entraîne dans son sillage ceux que la recherche permanente de la possession du ballon exaspère. « Pour moi, le plus important, c'est la verticalité, juge ainsi Pascal Dupraz, ancien coach de l'Évian TG. Ça ne veut pas dire : jouer direct. On peut avoir des séquences de jeu de conservation du ballon, faites de temporisation, mais à un moment donné, il faut mettre de la profondeur. Sur les quinze dernières années, l'équipe la plus remarquable, à mes yeux, par sa constance, a été Manchester United, capable d'utiliser aussi bien la largeur que la profondeur. Ça donnait l'impression que le terrain était extrêmement large et extrêmement long. »

Pendant de nombreuses années, une autre équipe anglaise, Stoke City, a symbolisé le jeu direct, moins parce que la formule est la meilleure pour gagner que par opportunisme. Le milieu irlandais Rory Delap, arrivé en 2007, pouvait, par exemple, faire des touches de près de 40 mètres, des touches longues portées qu'il était le seul à savoir aussi bien exécuter dans les grands championnats. Chaque sortie de balle équivalait presque à un coup franc, d'autant que les trajectoires tendues données les rendaient difficiles à lire et surprenaient les défenseurs et gardiens. « J'étais bon au javelot à l'école, se souvenait Rory Delap pour le *Daily Mail* en 2011. La première fois que j'ai réalisé que cela pouvait être utile dans le football, c'était pendant un match de jeunes avec Carlisle United contre Liverpool. Les gens ont l'air de penser que j'ai appris soudainement à faire de longues touches à Stoke, mais c'était déjà régulier à Carlisle et utilisé de différentes manières. Mais quand j'ai rejoint Stoke, le manager, Tony Pulis, m'a fait clairement savoir qu'il savait tout de mes touches et qu'il avait l'intention de les exploiter au maximum. »

L'équipe de Pulis était la plus grande du championnat (1,86 m de moyenne en 2010-2011) et profitait à plein de ces situations pour marquer de manière pas toujours esthétique (près de 50 % de buts sur coups de pied arrêtés cette saison-là). Sur le terrain, des joueurs physiques (Robert Huth, Ryan Shawcross, Ricardo Fuller, Kenwyne Jones...) plus que techniques et aucune star. Et un terrain à la pelouse de piètre qualité peu propice à favoriser le développement du jeu au sol pendant toute l'année. Cela a inspiré une saillie un peu improbable à Andy Gray, consultant de Sky

Sports, suggérant que Lionel Messi « aurait du mal dans une nuit froide au Britannia Stadium », l'antre de Stoke. Une expression depuis légèrement détournée et très reprise sur les forums, consiste à demander si toute chose est reproductible là-bas : « *Can he do it on a cold rainy night at Stoke ?*[1] »

« Le jeu anglais est né au milieu du suintement humide de la campagne anglaise l'hiver, raconte David Winner dans son ouvrage *Those Feet : A Sensual History of English Football*. Pour plus d'une centaine d'années, le football anglais s'est délecté de son humidité hivernale et s'est adapté pour convenir aux conditions. [...] La puissance était préférée à la finesse. Habituellement, les seuls joueurs encouragés à être des sorciers étaient les ailiers – ils jouaient sur la seule partie ferme du terrain. [...] La boue était inséparable du *"fighting spirit"*. » Le *kick and rush* y a trouvé un terreau privilégié de développement, bien plus que dans des territoires au climat moins humide. « Cela ne servait à rien d'essayer de jouer un football artistique quand le terrain était boueux et le ballon lourd, résume dans le livre l'ancien arrière latéral de Bolton Roy Hartle. On ne mettait pas le ballon au sol parce que si on l'arrêtait, il était difficile de le refaire bouger. »

Jusqu'aux années 1980, la plupart des terrains anglais, même dans les meilleurs clubs, étaient des bourbiers en hiver. Cela a commencé à changer en

---

1. Peut-il le faire dans une nuit pluvieuse à Stoke ?

1989. Arsenal, longtemps en tête de la première division, faillit perdre le titre à cause de la détérioration de la pelouse de son stade de Highbury, qui a nui à ses résultats. L'été suivant, les dirigeants des Gunners décident de reconstruire complètement leur pelouse, dont le drainage était auparavant pratiquement impossible, en conformité avec les nouveaux préceptes scientifiques d'entretien d'un terrain de football. Aujourd'hui, même dans les divisions inférieures, les pelouses anglaises sont des billards. « La boue est maintenant condamnée, et des éléments du style anglais disparaissent avec elle, regretterait presque David Winner. Le football de vitesse et d'excellence technique, impensable par le passé, est maintenant systématiquement joué sur les terrains les plus doux, fermes, avec des pelouses de la meilleure qualité que le football n'a jamais connues. [...] L'un des changements récents est l'état des terrains, qui sont exceptionnels et ajoutent de la qualité au spectacle. »

Mettre l'accent sur la qualité de la pelouse n'est pas un luxe de riche, c'est une vraie stratégie de développement. C'est plus joli à regarder, donc plus télégénique et vendeur, et bien sûr plus agréable pour les joueurs. À l'image du Camp Nou barcelonais, copieusement arrosé avant les matchs et pendant la mi-temps pour accélérer le jeu, beaucoup d'équipes conditionnent leur tactique de jeu avec le ballon à l'entretien du terrain. En France, Lorient s'est doté d'un terrain synthétique quand Christian Gourcuff, apôtre du jeu au sol, était aux manettes.

Au Paris Saint-Germain, la qualité de la pelouse du Parc des Princes était un enjeu à la fois sportif, mais aussi d'image pour les nouveaux propriétaires qataris, aux manettes d'un club engagé dans une stratégie de domination sur le terrain (recherche de la possession de balle) et en dehors (marketing agressif pour rattraper les grands d'Europe). D'où le recrutement, en février 2013, de Jonathan Calderwood, dans un anonymat poli. Ce Nord-Irlandais n'est pas un modeste joueur de Premier League, mais un jardinier. Ou, plutôt, un manager de terrain. Entretenir une pelouse est un savoir-faire précieux, beaucoup plus reconnu outre-Manche. « J'ai dit à Olivier [Létang, directeur sportif du PSG] que Jonathan était le meilleur et que parmi les recrues du PSG, c'était la plus importante, confesse Gérard Houllier (en octobre 2015 dans *L'Équipe*), qui a connu le bonhomme à Aston Villa. Avec lui, quelles que soient les variations de temps, on avait toujours de bons terrains. » Un an après cette arrivée qui pouvait sembler fantaisiste et accessoire, l'UEFA sacre le Parc des Princes meilleur terrain d'Europe. Et Calderwood, déjà considéré comme le meilleur jardinier de la planète – à tel point qu'il était reconnu dans les rues en Angleterre –, renforce son image en même temps qu'il sert celle de son nouveau club. Là où les « petits », en Coupe de France ou dans certains matchs européens, font de leur terrain cabossé un atout pour redistribuer les cartes, Paris et les autres grands clubs maximisent leurs chances en effaçant toute part d'incertitude.

Stoke n'est pas encore devenu le PSG. Mais les spécificités de ce football, qui n'en faisaient pas complètement une équipe à part, mais le représentant le plus marqué de cette tradition du jeu anglais à l'ancienne, ont depuis disparu. Durant la saison 2015-2016, cinq anciens vainqueurs de la Ligue des champions garnissent même l'effectif du club anglais, dont des joueurs techniques comme Bojan Krkić, Ibrahim Affelay et Xherdan Shaqiri. Une certaine forme de normalisation, conséquence en partie de la retraite de Delap, mais surtout de l'explosion de la manne financière à disposition des clubs de Premier League. Nouveau riche, cet habitué du milieu de tableau a les moyens de recruter de meilleurs joueurs qu'auparavant. Des éléments qui s'épanouissent avec le ballon et qu'il serait contre-productif de ne pas utiliser en jouant principalement sans lui ou en visant les airs.

Le dernier de Premier League au niveau de la possession est devenu un élève correct, et ce brutal changement d'approche ces dernières années est symbolisé par l'expression « Stokelona », contraction de Stoke et Barcelona. Ce jeu de mots en forme de clin d'œil, retrouvé en début de saison à la « une » de *The Oatcake*, le fanzine du club, montre que le regard a changé. « Depuis que Pulis est parti, on ne nous considère plus comme l'équipe de bouchers », confirmait le Français Steven N'Zonzi à *So Foot* en mars 2015, quelques mois avant son départ à Séville. Et même si Mark Hughes, l'entraîneur qui a impulsé le changement de philosophie, accessoirement un ancien du Barça, est en partie responsable, rien n'aurait été possible sans la modification de la stratégie de recrutement. Parce que même si certains coachs ont des préférences, ils s'adaptent toujours à leur effectif.

Ce fut le cas à Lille, au fil des années 2000, comme se souvient Grégory Tafforeau, témoin privilégié de trois époques : « J'ai connu Vahid Halilhodžić, Claude Puel et Rudi Garcia. Vahid était plus défensif, mais faisait en fonction des profils à sa disposition. On aurait peut-être évolué différemment avec d'autres joueurs. Avec Puel, c'était l'étape suivante, on commençait à jouer et à demander plus de la part des latéraux, il a fait la transition avec Garcia. Avec Rudi, l'exemple de Mathieu Debuchy m'a frappé puisque j'avais l'impression qu'il était plus souvent dans le camp adverse que dans le sien. Mais on jouait comme ça parce qu'on avait les éléments pour le faire. »

L'adaptation avant tout dans le but de gagner. C'est ce qui caractérise la grande majorité des entraîneurs, hormis quelques penseurs persuadés, à tort ou à raison, qu'il existe une bonne manière de jouer. « Des critiques sur le jeu ? Allez voir le Barça, soupirait récemment le milieu brésilien Felipe Melo, qui met aujourd'hui sa hargne au service de l'Inter Milan. On est là pour écrire l'histoire. » Et peu importe la forme des lettres. « Le jeu long est une solution comme une autre, estime Guy Lacombe. Les entraîneurs qui disent que ce n'est pas du football, mais où as-tu vu qu'il ne fallait jouer que d'une seule façon ? » L'ancien formateur à l'AS Cannes a d'ailleurs dû gérer les a priori négatifs d'un joueur, en particulier, par rapport au jeu de tête. « Je le voyais, le jeu de tête, il ne le faisait jamais. Je lui ai dit : "Tu fais 1,87 m, tu ne joues pas de la tête ?" Il ne me répondait pas, parce qu'il était très discret. J'en ai parlé aux Marseillais, qui m'ont dit : "Coach, à Marseille, c'est bourrin de jouer de la tête. La tête, c'est bourrin." Résultat, chaque jeudi, on travaillait le jeu de tête. Il avait deux choses à travailler : ça et l'aspect défensif. Le reste… » Ce joueur, vous l'avez peut-être reconnu : il s'agit de Zinedine Zidane, double buteur de la tête en finale de la Coupe du monde 1998.

Carlo Ancelotti est bien conscient de l'étendue du champ des approches possibles, lui qui a fait gagner la dixième Ligue des champions tant attendue au Real Madrid avec un jeu basé avant tout sur la contre-attaque, variante (souvent au sol) du jeu direct en ce qu'elle implique un nombre aussi réduit que possible de passes avant d'arriver au but adverse. Un peu à l'image de ce qu'il avait mis en place lors de son passage à Paris mais avec des joueurs bien plus forts et capables de s'adapter à toutes les situations. « Il y a trois choses fondamentales pour la contre-attaque : ne pas garder le ballon au milieu du terrain, utiliser les côtés, utiliser les dédoublements et demander à un joueur d'attaquer l'adversaire dans son dos, énumère le technicien italien. Une bonne contre-attaque est généralement faite avec les joueurs les plus proches du ballon, car ils sont ceux qui le récupèrent. » Et l'on en revient aux circonstances de la récupération du ballon. « Quand j'avais des joueurs comme Frau et Santos, la première intention était de jouer vite, se souvient Guy Lacombe. Si on ne pouvait pas, on trouvait les joueurs excentrés sur les côtés et on essayait d'attaquer tout en allant le plus vite possible. Si l'action ne peut pas se terminer, on conservait le ballon. Au moment de récupérer le ballon, si un bon pressing est fait sur vous, vous le gardez. Quand vous récupérez le ballon, vous êtes en position mentale offensive. Donc vous vous découvrez. C'est là que, si vous reperdez le ballon, vous êtes vulnérable. Il faut travailler sur ce temps de latence où l'adversaire est en position offensive dans sa tête. Et là, il y a les solutions. Si les appels se font, là, on a des possibilités. »

Sir Alex Ferguson a, lui, observé une évolution dans la manière dont ces contre-attaques sont menées : « Si vous remontez dans le temps et les étudiez, vous verrez que les équipes attaquaient avec un ou deux joueurs, surtout dans les pays d'Amérique latine. Désormais, ils arrivent en masse, cinq ou six en même temps. » Le fruit d'une volonté croissante d'exploiter les phases de transition, faute d'espace le reste du temps. « Dans la mesure où il y a de moins en moins d'espace et que les équipes sont de plus en plus en place, forcément que le moment où il y a interception ou perte du ballon, il faut l'exploiter, opine Raynald Denoueix. Ça devient de plus en plus crucial parce que le reste est de plus en plus difficile, tout simplement. C'est dur de marquer des buts. » Tous les moyens sont donc bons pour y parvenir, et aucun n'est fondamentalement supérieur à un autre. Un but reste un but, après tout, peu importe le nombre de passes effectuées au préalable. Même le FC Barcelone, d'ailleurs, est devenu redoutablement efficace sur les phases de contre-attaque.

Le jeu à la nantaise

« Suaudeau crie : "David !" David Marraud, sur une moitié de terrain, s'échappe sans ballon vers deux piquets qui forment une sorte de but. Avant que quelqu'un ne le rattrape, il appelle : "Nicolas !" Ouédec à son tour feinte, dribble, sans ballon au milieu d'un magma de bras et de jambes qui courent à ses trousses. Le but : deux équipes qui jouent se neutralisent sans ballon mais marquent des buts quand l'homme passe une ligne fictive. » Nous sommes en novembre 1992. Éric Serres, envoyé spécial de *L'Humanité*, assiste, au bord du terrain de la Jonelière, le centre d'entraînement du FC Nantes, à l'un des fameux exercices originaux de Jean-Claude Suaudeau. Celui-ci, donc, est sans ballon, et un observateur non averti pourrait prendre les joueurs canaris pour des fous à les voir ainsi se mouvoir dans le vide. Un autre exercice consistait à se faire des passes, toujours sans ballon, simplement en appelant le nom d'un coéquipier. Si la transmission était jugée irréaliste ou mauvaise, le « ballon » était récupéré par l'équipe adverse. Imagination collective, intelligence de jeu, simplicité, prise de décision et coordination des déplacements. « Le mouvement, c'est la base du jeu nantais », résumait Suaudeau. « À l'entraînement, il était capable, soudain, de mettre en valeur un geste dans le cadre d'une situation bien précise, s'est souvenu son ancien joueur, Jocelyn Gourvennec, dans *L'Équipe*. Il arrêtait la séance et lançait : "Alors là, tu m'intéresses !" Et il expliquait pourquoi. En faisant cela, il renforçait chez le joueur le sentiment d'avoir bien fait et l'envie de le refaire. Dans un exercice à l'entraînement, ou dans un match, il pouvait avoir ce type d'intervention et ça rejaillissait sur tout le monde. De tous les entraîneurs que j'ai connus, c'est celui qui avait le sens de l'analyse le plus développé. C'était instantané. »

L'expression littérale « jeu à la nantaise » est apparue au début des années 1990, mais elle englobe bien plus que la seule période Jean-Claude Suaudeau. À l'origine, il y a le FC Nantes de José Arribas (1960-1976), triple champion en 1965, 1966 et 1973, ses premières couronnes nationales. « Hérité des années 1960 et mis en lumière par José Arribas, repris mot pour mot par Suaudeau, ce jeu "à la nantaise" renaît aujourd'hui de ses cendres, écrivait Patrick Dessault, le correspondant de *L'Équipe*, en 1992. Ce savoir-faire, érigé en philosophie de jeu, est donc de retour sur les terrains de France. Intelligence de jeu, science du mouvement, de la course et du déplacement, simplicité du geste, tous ces principes étant mis en relief par le cuistot maison qui applique ses propres recettes. » Pour

Raynald Denoueix, c'est « d'abord un jeu collectif, qui repose sur la passe et le mouvement ».

Il y a toutefois plusieurs variations dans le jeu à la nantaise, liées aux joueurs à disposition et aux inclinaisons des entraîneurs qui l'ont réinterprété à leur manière. Celui de José Arribas avait été originellement pensé pour s'adapter à des joueurs en déficit d'impact physique. Une approche d'évitement, de mouvement, toujours, et de vivacité. « Le rythme, la vivacité sont les meilleurs alliés du jeu offensif », disait d'ailleurs Arribas. « L'idée de José Arribas, c'était de faire un jeu collectif, raconte Raynald Denoueix, qui a effectué toute sa carrière de joueur au FC Nantes, entre 1966 et 1979. Récupérer le ballon pour l'utiliser dans le collectif. On n'est pas dans le duel. Ce n'est pas l'objectif de faire des duels. » Pourtant, au poste d'avant-centre, Philippe Gondet ne faisait pas dans la finesse. « Philippe Gondet, c'était un mec qui défonçait tout, se souvient Denoueix. Mais autour de lui, il y avait de super techniciens, dont Suaudeau. Philippe, devant, poussait le ballon, accélérait, mettait des coups de coude. Mais c'était complémentaire avec tout le reste. »

Le premier passage de Jean-Claude Suaudeau sur le banc (1982-1988) est empreint des mêmes principes généraux, mais marqué par une approche plus technique, inspirée notamment par la créativité de José Touré. Les milieux axiaux sont également plus défensifs. « Je conçois le jeu d'attaque à travers la récupération », justifia « Coco » Suaudeau. Cela le mènera à un titre de champion en 1983.

Suaudeau est de retour en 1991, mais récupère un groupe aux caractéristiques différentes : moins de technique, plus d'activité, de vivacité et d'explosivité. Le sorcier nantais va alors concocter un cocktail détonnant, un jeu au rythme effréné axé sur la projection rapide vers l'avant, la limitation des touches de balle – « Le ballon ira toujours plus vite que n'importe quel joueur » – et la prise d'espaces. Son FC Nantes devient une formidable machine à attaques rapides. « Cette équipe n'était pas aussi forte techniquement que celle du titre précédent, en 1983, se souvient-il dans *France Football*. Celle de 1995 n'avait pas cette maîtrise, mais elle avait des jambes pour faire des courses. Et, sur ce plan, nous étions très intelligents, très bien coordonnés, avec, je le répète, cette capacité à reproduire les efforts. » « Étant issus majoritairement du centre, [les joueurs] étaient imprégnés de nos principes, savaient parfaitement interpréter les signaux, ajoute-t-il dans une interview au magazine *Vestiaires*. Ils maîtrisaient bien, ensemble, l'espace qui était devant eux, avec une grande aptitude à se projeter. J'ai donc adapté mon programme en fonction de ces caractéristiques. Et là, dans le jeu sans ballon, ils ont répondu d'une manière fantastique. En face, nos adversaires devenaient fous... »

Comme en cette soirée du 11 janvier 1995. Les Canaris se déplacent au Parc des Princes, chez le champion en titre parisien. À la pointe de l'attaque du club de la capitale trône George Weah, qui sera couronné Ballon d'or en fin d'année après avoir rejoint le AC Milan. Mais Nantes n'arrive pas en position de faiblesse, bien au contraire : le FCNA est leader invaincu de première division après vingt-deux journées et reste sur un franc succès 3-0 contre Lille, grâce à un triplé de Patrice Loko.

Paris Saint-Germain 0-3 FC Nantes – Janvier 1995

La rencontre tourne à la démonstration d'efficacité (3-0), une leçon d'attaques rapides, certes facilitée par l'expulsion du Parisien Daniel Bravo en première période. Le premier des trois buts nantais est le plus symbolique de ce « jeu à la nantaise » depuis fourvoyé tant il a été repris à toutes les sauces : cinq passes de Casagrande à Loko en passant par Le Dizet, Karembeu, Makelele et Pedros, huit touches de balle au total. « On ne peut pas vraiment parler de schéma, car il n'y avait jamais rien de figé, prévient Suaudeau dans *France Football*. Si on met les joueurs sur des rails pour les faire entrer dans vos fameux schémas, c'est fichu. La meilleure façon de battre un adversaire, ça reste quand même de le surprendre. Du coup, vous croyez que c'est malin d'être figé dans des systèmes ? Mais bon, si ça vous fait vraiment plaisir, on peut dire que c'était un 4-5-1 au coup d'envoi. Et après, ça s'anime, ça bouge, ça permute… »

Le fruit d'années de travail dans la « fosse » de la Jonelière, terrain en dur emmuré, idéal pour travailler le jeu rapide et court. « Au lieu de faire dix passes, on en faisait trois-quatre, mais pas n'importe lesquelles », souligne Suaudeau. Une verticalité redoutable quand elle s'accompagne d'une telle compréhension collective des espaces, de leur création comme de leur exploitation. « Le football restera toujours le football : un problème d'espace et de temps, reprend Suaudeau. À l'époque, certains disaient qu'ils avaient l'impression que nous étions plus nombreux sur le terrain. C'était le but ! Se multiplier par nos courses afin de se donner le temps de mieux voir et de ne rendre aucune passe difficile. Le foot est un jeu de passes. On l'entend beaucoup dire aujourd'hui avec le Barça. À Nantes, nous étions déjà là-dedans, il y a trente ans. Par le mouvement, vous offriez la liberté à votre partenaire.

Recherche du joueur libre ? Non. Recherche du joueur lancé ? Non. C'est recherche du joueur lancé dans un espace "libéré". » « L'appel déclenche la passe, affirme aujourd'hui Raynald Denoueix. À un moment, il y avait une théorie, à la DTN, qui disait que celui qui a le ballon commande. Mais si personne ne bouge, à quoi ça sert d'avoir Zidane et Platini ? » « Le principe offensif de base pour moi, c'est : l'appel de balle permet le jeu, appuie Guy Lacombe, qui a fait ses débuts de joueur professionnel au FC Nantes en 1976. À Nantes, c'est une hérésie de dire le contraire. L'appel, c'est juste se rendre disponible. Un mec comme Thiago Motta est exceptionnel pour ça, il est toujours dans les espaces qu'il faut. C'est aussi ça, un appel. »

Ce FC Nantes de 1995 terminera champion pour la septième fois de son histoire, battu seulement par Strasbourg à la 33ᵉ journée, et détient toujours le record d'invincibilité (34 matchs) dans l'élite du football français. La saison suivante, la Juventus, en demi-finale de la Ligue des champions, empêchera la transposition de cette domination nationale sur la scène continentale (4-3 au total des deux rencontres).

Cette philosophie offensive frénétique sera amendée par la suite par un Raynald Denoueix, certes toujours axé sur « le plaisir de se comprendre », mais plus porté sur la possession du ballon, grâce à des éléments plus joueurs (Éric Carrière, Stéphane Ziani, Marama Vahirua...). Cela lui sera d'ailleurs reproché par Jean-Claude Suaudeau, dans *So Foot* : « Lui, sa priorité, c'est d'avoir le ballon et de le garder le plus longtemps possible. Ça, c'est une maladie du jeu d'aujourd'hui, selon moi. C'est pour cela que le jeu devient emmerdant. [...] Je lui ai dit : "C'est ton problème, c'est plus le mien, mais tu sais que j'en ai marre de te voir faire ces passes-là." » Cela n'empêchera pas Denoueix d'être sacré champion de France en 2001, avant d'aller décrocher une deuxième place de Liga avec la Real Sociedad en 2003, après avoir longtemps tenu tête au Real Madrid. « Moi, si c'est possible, je préfère avoir le ballon, nous a-t-il confié. Mais on en revient aux caractéristiques : quand j'étais à Nantes, avec l'équipe qu'on avait, si on n'avait pas au minimum entre 400 et 500 passes… Compte tenu de nos caractéristiques, c'est-à-dire pas des costauds, Carrière, Ziani, Monterrubio et compagnie, il fallait que l'on ait le ballon. Cela me paraît logique. » Mais pas une possession statique, loin de là. Le mouvement restait au cœur des principes de jeu du FC Nantes version Denoueix. « Une de nos consignes d'entraînement pour apprendre à se démarquer, c'était de jouer sans lober, se rappelle-t-il. Le foot, c'est marquage/ démarquage. Être arrêté, c'est à rayer du dictionnaire du footballeur. »

Les automatismes sont évidemment clés, pour parvenir à une compréhension collective du jeu. D'où l'importance du centre de formation, comme ç'a été le cas pour le FC Barcelone. « En 2001, on était l'équipe championne de France avec le plus de joueurs formés au club. Et avec du jeu collectif, parce qu'avec les joueurs que l'on avait, on ne pouvait pas s'en sortir individuellement. Il y a une réflexion d'un prof que j'avais. Il disait : "Le jour de l'examen, il faut que vous sachiez tout quasiment par cœur et parfaitement. Parce que comme vous allez être un peu comme ça [il tremble], ce n'est pas là que vous allez réfléchir, que vous allez concevoir des grands raisonnements." Et les mecs à un moment, ils se déplacent comme des automates, ils courent, et ils courent comme ils ont l'habitude de courir. Courir ensemble. Courir pour l'autre ! C'est le plaisir de se comprendre grâce à des références communes qui permettent, en anticipant à chaque instant, d'interpréter le jeu de la même manière. Réagir efficacement ensemble pour gagner. »

Aujourd'hui, le jeu du FC Nantes n'a plus grand-chose de distinctif. « Le jeu à la nantaise, ça ne veut rien dire, affirma même son entraîneur depuis 2012, Michel Der Zakarian, dans *France Football*. À l'époque, les types jouaient depuis six, sept ans ensemble, ils avaient été formés ensemble, ils avaient des repères entre eux, c'était plus facile. Le secret du jeu à la nantaise, c'est de bien connaître le partenaire. » « Pour mettre ce jeu en place, il te faut du temps, confirme Didier Deschamps, qui a été formé avec ces principes. Et dans un club, on va surtout te demander avant tout d'avoir des résultats. Tu crois qu'on va te laisser le temps si tu n'as pas de résultats dans la première ou la deuxième année ? Avant, tu n'avais pas ce souci car il n'y avait pratiquement pas de marché d'entraîneurs. Aujourd'hui, si tu restes deux ans, c'est déjà bien. » « Un jour, mon président à Sochaux, Jean-Claude

Plessis, m'a dit peu après mon arrivée : "J'aimerais que tu nous fasses jouer comme Nantes", comme je suis un ancien Nantais, nous raconte Guy Lacombe. Je lui ai répondu : "Oui, président, pas de problème, vous me donnez l'équipe des moins de 15 ans, et je vais vous la monter !" »

Malgré six années sous la direction de Jean-Claude Suaudeau, Der Zakarian adopte une approche un peu plus rigide, même si le recrutement estival 2015 (arrivées du Brésilien Adryan et d'Adrien Thomasson, notamment) souligne la recherche d'éléments plus créatifs. « Parfois, on nous met des étiquettes, regrettait l'entraîneur nantais. Moi, à ce qu'il paraît, je ne fais que défendre. Évidemment qu'on a tous envie de jouer comme le Barça, mais, avant, il faut apprendre à courir ensemble, il faut du travail. Il y a sans doute une question d'éducation, de culture. J'ai toujours aimé la rigueur des Italiens. Quand tu les vois défendre, tu vois cette culture et cette recherche du travail bien fait, visant à bien récupérer le ballon. Même chose chez leurs attaquants : leur manière de se déplacer, leur jeu de corps, la protection du ballon, c'est le résultat de beaucoup de rigueur, d'application. » Même si l'application concrète sur le terrain n'est plus aussi emballante, que les priorités ne sont plus exactement les mêmes que par le passé, on retrouve néanmoins cette même idée de « courir ensemble ». Lorsque l'on creuse un peu, l'héritage canari est encore bien présent.

Les équipes à tout faire

Quand Andrés Iniesta récupère presque miraculeuse-
ment un ballon que la défense de Chelsea aurait facilement dégagé sans la pression de l'instant, on ne sait
pas encore qu'il s'apprête à accélérer la mutation du
football moderne. Bien entendu, tout n'a pas changé
un soir de mai 2009. Mais grâce à ce but inscrit dans
les derniers instants de la demi-finale retour de Ligue
des champions, le petit Espagnol a un peu plus légi-
timé le projet de son entraîneur Pep Guardiola et
prouvé que le jeu de passes, largement plus poussé
que tout ce qui existait à l'époque, pouvait fonctionner et réussir. Tout ça grâce à un tir en première intention de l'extérieur de la surface dans la foulée d'un
ballon balancé dans les 16,50 m un peu au hasard,
une stratégie désespérée pour une équipe dont le
manque de taille limitait grandement les possibilités.
Quelques semaines plus tard, Barcelone remportera
la plus grande compétition européenne et bouclera
l'une des saisons les plus impressionnantes de l'histoire du football.

Que les Catalans s'en sortent presque contre leurs
principes, mais s'en sortent quand même, est assez
symbolique : les équipes qui semblent adopter les
philosophies de jeu les plus extrêmes doivent aussi
savoir s'adapter et réagir en fonction du contexte.
Même avec une bonne partie des meilleurs joueurs
du monde dans leurs rangs et une préparation parfaite, elles ne peuvent empêcher les aléas d'un match,

à commencer par le problème que leur pose leur adversaire. À de très rares exceptions près, notamment le Rayo Vallecano de Paco Jémez, aucun club moyen n'a de parti pris extrême. La qualité des joueurs (technique, intelligence de jeu) permet de pousser le curseur plus loin et de tenter des choses. Un entraîneur aux idées fortes va ainsi marquer son équipe, comme dans les exemples cités précédemment. Mais les cas sont aussi symboliques que rares. Pour tout le monde, si l'on s'approche plus d'une philosophie que de l'autre dans la théorie, la pratique est bien différente. Vingt minutes de football total puis soixante-dix de garage de bus ? Si c'est ce qu'il faut, pourquoi pas ?

La vision des observateurs peut rapidement être faussée par ces grandes équipes qui imposent par la force des choses leur style de jeu, sans le rendre reproductible à grande échelle pour autant. Et même elles, qu'on voit souvent à la télévision et qui prennent part aux grands matchs qui marquent leur époque, savent varier et s'adapter. Leurs forces paraissent parfois tellement grandes dans certains secteurs qu'on en vient à ne pas remarquer la polyvalence dont elles font preuve, chose pourtant indispensable, à plus ou moins grande échelle. Avec Luis Enrique, le Barça vainqueur de la Ligue des champions 2014-2015 était ainsi le plus redoutable du monde en contre, alors même qu'il se basait avant tout sur une approche centrée sur la possession. « Le Barça est devenue une équipe au jeu beaucoup plus réaliste qu'avec Guardiola, juge

Guy Lacombe. Il est bon dans la conservation, même s'il l'est peut-être un peu moins, mais c'était devenu un peu galvaudé. Il gardait un peu le ballon pour le garder, mais il faut que la possession soit de la préparation pour se créer des occasions. Avec le Barça de l'époque Guardiola, il y avait très peu d'attaques rapides tellement il dominait le match. » Le réalisme actuel est évidemment à mettre en rapport avec le changement de coach, mais sans que la différence avec ses prédécesseurs ne soit forcément aussi énorme que le résultat sur le terrain. Avec Suárez, Neymar et Messi, l'ancien milieu de terrain a un avantage qu'il lui suffit, entre guillemets, d'exploiter. « Souvent le profil d'une équipe est défini par ses attaquants », résume Lacombe.

Le rival emblématique, le Real Madrid, était alors entraîné par Carlo Ancelotti. Un technicien reconnu pour son pragmatisme et sa capacité à adapter son projet à celui des joueurs dont il dispose. Une antithèse totale aux clichés qui accompagnent une bonne majorité de coachs, dont les expériences définissent un profil plus ou moins juste. Claude Puel, par exemple, capable de rendre Nice très attractif, avait les mêmes convictions quelques années plus tôt mais une réputation bien plus défensive. Ancelotti, habitué aux grosses écuries, avait su mettre en place un projet total, non pas dans son jusqu'au-boutisme, mais dans sa pluralité. Pragmatique, comme ses pairs, Guy Lacombe apprécie : « Il est hyper important de mêler le jeu de possession au jeu de transition, j'appelle ça le "jeu réaliste".

Ancelotti, avec le Real Madrid, pouvait jouer un jeu de possession contre Valence en faisant des passes et en éliminant dans le camp adverse, et contre le Bayern il gagne en Allemagne avec du jeu de transition exceptionnel. Simeone a ce réalisme-là, avec un plus sur les coups de pied arrêtés. » Puis d'ajouter qu'il « faut avoir un jeu de possession de qualité. Pour moi, ce n'est pas ça qui fera la différence, mais si vous ne l'avez pas et que vous ne jouez que la transition, c'est compliqué ».

En caricaturant, on pourrait dire que les grandes équipes font tout bien et que les autres font tout moyennement. Un peu de possession pour ne pas trop subir défensivement et construire ses attaques, un zeste de pressing à la perte du ballon quand c'est possible, un repli extrême quand il faut tenir le score pendant quelques minutes et que l'adversaire pousse… Les joueurs et le scénario décident et le rôle de l'entraîneur est de préparer sa formation à réagir efficacement à tous les cas de figure.

LES COUPS DE PIED ARRÊTÉS

Faudra-t-il parler des combinaisons ? Pas beaucoup, alors. De toutes les façons, le critère d'évaluation est évident. Lorsque l'on s'écarte de la façon « normale » (simple, logique, classique) de tirer un coup de pied arrêté, l'alternative est la suivante : soit ça réussit et on loue la combinaison, soit ça foire et on se gausse. Et plus une combinaison est élaborée (mobilisation d'un grand nombre de joueurs, quantité des transitions avant l'acte final…), plus elle risque d'échouer et plus elle est drôle quand elle manque son but. Comme celle de Thomas Müller contre l'Algérie en huitième de finale de la Coupe du monde 2014, qui s'est volontairement fait un croche-pied dans sa course d'élan pour faire diversion avant de solliciter un ballon par-dessus le mur… en vain. Si à l'inverse elle fonctionne, bien qu'elle soit compliquée, on insistera sur le fait qu'elle a habilement été « travaillée à l'entraînement », ce qui donnera confiance à l'équipe pour en tenter de nouvelles qui finiront, généralement dès la seconde combinaison, par faire rire – ou dépiter ses propres supporters – en échouant.

Une combinaison n'est jamais vraiment analysée en elle-même, elle n'est jugée que par rapport à son objectif. Au contraire d'une frappe, par exemple. Une superbe reprise qui manque le cadre demeure superbe en elle-même : on appréciera le corps penché sur le ballon, le bel équilibre, le timing, la zone du pied mobilisée, la position précise du pied d'appui, etc. La frappe écrasée qui finit au fond des filets reste toute pourrie. Mais pas la combinaison. Faire une passe au lieu de tirer directement un penalty ne sera audacieux, habile et séduisant que si le joueur mis en situation de tirer parvient à marquer (ce que Cruyff et Jesper Olsen avaient su faire avec l'Ajax contre Helmond, en décembre 1982, au contraire de nos deux compatriotes exilés à Londres, Robert Pirès et Thierry Henry, qui avaient piteusement échoué contre Manchester City en octobre 2005). Demander à trois joueurs de sauter par-dessus le ballon sur un coup franc indirect, avant que le passeur ne décale un joueur derrière lui et non devant, ce n'est intéressant que si le coup franc est dangereux au final.

Sceptique en observant les feintes des tireurs de penalty pour truquer leur course, suspicieux devant les trésors d'imagination déployés par certains pour brouiller les cartes sur l'identité de celui qui va se charger de tirer un coup franc, on restera avant tout focalisé sur ce qui regarde la tactique, le sérieux de la tradition et la crédibilité des réflexions modernes.

Quand on a la chance d'avoir trouvé un joueur qui sait tirer les coups de pied arrêtés vers le point de penalty et pas dans le mur ou au troisième poteau, où doivent se poster les joueurs en attendant sa passe ? Et comment défendre ? Les penaltys sont volontairement laissés de côté car, hors cas rares de combinaisons ingénieuses telles qu'évoquées un peu plus haut, ils n'impliquent pas de mécanismes collectifs[1].

Comment faut-il aimer les statistiques ? (car il faut les aimer)

Ceux qui aiment l'analyse tactique se passionnent aussi pour les statistiques. Tous. Par définition. Nécessairement. Pas au nom d'une identité cohérente et geek qui porte des lunettes, a le goût pour les chiffres, les calculatrices, les jeux vidéo et les stylos quatre couleurs, mais pour une raison qui n'a rien de psychologique ni de sociologique : la statistique permet tout simplement de résumer dans une donnée simple (nombre, proportion, pourcentage...) ou une image simple (graphique, schéma, camembert...) ce qui s'est passé dans la durée (sur une mi-temps, sur un match, un tournoi, une saison). Un style tactique, un principe de jeu, un automatisme n'existe que s'il est répété, et s'il est répété, il apparaît dans les chiffres. La statistique

---

1. Pour le lecteur qui souhaite tout de même explorer la dynamique fascinante des penaltys, nous ne pouvons que recommander la lecture de l'ouvrage *Onze mètres – La solitude du tireur de penalty* de Ben Lyttleton, Hugo Sport, février 2015, 380 p.

condense les faits. En synthétisant, elle aide à percevoir ce qui s'était étalé et embrouillé dans le temps.

Le commentateur de foot aimant aussi la tactique (ce qui devrait être un pléonasme, mais est plus souvent un oxymore) cherche donc à valider dans les statistiques (tant de passes réussies) les stratégies qu'il identifie (un jeu basé sur la possession). À l'inverse, ce que les chiffres semblent dire peut servir de fondement à des prises de position tactiques : si 10 % des centres sont suivis d'une action dangereuse, à quoi bon centrer ? Et si Ancelotti ou Mourinho parviennent à battre le Barça qui a eu 70 % de possession de balle, n'est-ce pas la preuve que le jeu de passes est stérile, au fond ?

Ainsi se disputent les tacticiens : à coups de données dans la gueule. Mais parce qu'ils aiment les statistiques, les tacticiens les regardent avec tendresse et affection, et ils savent quelque chose d'important. Une statistique n'est qu'un fait.

C'est déjà ça, un fait, ce n'est pas rien, ça s'impose : 10 % de centres conduisent à une action de but. C'est comme ça. Tel passeur a réussi 92 % de ses passes, c'est comme ça. Incontestable. Mais un fait ne raconte rien d'autre que ce qu'on lui fait dire. Et si on ne peut pas lui faire dire « tout et n'importe quoi » (faire un centre n'est pas se donner une grande chance de marquer ; le joueur en question n'a pas perdu beaucoup de ballons), on doit cependant distinguer le fait résumé dans la statistique et le sens donné à ce fait. Que faut-il déduire de « 10 % de centres sont suivis d'une action dange reuse » ? Que ça ne sert à rien de centrer, ou... qu'il faut centrer dix fois pour avoir enfin son action dangereuse, qu'on n'aurait jamais eue si on n'avait pas centré ? C'est là qu'une statistique doit s'interpréter, être croisée avec d'autres – c'est là qu'il faut raisonner. Prendre au sérieux la statistique, c'est tout le contraire d'une confiance aveugle. Untel a donc réussi 92 % de ses passes. « Et s'il n'avait pris aucun risque ? » se demandera le commentateur tactique attentif.

Enfin, une statistique ne dresse de bilan (qui reste à commenter, donc) que de ce qui s'est passé. Pas de ce qui se passera. Ils sont nombreux, les imposteurs qui veulent faire dire aux statistiques plus qu'elles ne peuvent. Ce qu'elles ne peuvent pas, c'est dire l'avenir. Ça se saurait, si les sites de paris sportifs perdaient de l'argent grâce à la démocratisation des statistiques.

Les tacticiens auraient volontiers parié, en 2013, sur la victoire 4-0 de Barcelone contre l'AC Milan, alors qu'au match aller les Italiens l'avaient emporté 2-0, et alors que depuis que la Ligue des champions moderne existe, 0 % des clubs s'était qualifié après avoir perdu le match aller 2-0. Car les tacticiens savent que « 0 % des clubs s'est qualifié » (ou 12 %, ou 37 %, ou 100 %) ne signifie pas nécessairement : « 0 % (ou 12 ou 100) se qualifiera. »

Que faut-il déduire de la donnée : « Cela fait vingt ans que Marseille n'a pas gagné à Bordeaux » ? Qu'ils vont « donc » perdre, ou qu'ils vont « donc » enfin l'emporter ? Ce n'est pas la statistique qui répond à cela. C'est la superstition.

> Pour synthétiser, les tacticiens savent que les statistiques :
> - montrent un fait, mais ne racontent rien tant qu'on ne les fait pas parler ;
> - présentent une synthèse des événements passés, mais ne prédisent pas l'avenir.

Surestimés ou sous-exploités ?

Les coups de pied arrêtés sont cruels. Chaque corner, chaque coup franc « bien placé » suscite en nous l'espoir (ou la crainte) d'une occasion, voire le rêve (ou le cauchemar) d'un but marqué. Il y a quelque chose d'unique dans ces phases si particulières, chance offerte (généralement une seule à la fois) par le scénario du match de lancer les dés en espérant tomber sur la combinaison gagnante. Le propre du supporter est de céder aux illusions, et le rôle du statisticien de le ramener à la raison : dans la grande majorité des cas, ses espoirs sont déçus.

Prenons le cas des corners, aisément identifiables (alors que les coups francs sont différenciés par de nombreux facteurs spécifiques, leur emplacement sur le terrain en premier lieu). Lors de la saison 2014-2015 de Ligue 1, 3 512 corners au total ont été joués, selon les chiffres de la Ligue de football professionnel, soit 9 par rencontre en moyenne. Le nombre de ceux qui ont débouché sur un but est famélique : 70. Il a donc fallu en moyenne 50 corners à une équipe de Ligue 1 pour marquer. Une étude menée en Premier League a, elle, découvert qu'une équipe moyenne du championnat anglais ne marquait sur corner qu'une fois toutes les dix rencontres. Gardez ces chiffres en tête avant de vous enflammer la prochaine fois que votre équipe en obtiendra un.

Les statistiques disent certes seulement ce qui s'est passé, et non pas ce qui va se passer. Il est donc tout à fait possible que deux corners consécutifs débouchent sur un but, y compris dans les arrêts de jeu, y compris en finale de Ligue des champions, y compris contre des Allemands. À une certaine période de la saison 2014-2015, l'Atlético Madrid de Diego Simeone, particulièrement efficace sur ballons arrêtés, allait à un rythme fou d'un corner concrétisé tous les deux matchs. Mais le constat est là, et la question se pose : ne surestime-t-on pas l'importance des coups de pied arrêtés ?

Car ce sont des phases où la défense bénéficie systématiquement et mathématiquement d'un avantage numérique sur l'attaque. Cette dernière mobilise un tireur et, sauf cas désespéré de fin de match, veille aussi à conserver, par sécurité en cas de contre-attaque, un défenseur de plus que les attaquants adverses restés aux avant-postes. Un but marqué pourrait donc être considéré comme une performance de choix. Sauf que les coups de pied arrêtés ont ceci de particulier qu'ils se résument au final souvent à des duels aériens en un-contre-un, peu importe le nombre de joueurs autour (même si nous verrons comment les entraîneurs cherchent, sur ces situations, à optimiser l'occupation de l'espace). Renversons donc la question : plutôt que surestimés par les spectateurs, les coups de pied arrêtés ne seraient-ils pas sous-exploités par les acteurs ?

Ils offrent des opportunités de marquer pour les équipes qui ne parviennent pas à faire la différence dans le jeu. Et dans ce sport où le score évolue si peu, et dans lequel chaque but inscrit pèse lourd, ce sont des occasions à optimiser, aussi marginal soit leur rendement estimé. « Les espaces sont plus durs à trouver et, par conséquent, il est devenu plus compliqué de trouver la faille chez un adversaire, souligne João Sacramento, analyste vidéo pour l'AS Monaco, spécialisé dans l'étude des adversaires. C'est pourquoi l'analyse des coups de pied arrêtés est devenue cruciale car ils représentent de réelles opportunités de buts. » « C'est un domaine où la stratégie est importante, sur les plans offensif comme défensif », complète Guy Lacombe.

Nous avons étudié les chiffres en Ligue 1, publiés par la LFP, sur les cinq dernières saisons complètes au moment de l'écriture de ce livre, de 2010-2011 à 2014-2015. Sur cette période, 4 651 buts ont été marqués, dont 1 329 sur coups de pied arrêtés[1] (penaltys inclus), soit 28,6 %. Ce ratio a fluctué entre 33 % en 2010-2011 et 26 % en 2013-2014. Au plus haut niveau du football français, plus d'un quart des buts inscrits

---

1. La LFP considère les buts contre son camp comme une situation de jeu à part et ne les intègre pas dans les autres catégories. On peut donc estimer que le nombre total de buts sur coups de pied arrêtés, csc inclus, est légèrement supérieur à celui-ci. En 2014-2015, les buts contre son camp constituaient 4 % du nombre total de buts inscrits.

le sont donc sur phases arrêtées. Précisons d'emblée qu'un ratio élevé ne signifie pas nécessairement une efficacité particulière sur CPA : il peut aussi simplement indiquer des difficultés à marquer dans le jeu. Il révèle tout de même le poids considérable de ces situations. « Ce constat nous oblige à être performants dans ce domaine », admettait Jean-Marc Furlan dans le magazine *Vestiaires*.

Les variations sont grandes entre les clubs. Sur cette période, l'équipe la plus dépendante des coups de pied arrêtés a été Bordeaux, qui y a inscrit 58 % (31 sur 53) de ses buts lors de la saison 2011-2012. À l'inverse, en 2010-2011, la part des buts inscrits par Toulouse sur CPA n'était que de 11 % (4 sur 38).

En 2004, *France Football* avait consacré un dossier aux phases arrêtées, avec un éclairage spécifique sur la Ligue 2, où ils représentaient une part légèrement supérieure des buts marqués après douze journées de championnat (27,75 % contre 24,8 à la Ligue 1). Le milieu de terrain montpelliérain Guillaume Moullec apportait cette explication : « En L2, les matchs se jouent plus sur les coups de pied arrêtés qu'en L1 car le jeu est plus agressif, il y a plus de fautes dans les 30 derniers mètres. Du coup, on voit plus de coups de pied arrêtés dangereux. Dans les surfaces, c'est vraiment chaud ! Cette année, beaucoup de nos matchs se sont débloqués ainsi. En Ligue 1, il y a moins d'erreurs de marquage, de fautes d'inattention sur ces actions, les défenseurs sont plus vigilants et les gardiens sont encore meilleurs que ceux de L2. »

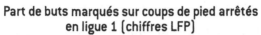

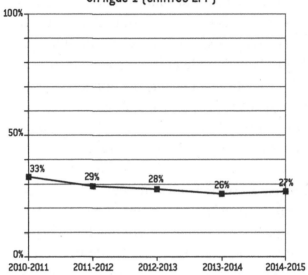

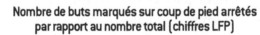

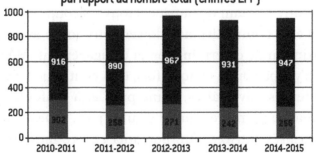

Depuis cinq ans, Pascal Grosbois a minutieuse-ment étudié les coups de pied arrêtés, des grandes compétitions internationales aux compétitions de jeunes, pour recueillir des statistiques. Cet ancien milieu de terrain, qui a disputé plus de 300 rencontres de Ligue 2 et connu la première division avec Laval, a fait de ces actions sa spécialité, après plusieurs expé-riences d'entraîneurs en CFA2, en CFA et au Qatar notamment. Selon ses calculs, 28 % des buts de la Coupe du monde 2014 ont été inscrits sur coups de pied arrêtés (12 penaltys, 22 corners, 9 coups francs indirects, 3 coups francs directs, 1 touche et 1 six-mètres). « Les sélections, en stage, passent davantage de temps à les travailler, à étudier les adversaires et à mettre en pratique que dans les clubs », estime-t-il.

Didier Ollé-Nicolle (Valenciennes, Nîmes, Châteauroux, Clermont, Nice...) décèle même une différence de considération en fonction du statut de l'équipe avant un match. « Les équipes du haut de tableau affichent parfois un certain laxisme dans ce type de matchs réputés faciles, notait-il dans *Vestiaires*. À ce titre (en tant qu'outsider) tous les coups de pied arrêtés à bonne distance doivent être joués avec un maximum de détermination et d'engagement. Même s'il n'y a pas but à chaque fois, cela contribue à faire douter les adversaires, d'une part, et à renforcer la confiance de notre équipe d'autre part. » Des confi-dences révélatrices d'un potentiel encore inexploité. Dans sa collecte statistique, Pascal Grosbois est arrivé au même constat : « Seulement 30 % de ces situations de jeu mettent en danger l'adversaire. Donc il y a les 70 % restants à optimiser. »

Tireurs : l'exemple Juninho

Cette optimisation commence au niveau des tireurs, logiquement à la base de la réussite des coups de pied arrêtés. Pascal Grosbois, lui-même ancien tireur désigné, y porte une attention toute particulière dans la méthode d'entraînement spécifique qu'il a mise en place – et brevetée. Depuis quatre ans, il travaille au côté de Stéphane Moulin, son ancien coéquipier à Angers. Une aventure commencée en CFA 2, lorsque Moulin était en charge de la réserve, et poursuivie encore aujourd'hui, alors que le SCO est remonté dans l'élite. « Les progrès ont été rapides et les joueurs étaient très réceptifs quant à l'idée de devenir spécialistes des coups de pied arrêtés », glisse-t-il.

Pour les tireurs, le travail individuel et technique est indispensable. « Dans mon analyse, je me suis aperçu que les tireurs n'étaient pas bien préparés, reprend Pascal Grosbois. J'ai vu des choses aberrantes au niveau professionnel, beaucoup trop de déchet au niveau des tireurs. Un professionnel doit pouvoir mettre neuf corners sur dix au bon endroit. On ne peut faire des combinaisons qu'à partir du moment où le tireur est régulier et précis. » Une analyse qui vaut pour les coups francs directs comme indirects et les corners.

Sous l'effet de ses conseils, le Roumain Claudiu Keşerü a retrouvé une efficacité redoutable, certes aidé par un pied gauche de grande qualité. « À un moment donné, il était dans le doute, je l'ai remis en selle. Mais je travaille avec des joueurs qui ont déjà un bon pied, des prédispositions pour bien frapper le ballon. » Avec toujours l'idée de les placer dans une zone de confort, notamment au niveau de la gestuelle. « Je pars du principe que chaque joueur est différent, l'idée c'est vraiment de créer leur geste à eux, avec un rituel en plusieurs étapes. » Car comme le souligne Juninho dans une interview à Léquipe.fr, « chacun a sa manière de tirer, une façon de se mettre en face du ballon, d'équilibrer son corps, de se concentrer et de préparer son geste. Chacun a une façon de faire bien à lui, un comportement naturel ».

Beaucoup veulent s'inspirer du Brésilien, qui a inscrit 44 buts pour l'OL sur coup franc en huit saisons, avec ses frappes flottantes si particulières et imprévisibles. Andrea Pirlo, redoutable sur coup franc direct, l'a lui-même reconnu dans ses propos rapportés par Sofoot.com : « Quand Juninho était à Lyon, ce qu'il faisait à la balle était incroyable. Il la posait à terre, courbait son corps de manière assez bizarre, prenait sa course d'élan et marquait. Il était comme un chef d'orchestre qui aurait été assemblé à l'envers, il tenait sa baguette avec ses pieds plutôt qu'avec ses mains. Je l'ai étudié intensément, j'ai collectionné des DVD, et même des photos de matchs où il jouait. Et puis j'ai commencé à comprendre. Ça a pris du temps, de la patience et de la persévérance. Au début, je me disais simplement qu'il frappait la balle de manière non conventionnelle. Je voyais le "pourquoi", mais pas le "comment". En fait, la formule magique, ce n'est pas où la balle est frappée, mais comment. Seulement trois de ses doigts de pied entrent en contact avec le cuir, pas tout son pied, comme on peut le croire. Il maintient son pied le plus droit possible, puis le relâche d'un coup sec. Cela donne une trajectoire imprévisible au ballon. Tous mes tirs portent mon nom, ils sont mes enfants. Ils se ressemblent, mais sont tous différents. Ce qui est sûr, c'est qu'ils ont tous des origines sud-américaines. Plus précisément, ils partagent tous une même source d'inspiration : Juninho. »

Le Bosnien Miralem Pjanić, qui a côtoyé le maître artificier *auriverde* à Lyon, est un autre de ses disciples. « "Miré" était toujours intéressé par ma technique de frappe sur coup franc et par cet exercice particulier, se souvient Juninho. Il restait toujours avec moi, après les entraînements, pour des séances de coups francs. Il était jeune et encore très léger physiquement, mais il montrait déjà une qualité de frappe assez importante. Il avait toujours cette envie de travailler et il cherchait sans cesse comment faire plus, en posant beaucoup de questions. » Il en récolte aujourd'hui les fruits. Après trois mois de compétition lors de la saison 2015-2016, il avait déjà inscrit quatre coups francs directs, dans un style très juninhesque. « C'est le meilleur tireur de coup franc aujourd'hui, juge Juninho. Il est très performant et surtout régulier. C'est le plus difficile. Il a beaucoup de variations dans ses frappes. Il est capable de frapper de différentes façons, selon la distance. J'imagine qu'il travaille énormément. Je lui avais dit à l'époque que la répétition du geste était la chose la plus importante pour devenir un grand tireur de coup franc. C'est fatigant, mais c'est vraiment le plus important. » Rémy Vercoutre s'en souvient, lui le gardien remplaçant du grand OL, canardé des centaines de fois en fin d'entraînement par le Brésilien. Pour éviter le risque de blessure, celui-ci effectuait généralement ses séances spécifiques les plus intensives à trois jours des matchs, pour éviter de solliciter exagérément les mêmes muscles.

Juninho lui-même s'est inspiré de glorieux prédécesseurs : « J'ai beaucoup étudié les frappes enroulées de Zico, Platini et Baggio, confiait-il à *France Football* en 2006. Chacun a sa façon personnelle de frapper. Certains disent que la mienne est très difficile à copier, mais ça ne veut pas dire qu'elle est la meilleure. » Chaque joueur conserve ses particularités morphologiques. Reste que la manière de frapper le ballon peut tout de même s'imiter, au moins partiellement, comme l'illustrent les cas Pirlo et Pjanić. Mais là encore, pas de secret : pour devenir un bon tireur précis et régulier, seuls le travail et la répétition paient. D'où l'importance d'un temps spécifiquement consacré. Car sauf cas de chance extrême, à la base de tout coup de pied arrêté réussi, il y a un bon tireur.

Mais il y a aussi un bon choix, la bonne option choisie en fonction de la situation du ballon. Chaque acteur et entraîneur a ses préférences, ses idées pré-conçues plus ou moins vérifiées. Petite compilation. Pour le milieu de terrain Fabrice Abriel, cité par *France Football* en 2004 (il évolue alors à Guingamp), « il y a trois zones décisives : les six-mètres, devant le gardien et le second poteau. J'essaie de viser une de ces trois zones. Il faut qu'un joueur arrive lancé à cet endroit ». Guy Lacombe goûte, lui, les frappes rentrantes (qui plongent vers le but), « notamment pour les déviations ». « En ce qui concerne les cor-ners, le mieux est de le frapper rentrant, avec l'objec-tif de passer le premier défenseur, ajoute Jean-Marc Furlan, dans une conférence retranscrite par le maga-zine *Vestiaires* en 2009. Pourquoi rentrant ? Parce que cela oblige le gardien à ne pas bouger de sa ligne par peur de prendre un but direct. »

Ghislain Printant (Bastia) cherche, lui, à déstabi-liser au maximum les gardiens sur coup franc direct, comme il l'écrivait dans *Vestiaires* : « Beaucoup d'en-traîneurs prolongent les murs adverses en rajoutant des joueurs, ce qui va obliger le gardien – dont la vue du ballon est cachée par ce ou ces joueurs – à se déca-ler sur sa ligne de but. Résultat : si le tireur frappe au-dessus du mur côté "ouvert", le gardien aura alors une plus grande distance à parcourir pour aller cher-cher le ballon... Bien sûr, on peut aussi gêner le gar-dien en mettant plusieurs frappeurs qui effectuent des courses avec des trajectoires différentes. Reste que le moyen le plus efficace pour gêner le gardien sur coup franc demeure le suivi des frappes par les attaquants.

C'est un point sur lequel nous insistons beaucoup à l'entraînement. Il suffit parfois qu'un ou deux joueurs suivent les actions pour que le gardien ne fasse pas le geste adapté à la situation et se mette en danger sous la pression. L'attaquant qui a suivi sera alors à même de finir l'action si le gardien relâche le ballon… »

Une nouvelle tendance, toutefois, se dégage ces dernières années sur coup franc : quelle que soit la situation du ballon sur le terrain, et tant qu'il peut être envoyé dans la surface de manière tendue (il faut donc qu'il n'en soit pas excessivement éloigné), il faut viser le but. Cela facilite les déviations pour les attaquants, complique le travail des défenseurs mais aussi des gardiens, qui peuvent être pris de court, que le ballon soit dévié ou non. On voit ainsi de nombreux centres qui terminent au fond sans que personne ne les touche. Ce principe était l'une des bases des enseignements reçus par Juninho. « Mon ancien entraîneur de Vasco, Antônio Lopes, nous faisait énormément travailler les coups de pied arrêtés, raconte-t-il dans *France Football*. Il pensait toujours que, quel que soit l'endroit du terrain où l'on se trouvait, même très décalé sur un côté, il fallait viser le but. Il disait : "Ce n'est pas à toi de déposer le ballon sur la tête du joueur. Toi, tu dois juste frapper fort en direction du but. Si tu rates ton coup franc, il y aura toujours quelqu'un au premier poteau pour le prolonger." Je sais que c'est difficile pour mes partenaires de reprendre le ballon, parce que ça va vite, mais c'est aussi très dur pour les défenseurs, qui ne peuvent pas toujours intervenir et placent donc leur gardien dans l'embarras. »

Après la zone choisie, reste à donner la bonne trajectoire au ballon. « Si tu envoies un ballon en cloche, tu as peu de chance que cela donne quelque chose, soulignait Jérôme Rothen en 2004. Sur une frappe bien tendue, l'attaquant a juste besoin de la dévier, sans la toucher. Le centre le plus dangereux, c'est celui qui arrive tendu entre le point de penalty et le gardien. » Le centre le plus dangereux, c'est surtout celui qui débouche sur une occasion voire, scénario idéal, un but. Et pour y parvenir, il faut être dans les bonnes dispositions mentales, un aspect souvent ignoré.

Pascal Grosbois veut y remédier. Il a fait de la préparation mentale l'un des piliers de sa méthode. « L'objectif est de rentrer rapidement dans sa bulle de concentration, de bien visualiser la situation, et puis se concentrer avec des étapes, être relâché et réussir à être spontané, entrer rapidement dans sa zone de confiance. » Comme pour la gestuelle, il met en place un protocole avec le joueur. Le tout, et le plus difficile, reste ensuite de réussir à le reproduire en match. « Malheureusement, il n'existe aucun entraînement, pour quelque exercice technique ou tactique que ce soit, qui puisse reproduire à la perfection les conditions d'un match », souligne Juninho. D'autant qu'il faut gérer de multiples facteurs potentiellement perturbants. « La concentration joue beaucoup. Après, il y a la distance du mur, la position du ballon, etc. Plein de paramètres entrent en jeu. En fait, il n'y a pas de règles. Je peux très bien passer une période de deux ou trois mois sans marquer un coup franc puis en claquer trois ou quatre coup sur coup. » Sur les phases indirectes, la part d'aléatoire est encore plus grande, car elles dépendent aussi de ceux situés de l'autre côté du ballon (outre la défense) : les receveurs.

Approche classique et variations

De prime abord, l'idée basique est simple : il faut viser les meilleurs joueurs de tête. Après tout, ce sont eux qui ont les plus grandes chances de remporter leur duel aérien et de cadrer leur reprise. Il faut donc les mettre dans les meilleures conditions pour y parvenir. Généralement, les grands doués dans les airs arrivent lancés entre le point de penalty et les six-mètres. C'est ainsi que procède l'Atlético Madrid avec le redoutable défenseur uruguayen Diego Godín (avec quelques variations, évidemment, pour surprendre l'adversaire). Par ailleurs, les Colchoneros sont généralement friands de corners rentrants avec déviation au premier poteau.

Dans le magazine *Vestiaires*, Frédéric Hantz, ancien entraîneur bastiais, détaillait les éléments clés pour la réussite sur corner : « De nombreux joueurs de grande taille dans la surface » et « la qualité des déplacements, le timing. Ici rentre en ligne de compte la coordination des déplacements entre le receveur et le tireur, mais aussi l'occupation de l'espace devant le but et la coordination des déplacements dans la surface ». Des éléments qui entrent également en compte sur les coups francs indirects, avec en plus l'attention nécessaire pour ne pas se retrouver en position de hors-jeu. « Chacun doit être à sa place, selon son profil, explique Pascal Grosbois. Après, il y a aussi une part d'instinct. Il y a des bases et des fondamentaux, mais après c'est en fonction de l'adversaire, du résultat, de l'environnement, etc. On donne les infos, on oriente les joueurs, mais après on leur laisse une part de libre choix aussi, on leur laisse une marge de décision. » Parmi les choix les plus fréquents, on retrouve l'idée de placer un attaquant proche du gardien de but adverse, pour le gêner. « Surtout s'il s'agit d'un gardien ayant tendance à sortir, relève Ghislain Printant. Sans se mettre à la faute, votre joueur se positionnera dans le déplacement du gardien pour l'empêcher de prendre sa course normalement. »

À Angers, les combinaisons visent principalement des déviations au premier poteau, à l'image de l'Atlético Madrid. Ghislain Printant abonde également dans ce sens : « Sur les coups francs excentrés, les courses au premier poteau gênent énormément les portiers. Des buts sont marqués dans cette zone sans que personne ne touche le ballon, car le gardien a toujours tendance à être attiré par une déviation à hauteur de ce même premier poteau. » Pour le reste, l'approche du SCO reste assez traditionnelle. « On reste assez classique parce qu'il y a de bons joueurs de tête, justifie Pascal Grosbois. Et pour l'instant, on joue surtout par rapport aux forces d'Angers, mais on est en train de réfléchir pour améliorer ça. »

Améliorer ça, en variant les plaisirs notamment. « Je propose des combinaisons de façon à surprendre l'adversaire. Il faut faire en fonction du profil des joueurs, et arriver à créer une réelle complicité entre les tireurs et les receveurs, avec des annonces. » Car encore plus que dans le jeu, la défense est en situation de réaction sur les coups de pied arrêtés. « Sur ces phases, l'équipe qui a la possession de balle a un temps d'avance sur l'adversaire. Donc il faut en profiter. Si on arrive à faire des combinaisons, à avoir une complicité avec des annonces, ça donne deux temps d'avance. Et si c'est bien joué, on se donne tous les moyens pour marquer. »

Parmi les possibilités : les fausses pistes, chercher une passe en retrait en l'air ou au sol… et les fameux corners à deux, souvent décriés pour leur inefficacité. « Il faut la réalisation technique, parce qu'avant de centrer, il y a une, deux voire trois passes, explique Pascal Grosbois. Quand on met dans le paquet, on ne prend pas de risque, c'est sûr… Les corners à deux, ça permet de déformer le bloc défensif, ça surprend. » Ça permet aussi, éventuellement, de dépeupler un peu la surface en défenseur en en attirant un ou deux sur un côté. Parmi les références citées par le spécialiste du SCO : Manchester United et le Bayern Munich.

« C'est toujours le même principe, souligne pour sa part Raynald Denoueix. Il faut libérer de l'espace pour le prendre lancé. Et puis, là aussi, il y a les adversaires, ils peuvent être plus ou moins haut, plus ou moins grands, leur placement varie… » Impossible donc de tout prévoir à la lettre et de tout contrôler. « Il y a toujours une part d'incertitude, reconnaît Pascal Grosbois. Mais en préparant les coups de pied arrêtés, on la réduit. » Et on se donne un maximum de chances de surprendre un adversaire qui nous a étudiés et s'attend à la reproduction des séquences qu'il a préparées. « C'est jubilatoire pour les joueurs et pour les spectateurs, quand ça marche », sourit Pascal Grosbois. Pour lui aussi, on imagine.

Parmi les phases arrêtées, il en est une que l'on n'a pas encore abordée, et pourtant elle fait pleinement partie des situations à préparer : les touches. La première chose qui vient à l'idée, c'est la longue touche envoyée dans la surface. Aujourd'hui, de plus en plus, une remise en jeu à hauteur de la surface de réparation est l'équivalent d'un corner, à la différence près qu'il est pratiquement impossible d'imprimer autant de variations de trajectoire ni d'envoyer un ballon suffisamment tendu pour qu'une légère déviation suffise, même pour l'Irlandais Rory Delap (cf. Le jeu direct). Des buts importants ont été marqués à partir d'une touche, l'un des plus connus étant celui de Raúl sur une remise en jeu rapide de Roberto Carlos, en finale de la Ligue des champions 2002 contre le Bayer Leverkusen (2-1).

L'avantage de cette situation, c'est qu'il ne peut y avoir de hors-jeu. Il est donc relativement aisé d'au moins gagner du terrain. Mais des combinaisons sophistiquées, avec notamment un joueur en guise de point d'appui qui remise pour des coéquipiers en mouvement autour de lui, sont possibles et souvent très déstabilisatrices. Car la défense voit généralement sa structure de base déformée par ces situations particulières, durant lesquelles les joueurs les plus proches de la remise en jeu sont souvent pris en marquage individuel pour ne pas les laisser jouer, justement. « Les combinaisons sur les touches, ça peut se travailler, si on a des gabarits devant, ça peut être intéressant, estime Guy Lacombe. Michel Preud'Homme à Bruges a systématisé différents types de touches selon que son équipe se trouve dans son camp, au milieu ou devant. Il y a des courses qui sont faites pour libérer des joueurs. Cela m'est arrivé de faire des séances de touches, Johan Cruyff en faisait aussi. Tout se travaille. »

Rudi Garcia s'est, lui, beaucoup inspiré de Rafael Benítez, comme il le confiait à *France Football* en 2010 : « À partir des touches, sur corners ou coups francs excentrés, il a mis en place des combinaisons avec des blocs pour libérer des joueurs dans des zones offensives essentielles. Ce que j'ai repris aussi, ce sont ces phases à partir des touches offensives dans la moitié adverse, avec des déplacements combinés, des déviations, des libérations ou des prises d'espaces. » On en revient aux mêmes principes que pour l'animation offensive dans le jeu : des mouvements coordonnés, contrastés et intelligents, exploités par la qualité technique des joueurs.

Prévenir, c'est guérir

On l'a dit, les coups de pied arrêtés sont des phases de jeu à part dans un match de football, durant lesquelles la défense a nécessairement un temps de retard sur l'attaque une fois l'action enclenchée. Mais comme une compensation, l'organisation défensive peut s'appuyer sur les statistiques, de plus en plus poussées, pour optimiser ses chances de neutralisation. Car, comme le dit Guy Lacombe, « le football, c'est aussi des mathématiques ».

L'un des exemples nous vient d'Angleterre. Manchester City, resté sur une série de vingt-deux rencontres sans marquer sur corner, a dépêché une équipe d'analystes maison pour étudier plus de 400 buts inscrits sur cette phase si particulière. Premier constat : environ 75 % étaient marqués sur des corners rentrants (le ballon plonge vers le but). L'exploitation des données récoltées eut des effets immédiats sur le terrain : « Dans les douze matchs suivants, on a inscrit neuf buts sur corner, se souvient Jonathan Wilson, en charge de la performance stratégique pour le club mancunien, dans une interview à *Wired*. Si vous prenez six membres du staff, ils auront tous des expériences différentes et débattront de leurs opinions. Nous, on avait des preuves objectives qui suggéraient que c'était une tendance. » « C'est du visionnage, résume Stéphane Moulin. Par exemple, quand ça frappe rentrant, on a toujours un joueur au premier poteau. »

Tous les techniciens ont dans la tête des zones particulières à protéger en priorité. L'entraîneur angevin appelle ça « les "deux carrés magiques", devant et derrière les poteaux. Ce sont les deux zones les plus importantes. Il faut des joueurs très bons de la tête, ils ne s'occupent que du ballon ». Pour Élie Baup, il en existe quelques autres : « Les poteaux, les six-mètres ou les ballons à la retombée aux 16,50 m, où il faut être présent à la récupération pour prévenir les frappes de loin. »

Parfois, les chiffres ressemblent un peu plus à des estimations au doigt mouillé. Quand, pour l'ancien entraîneur des Girondins et de l'OM, « la moitié des buts sur corners sont marqués au second poteau », Jean-Marc Furlan a un avis totalement opposé : « Le meilleur joueur de mon équipe sur les trajectoires, souvent un attaquant, je le mettais au premier poteau, là où 80 % des buts sont marqués sur corner. Pour le gardien, c'est délicat d'intervenir dans cette zone, étant donné que le ballon arrive vite, que ses appuis sont difficiles, et que les joueurs coupent les trajectoires. » La formule gagnante n'existe pas sinon elle serait appliquée partout. La qualité des joueurs reste le facteur déterminant, même si les chiffres permettent de les guider. Les gardiens, par exemple, peuvent prendre des décisions en fonction de leurs observations et des données qu'on leur a communiquées. « Des statistiques permettent d'anticiper, en connaissant le tireur, les joueurs de tête adverses, confirme Pascal Grosbois. Par exemple, sur un corner sortant, 80 % des buts marqués le sont au deuxième poteau. Le gardien doit le savoir. » Dans ce cas, il placera un défenseur à son second poteau, en prévention, une zone que lui attribue quoi qu'il arrive Jean-Marc Furlan : « Le gardien doit couvrir le second poteau ainsi qu'une zone de 8 ou 9 mètres devant sa ligne. Cela demande d'avoir bien défini les responsabilités en amont. » S'il est à l'aise dans les sorties aériennes, il s'en sortira de toute façon toujours mieux qu'un autre. « C'est le gardien de but qui doit pouvoir décider, affirme en tout cas Pascal Grosbois. Les coups de pied arrêtés défensifs, ça peut donc être l'affaire de l'entraîneur des gardiens. »

Malgré la singularité des coups de pied arrêtés, les approches défensives se divisent de la même manière qu'en défense placée, entre partisans du marquage individuel, de la défense en zone ou d'un mélange des deux, cette dernière étant la plus courante. « Les coups de pied arrêtés défensifs, ça fait aussi partie de la culture tactique d'un groupe », relève Élie Baup.

« L'objectif consiste à assurer un quadrillage efficace de la surface de réparation et de ses abords, analyse Jérémy Dos Santos, entraîneur adjoint à Croix, équipe de CFA du Nord, et auteur d'un article sur les deuxièmes ballons sur corner dans *Vestiaires*. La répartition des joueurs dans des zones sensibles doit empêcher l'attaque adverse de bénéficier d'un avantage sur les deuxièmes ballons, voire d'annihiler une combinaison offensive sur phase arrêtée. »

Généralement, les équipes en déficit de taille, à

l'image du FC Barcelone de Pep Guardiola, placent le curseur du côté de la défense en zone pour éviter au maximum des duels dans lesquels ils partent presque battus d'avance, ne conservant que leurs rares grands gabarits au marquage des meilleurs joueurs de tête adverse. Raynald Denoueix s'est retrouvé dans la même situation à Nantes : « On était obligés d'être en zone. De toute façon, il y a un moment où tu vas te retrouver à la bagarre quand même. Si c'est Ziani (1,67 m) ou Carrière (1,73 m) qui le sont, c'est foutu. » « On a toujours l'impression qu'en restant en un-contre-un, on va être plus efficace défensivement, notait Jean-Marc Furlan en 2009. En fait, ça sécurise surtout l'entraîneur. À Strasbourg, on mettait quelques joueurs au marquage et trois ou quatre joueurs chargés de ne regarder que le ballon afin d'évaluer sa trajectoire. Délestés de la contrainte du marquage, ils peuvent ainsi se déplacer avec plus de force, dans un plus grand rayon d'action, en avançant et non pas en courant vers leur but, et en se donnant le temps de faire trois pas d'élan avant de sauter. Même si les attaquants sont en supériorité numérique, ce n'est pas un problème. » « Il y a des trajectoires de balle à surveiller avec des joueurs libres, confirme Élie Baup. Et il y a une dose de marquage individuel pour aller au duel avec les meilleurs joueurs de tête adverses, en fonction de leurs déplacements, de ce qu'on a étudié à la vidéo dans la semaine et aussi de ce que sentent les joueurs sur le terrain. » Comme Angers ne manque pas de joueurs de grande taille en 2014-2015 (8 joueurs de champ sur 28 dépassent 1,88 m), Stéphane Moulin a, lui, plutôt privilégié le défi individuel : « Compte tenu de la taille de certains, on est restés sur de l'individuel, à l'exception de deux joueurs chargés de défendre les zones identifiées comme les plus dangereuses. »

« À partir du moment où, sur le plan offensif, ce n'est pas trop travaillé, sur le plan défensif, c'est facile de se positionner, acquiesce Pascal Grosbois. Il y a moins de surprises. On retrouve toujours les mêmes défenseurs dans les zones stratégiques, la ligne des six-mètres par exemple. Après, ce sont des options prises par les entraîneurs entre marquage individuel, de zone et mixte. » Sans qu'aucune ne se détache des autres en termes d'efficacité, selon la longue expérience de Guy Lacombe : « En pro, comme je faisais de la zone intégrale dans le jeu, je responsabilisais les joueurs défensivement sur les coups de pied arrêtés, en individuel. Car l'inconvénient de la zone, c'est que certains en profitent pour en faire le moins possible, oublier les duels et ça, c'est catastrophique. Donc le fait de se rappeler de ça, c'est intéressant psychologiquement. Mais en formation, j'ai joué la zone sur coups de pied arrêtés et j'ai pris autant de buts d'un côté que de l'autre. Mais en zone, l'équipe adverse va cibler si vous avez des joueurs moins grands et attaquer là-dessus. Et avec un tireur précis, c'est dangereux. »

Deux corners ont particulièrement marqué l'histoire du football français : ceux frappés par Youri Djorkaeff et Emmanuel Petit en finale de la Coupe

COMMENT REGARDER UN MATCH DE FOOT ?

du monde 1998. Tout avait été minutieusement préparé, comme l'a raconté le second au *Monde* : « On
sait que le point faible des Brésiliens se situe au premier poteau avec Roberto Carlos. Je mise donc sur
nos atouts dans le domaine aérien. Zinedine Zidane
a vécu une compétition frustrante. Et là, il assume
son statut de meilleur joueur du monde. » « Zinedine
Zidane devait être marqué par Ronaldo, se souvient
Leonardo, qui était dans le camp d'en face. Sauf qu'on
fait le brief du match sans Ronaldo, qui était parti à
l'hôpital. Edmundo devait jouer à sa place et donc
marquer Zidane, qui n'a jamais marqué un but de la
tête, sauf deux fois en finale de la Coupe du monde...
Donc, ce n'était pas a priori un joueur considéré
comme dangereux dans la surface. C'étaient plutôt
Marcel Desailly ou Franck Lebœuf qu'il fallait marquer. Moi, j'étais assigné à suivre le ballon. J'étais
l'homme en plus dans la surface. Lors du premier
but, Ronaldo est en dehors de la surface, moi je suis
le ballon, et quand je vois que Zidane se précipite
j'essaie d'y aller, mais j'arrive en retard. Mais bon, je
n'étais pas au marquage sur Zidane. » Une dernière
remarque qui ferait sourire Guy Roux, lui qui regrette
que la zone permette aux joueurs de se cacher et de
fuir leurs responsabilités, tout en leur faisant perdre
l'habitude de s'engager dans les duels. Toujours est-il
qu'après cet échec sur le premier but des Bleus, les
Brésiliens décident de s'adapter en cours de match.
Dunga doit marquer individuellement Zidane, mais

il glisse au moment où Djorkaeff tire le corner. « On connaît la suite... » conclut amèrement Leonardo.

Des petits riens, des détails anodins en apparence mais aux conséquences décisives. Pour s'en prémunir, on a donc vu l'aspect tactique et stratégique, plus ou moins justifié par des statistiques à fiabilité variable. Autre élément à prendre en considération : l'état d'esprit. Sur ces phases à duels, l'engagement est crucial pour s'imposer dans les airs. « Il faut être déterminé et gagner son duel, être hyper concentré, hyper attentif sur le joueur et sur la trajectoire de balle, énumère Pascal Grosbois. Il faut être prêt, tout simplement. Il faut tout faire pour gêner la prise d'élan de l'adversaire. Être en avance sur son adversaire, anticiper. »

Dans cette configuration mentale spécifique aux duels, on n'accorde pas toujours assez d'importance à certains détails qui pourtant ne trompent pas. « Garder les épaules et le regard en direction du ballon » est ainsi l'un des facteurs de réussite sur le plan défensif ressortis par Frédéric Hantz : « Il n'est pas rare de constater que certains joueurs obnubilés par le marquage de leur adversaire direct tournent le dos au ballon et, bien souvent, ne maîtrisent ni le ballon ni l'attaquant. » « Quand vous êtes dans un duel aérien, il y a aussi obligatoirement une qualité d'appui, d'engagement athlétique et de jeu de tête à avoir, complète Élie Baup. Ça passe donc par une forme d'agressivité et de concentration. Il suffit parfois que l'adversaire fasse un pas et passe devant vous, et c'est fini. »

L'attaquant n'a que le ballon à envisager dans un

premier temps. Un défenseur en marquage indivi-duel a, en plus, son adversaire direct, qu'il ne peut se contenter de suivre en restant près sans suivre la trajectoire de la balle. « Lorsque vous êtes au mar-quage, c'est très difficile d'avoir l'œil à la fois sur le ballon et sur le joueur, souffle Jean-Marc Furlan. D'où l'importance de cultiver l'esprit du duel, certes, mais sans oublier de cultiver la capacité à lire les trajec-toires ! Il n'y a rien de pire que le défenseur qui suit coûte que coûte son attaquant sans regarder le ballon. La plupart du temps, il se fait "emmener" et n'a pas le temps d'intervenir efficacement contre son vis-à-vis qui n'aura besoin que d'effleurer le ballon pour marquer ! » Cela souligne une fois de plus un point essentiel qui imprègne chaque phase de jeu détaillée dans ce livre : l'intelligence.

L'intelligence, c'est savoir juger la situation et adap-ter son comportement. Être présent au bon endroit. Mais c'est aussi couper le danger des coups de pied arrêtés à la source. « Si une équipe est dangereuse sur coups de pied arrêtés, il faut éviter d'en concéder ! » *dixit* Pascal Grosbois. Une formation qui évolue bas sur le terrain est forcément plus exposée, c'est pour-quoi Raynald Denoueix prône, dans ces cas de figure en tout cas, « d'avoir le ballon le plus haut possible dans le camp adverse », où l'on peut commettre des fautes sans danger.

Ou, à défaut, faire des coups de pied arrêtés défen-sifs une opportunité offensive, en étant prêt à se proje-ter rapidement vers l'avant selon des circuits préparés à l'avance. Cela passe notamment par la disposition stratégique de joueurs à la retombée des deuxièmes ballons, sur corner notamment. « La faible densité de joueurs adverses sur un espace jouable important doit nous inviter à revisiter le corner défensif sous l'angle de l'enchaînement offensif qui va suivre, écrit ainsi Jérémy Dos Santos. Une fois le ballon repoussé ou récupéré, l'objectif est donc de coordonner "libération d'espace et prise d'espace" dans le temps le plus court possible pour faire peser une menace sur le dispositif défensif adverse. » Parce que, comme « dans le jeu », attaquer et défendre restent indiscutablement liés sur coups de pied arrêtés.

Vers une spécialisation du staff ?

Il y a eu les préparateurs physiques, les entraîneurs de gardiens, les entraîneurs d'attaquants, les préparateurs mentaux… Les techniciens spécialement dédiés aux coups de pied arrêtés, eux, restent toutefois rares dans les clubs de plus haut niveau. Ces phases incombent souvent à l'un des adjoints de l'entraîneur. Pourtant, pour Pascal Grosbois, ils nécessitent une attention spécifique pour exploiter le potentiel de 70 % non exploité, tel que défini au départ de cette partie : « Il y a besoin d'un travail beaucoup plus approfondi, que ce soit sur les tireurs ou les déplacements des receveurs. C'est un peu plus travaillé, mais pas toujours jusqu'au bout, ça reste encore un peu superficiel. Sur les combinaisons, par exemple, il y a moyen d'améliorer. Normalement, ça peut être la tâche d'un adjoint, par exemple un entraîneur des attaquants. Mais en France, il n'y en a pas beaucoup non plus. »

À l'AS Monaco, c'est l'entraîneur des gardiens qui fait le gros du travail, avant une mise en commun des idées, comme l'explique l'analyste vidéo João Sacramento : « L'analyse est difficile et demande du temps. Pour cette raison, un grand nombre d'entraîneurs délèguent cette tâche aux entraîneurs des gardiens. Généralement, ce sont eux qui possèdent le plus de connaissances à propos de cette zone de jeu et sont par conséquent les plus à même de prodiguer des conseils utiles. Ici, à l'AS Monaco, l'entraîneur des gardiens produit la première analyse. Après cela, nous organisons une réunion dans la semaine où il nous informe de ses conclusions et nous nous chargeons ensuite de transmettre les informations aux joueurs. »

Pascal Grosbois intervient, lui, à raison d'une séance par semaine à Angers. Ses séances varient entre exercices collectifs d'une petite heure ou travail individuel d'une demi-heure. Il travaille également avec le centre de formation angevin, où les jeunes sont demandeurs. « Je suis optimiste, je pense que ça va évoluer, prédit-il. Le football évolue. Il y a du travail, en tout cas, et aussi avec les jeunes. Les jeunes sont friands de ça. » Au cœur de sa méthode : répétition des gammes, mise en place de combinaisons, travail de précision technique et préparation psychologique.

De quoi donner tous les ingrédients aux joueurs pour appréhender au mieux ces phases si particulières, presque un match dans le match. Les postes s'estompent, les défenseurs deviennent attaquants et les attaquants défenseurs, d'autres critères entrent en ligne de compte. « C'est un domaine tellement spécifique, je ne suis pas un spécialiste des coups de pied arrêtés, comme je ne suis pas spécialiste des gardiens, admet Stéphane Moulin, l'entraîneur du SCO. À un moment donné, si on peut avoir quelqu'un qui nous apporte cette sensibilité, sur le travail individuel, l'aspect psychologique, collectivement, sur des combinaisons, des zones dans lesquelles jouer… Ça devient un peu scientifique, tout ça, et moi je ne suis pas très scientifique. Je suis très crayon et papier. »

En Italie, la référence absolue en la matière se nomme Gianni Vio, un ancien banquier au crâne chauve. Une rencontre fortuite avec un autre crâne dégarni, au milieu des années 2000, va changer sa vie. Walter Zenga, ancien gardien mythique de la Squadra Azzurra, finaliste de la Coupe du monde 1990, tombe par hasard, au détour d'une recherche Internet, sur le livre *Più 30 per cento* (« Plus 30 % ») de Gianni Vio, accompagné d'un CD-Rom où la méthode est illustrée. Comme pour Pascal Grosbois, l'aspect mental en est partie intégrante – cela représente même 90 % de la réussite selon lui, grâce au potentiel d'intimidation –, via la collaboration avec le psychologue Alessandro Tettamanzi. Un échange de mails plus tard, et Walter Zenga commence à appliquer les combinaisons imaginées par Vio dans son équipe de l'époque, l'Étoile rouge de Belgrade. « En tant que gardien, j'ai toujours été un fanatique des balles arrêtées, explique-t-il dans un article d'Eurosport en 2012. On a échangé des e-mails au départ, en dessinant des schémas comme si on jouait à la bataille navale. Je l'ai ensuite pris dans toutes mes expériences à l'étranger. »

En avril 2008, lorsqu'il est nommé entraîneur de Catane, l'ancien portier convainc son président d'embaucher Gianni Vio à plein temps. L'effet est immédiat. Dès le premier match, le club sicilien, en difficulté en Serie A, domine Naples 3-0 avec deux buts sur coups de pied arrêtés. Le maintien sera acquis quelques semaines plus tard. Quelques mois plus tard, le 16 novembre 2008, autre coup d'éclat resté dans les mémoires contre le Torino : grâce à des mouvements apparemment loufoques sur un coup franc direct, séquencés en trois temps, impossibles à retranscrire clairement par des mots, Catane bat le club turinois 3-2. Au cœur de l'effet recherché (et réussi) : la déstabilisation du gardien et la perturbation de son champ de vision en multipliant les courses dans toutes les directions autour du ballon et du mur. « Le club a compris à quel point il est important de développer différentes stratégies sur les balles arrêtées, en constatant que 40 à 50 % des occasions de buts en sont issues », confia-t-il à *La Gazzetta dello Sport*.

Vincenzo Montella fit lui aussi confiance à Gianni Vio à son arrivée à Catane en 2011. Au cours de la saison 2011-2012, les joueurs siciliens marquèrent

38 % de leurs buts sur coups de pied arrêtés, penaltys exclus. L'ancien attaquant de la Roma emmena même son spécialiste des coups de pied arrêtés, désormais surnommé « le Magicien », dans ses bagages pour Florence. Gianni Vio passera ensuite une saison à l'AC Milan, en 2014-2015, avant de rejoindre Brentford pendant l'été 2015. Un pas en arrière dans sa carrière ? Pas vraiment. Le club de Championship (deuxième division anglaise) est un pionnier dans l'utilisation des données statistiques comme première base des décisions sportives. L'esprit novateur de Gianni Vio pourra y laisser libre cours à ses idées les plus folles et résoudre une anomalie aux yeux des dirigeants de Brentford : en 2014-2015, leur club était 22e (sur 24) en nombre de buts inscrits sur coups de pied arrêtés (10 sur 78), et 13e seulement en termes de tirs générés sur ces phases de jeu (3,8 par match). « Il n'est pas qu'un sorcier du coup franc, c'est comme avoir un buteur à 15 ou 20 buts par saison dans l'équipe, ose Walter Zenga. Un buteur à 20 buts la saison peut se blesser, être suspendu. Mais il y a des coups de pied arrêtés dans tous les matchs. Et il sait comment les exploiter au mieux. Il est très doué pour cela. Il arrive à faire marquer des joueurs qui ne marqueraient pas autrement. »

Certaines de ses combinaisons sont visibles sur YouTube, en match ou répétées à vide à l'entraînement par les joueurs de la Fiorentina. Parmi les constantes : un départ groupé pour exploser vers des zones ciblées, et la recherche de la coordination de toutes les courses, en lien avec le timing du tireur. Certaines rappellent un peu la fameuse « chenille » mise en place par Guy Lacombe à Guingamp, dans laquelle tous les joueurs se regroupaient à l'entrée de la surface avant de réaliser la même course circulaire sur la trajectoire anticipée du ballon, permettant un échelonnement des joueurs à la retombée attendue du ballon. « On essaie toujours de varier les routines, pour avoir l'air imprévisible, explique Gianni Vio. Pendant le match, les joueurs sont disposés sur la base de différents rôles, mais les coups de pied arrêtés vous permettent de les remélanger et de désorienter l'adversaire. »

Des dispositifs qui ne sont pas sans rappeler les schémas et les lancements de jeu préparés au football américain dans lesquels toutes les courses sont strictement prédéfinies. Fausses pistes, perturbations du mur, du gardien et des défenseurs, feintes de frappe : Gianni Vio crée une confusion organisée, l'illusion d'un désordre pour l'adversaire et le spectateur non averti. « Il n'y a rien de magique, soufflait-il au *Corriere della Sera*. Ceux qui font vraiment la différence, ce sont les joueurs. » Mais quand ils sont mis dans de telles conditions, avec un tel niveau de perfectionnement et de préparation, ils n'ont plus qu'à réciter leur partition.

CONCLUSION :

LES ENTRAÎNEURS ET LE STYLE

Imposer son style ou s'adapter ?

Et si, lors du fameux FC Barcelone-Inter Milan de 2010, les deux équipes avaient imposé leur style ? L'une voulait le ballon et l'a eu, obligeant son adversaire à ne pas l'avoir. Mais ce dernier ne le voulait pas et a forcé l'opposant à le garder. « C'est une victoire que nous avons travaillée en laissant au Barça la possession de balle, réagissait José Mourinho après le match. J'ai dit à mes joueurs de la leur laisser puisqu'ils la voulaient. Et nous n'avons pas à rougir de notre rideau défensif à quatre et cinq hommes. Nous n'avions guère le choix [en infériorité numérique]. » « On a toujours eu le ballon, mais l'Inter a été très bonne défensivement, analysait de son côté Pep Guardiola. Ça n'a pas été plus facile à dix contre onze, au contraire, j'aurais presque préféré qu'ils restent au complet parce qu'ils se seraient moins repliés dans leur moitié de terrain. L'Inter a fait son boulot, avec Eto'o et Milito en position de latéral, et voilà. Il faut les féliciter. » Duel de philosophies, le temps d'une rencontre du moins, avec l'espoir que la méthode soit la bonne. Action ou réaction ? Comme le dit Arrigo Sacchi, toutes les grandes équipes du passé ont laissé une trace parce qu'elles ont imposé leur volonté, une volonté basée sur le jeu. Malgré la défaite – en réalité une victoire 1-0 sur ce match retour –, le Barça a beaucoup plus marqué son époque qu'une équipe intériste façon caméléon, capable de s'adapter, jouant quand elle veut gagner et défendant quand elle ne veut pas perdre. Suffisant pour remporter tous les trophées (Ligue des champions, Serie A, Coupe d'Italie, Coupe du monde des clubs) cette saison-là, ce qui est déjà beaucoup, mais pas pour se muer en dynastie.

En regardant la chose sous un prisme particulier, on peut dégager deux approches distinctes dans la manière de chercher à s'imposer : pouvoir battre tout le monde en évoluant comme on l'a décidé, ou être capable de résoudre n'importe quel problème posé. Cette dualité, incarnée par le match Guardiola-Mourinho, la vraie opposition d'une époque qui en aura créé une autre totalement absurde entre Lionel Messi et Cristiano Ronaldo, n'est jamais complètement absolue. Si l'entraîneur catalan tend vers une forme de totalitarisme footballistique, où l'autre n'a que rarement voix au chapitre – même si, au Bayern, il adapte régulièrement l'organisation de son équipe en fonction de son adversaire –, son œuvre n'est aboutie qu'avec des acteurs de très haut niveau. Des joueurs suffisamment forts pour masquer les failles d'un plan de jeu qui, comme tout autre, en comporte. Tata Martino, premier entraîneur de Barcelone à ne pas avoir gravi les échelons en interne depuis Frank Rijkaard, avait vécu une défaite symbolique : en septembre 2013, le Rayo Vallecano de Paco Jémez avait eu la possession 54 % du temps, laissant pour la première fois Barcelone sous les 50 % depuis 317 matchs. Malgré un jeu cohérent, le club

FC Barcelone 4-0 Rayo Vallecano – Septembre 2013

madrilène avait perdu 4-0. Tata Martino, lui, avait été critiqué pour avoir dilapidé son héritage. Il quittera le club à la fin de la saison.

Claude Puel, dont la réputation défensive ne se justifie pas nécessairement, fait partie d'un courant de pensée proactif. Mais lui aussi sait que le pouvoir d'un entraîneur n'est pas magique. « Quelle que soit l'équipe en face, on a cette volonté d'imposer notre style de jeu et de jouer. Après, ce ne sera peut-être pas le cas parce que l'équipe en face sera plus performante que nous. Je n'ai jamais, depuis que je suis entraîneur, joué en fonction de l'équipe adverse. Je ne vais pas commencer à le faire maintenant. Même quand je suis arrivé à Lille, mon optique était de jouer avec des joueurs techniques. Chercher à évoluer en contre, attendre, ce n'est pas mon truc. » Le risque, évident, est d'avoir les yeux plus gros que le ventre. Vouloir jouer sans pouvoir assumer les conséquences, ne pas être capable de faire un bon pressing alors que l'on a des défenseurs plutôt lents (Mathieu Bodmer dans le cas niçois) est contre-productif. Il faut avoir les moyens de ses ambitions, mais aussi les ambitions de ses moyens. Avec son Bordeaux champion de France 1999, Élie Baup pouvait se permettre de se concentrer sur ses forces. « Je ne cherchais pas à m'adapter à l'adversaire, sauf pour essayer de le comprendre afin de récupérer le plus vite possible le ballon. Et après, j'essayais de lui poser des problèmes par rapport aux qualités de nos joueurs. Il y avait juste des modifications s'il était à cinq derrière ou à quatre, par rapport au travail des deux attaquants et des milieux dans l'aspect défensif. Sinon, dans l'aspect offensif, on travaillait beaucoup par rapport à nos qualités pour avoir des réponses à donner. »

Le cas du Rayo Vallecano l'a en tout cas prouvé : on peut très bien acquérir des résultats au moins équivalents à ceux attendus en prenant des risques, même avec un budget limité (11ᵉ place avec l'avant-dernier budget de Liga en 2014-2015). « J'insiste sur le jeu, confie l'Angevin Stéphane Moulin, sur le podium de la Ligue 1 après dix-sept journées lors de la saison 2015-2016. On n'est pas là simplement pour essayer de contrecarrer un adversaire, on est là aussi pour lui poser des problèmes, donc il faut avoir un peu d'audace. Après, il faut de la rigueur. C'est antinomique, mais l'un n'est pas incompatible avec l'autre : on peut être rigoureux et audacieux. Choisir les zones dans lesquelles on doit faire les choses, et savoir les zones dans lesquelles on doit être rigoureux. Je n'aime pas que ce soit la foire sur le terrain. Chacun sait ce qu'il a à faire, chacun connaît son rôle, dans l'équipe et pour l'équipe. » Même si, au cas par cas, en fonction du niveau de l'adversaire, il faut savoir être pragmatique par anticipation. « Contre Marseille par exemple, on savait qu'on allait devoir beaucoup courir », concède l'ancien milieu de terrain. Quelques semaines après notre entretien, il complétait sa pensée dans *L'Équipe* : « Notre idée, ce n'est pas de dire : on vous laisse le ballon et on vous contre. Notre idée, c'est de dire : quand on n'a pas la balle, on défend tous et quand on l'a, on attaque tous. Et si on défend plus que l'on attaque, c'est parce que l'adversaire nous l'impose. Alors, on est prêts à souffrir, à mettre les mains dans le cambouis parce qu'on n'est pas suffisamment brillants. »

« Quand tu joues le maintien, tu ne vas pas essayer d'imposer ton jeu contre Marseille, Lyon, Paris, Bordeaux… admet Élie Baup, à l'approche très pragmatique. C'est le problème de Troyes : Jean-Marc Furlan perd tous ses matchs parce qu'il veut continuer de jouer comme quand il était en Ligue 2[1]. Il ne gagne pas un match, parce qu'il ne veut pas s'adapter aux autres. C'est une belle philosophie, mais ça dépend si tu veux te maintenir ou pas. Un président ne m'a jamais payé pour descendre. » « Je ne pourrai pas jouer en L1 autant que je l'ai fait en L2, prévoyait pourtant Jean-Marc Furlan dans *France Football* au printemps 2015, avant son retour dans l'élite. Marseille ou Paris auront la possession contre nous. Lyon aussi. Ils sont supérieurs à nous en vitesse, en force. Mais tu peux quand même garder un état d'esprit. On dit souvent : "Furlan, il descend." Mais ça fait aussi cinq ou six fois que je monte. Aujourd'hui, c'est la dictature de l'argent. Chaque fois, j'avais la plus petite masse salariale. Tu es victime de ça. Faire jouer, tirer la quintessence de mes joueurs, sortir des jeunes, il est là mon plaisir. Après, je ressens une frustration énorme quand je redescends. »

---

1. Entretien réalisé en octobre 2015, lorsque l'Estac est lanterne rouge de Ligue 1 après onze journées sans victoire, et quelques semaines avant le licenciement de Jean-Marc Furlan.

La création d'une école de jeu implique obligatoirement une forme de systématisme. Lorsqu'elle s'impose, elle suscite aussi parfois une forme de dénigrement de la part de ceux qui en font directement les frais. Lesquels bénéficient d'une sorte de blanc-seing tactique du moment qu'ils parviennent à faire chuter le modèle hégémonique du moment, lequel finit par lasser l'assistance. En juin 2012, pendant l'Euro, Roberto Martínez exprimait ainsi sa (longue) pensée au *Daily Mirror* : « L'Espagne demeure la meilleure équipe du monde. La critique ne devrait pas être envers l'Espagne mais envers les équipes qui l'affrontent. Les gens ne réalisent pas que pour les adversaires, tout ce qui compte est de bloquer l'Espagne. Une fois que tu as un statut particulier, l'adversaire peut faire ce qu'il veut pour gagner. Cela signifie que, qui que tu sois, quand tu joues contre l'Espagne, tu as le droit de jouer à onze derrière le ballon, tu as le droit de défendre dans ta surface, tu as le droit de ne rien créer. Ce qu'il faut comprendre, c'est que l'Espagne possède une philosophie très forte : sa façon de garder le ballon, de jouer depuis l'arrière et de défaire ses adversaires, sa façon de défendre. Je suis d'accord pour dire qu'ils ne sont pas si attrayants à voir jouer, mais c'est comme lorsque tu vas voir un film que tout le monde t'a vendu comme fantastique. Après l'avoir vu, tu te dis : "OK, c'était bien." Si quelqu'un t'avait dit que ce même film était nul, tu en serais sorti en le trouvant incroyable. »

Johan Cruyff, qui fait partie de ces penseurs jusqu'au-boutistes qui considèrent qu'il y a un moyen de gagner – ce sont eux qui, quand ils réussissent, font école –, disait ainsi : « Vous devez mourir avec vos propres idées. » Plutôt qu'avec celles des autres, auxquelles vous croirez forcément moins. À l'inverse, si l'on s'adapte à l'adversaire, différent chaque semaine, on n'aborde jamais une rencontre comme la précédente. Certains concepts restent, bien entendu, mais les systèmes de jeu, rôles et profils des joueurs alignés et la stratégie elle-même sont susceptibles de bouger. « Les certitudes, dans le football, elles éclatent le lendemain, la semaine d'après, un an après, deux ans après, prévient Stéphane Moulin. Les gens qui ont beaucoup de certitudes dans le foot, en général, un jour, ils ont une grande déception, une grande désillusion. » Pour Johan Cruyff, c'est la finale de la Ligue des champions 1994, dans laquelle son FC Barcelone s'est fait surclasser (4-0) par un AC Milan jugé alors plus défensif.

Quand on est à la tête d'une sélection, on n'a pas forcément le temps d'installer un style de jeu spécifique. Hormis Marcelo Bielsa à la tête du Chili, aucun sélectionneur du XXIe siècle n'a su imposer sa patte à son équipe autrement que de manière défensive. Le coach argentin, encore plus attaché à sa conception du football que Cruyff, a su transformer un ensemble de joueurs honnêtes en une sélection capable de déstabiliser n'importe quel adversaire. Le secret ? Un travail acharné, qui profite aujourd'hui à Jorge Sampaoli, son plus souple successeur, vainqueur de la dernière Copa America. Pour le reste, difficile de créer quelque chose quand on ne dispose de ses joueurs que quelques semaines par an. À moins de bénéficier d'un système déjà en place en club, comme l'a fait Vicente Del Bosque avec l'Espagne, récoltant aussi les fruits du travail de son prédécesseur Luis Aragonés, la construction la plus viable est le mur. Façon Otto Rehhagel, vainqueur de l'Euro 2004 avec des Grecs bien moins équipés que leurs adversaires.

La grande majorité des sélectionneurs doit donc faire des compromis. Óscar Tabárez, vainqueur de la Copa America en 2011 avec l'Uruguay, détaille dans *The Blizzard* : « Nous ne sommes pas très nombreux, nous n'avons pas une grande quantité de joueurs d'élite et les sélections nationales ne se rassemblent que de temps en temps, il n'y a pas d'entraînement permanent ni de possibilité d'accentuer des concepts tous les jours. Donc, au final, j'estime que l'Uruguay doit jouer en fonction de son adversaire. » L'argument qualitatif n'arrête pas les plus téméraires, ces convaincus que l'on trouve en Liga espagnole plus qu'ailleurs (en France, citons l'exemple du stade Malherbe de Caen de Patrice Garande) : Paco Jémez on l'a évoqué, mais également Eduardo Berizzo à la tête du Celta Vigo. Des hommes persuadés que le (relatif) manque de talent ne doit pas empêcher de mener à bien un projet de jeu total.

Dans cette caste, le Tchèque Zdeněk Zeman est peut-être le plus extrémiste. « Lorsque tu demandes à un joueur ce qu'il préfère travailler, il te répond presque toujours : "Les phases d'attaque", racontait-il à *France Football* en 2012, avant de s'asseoir sur le banc de la Roma. Et les spectateurs, que veulent-ils : des buts et du spectacle, ou du bétonnage ? Évidemment, une équipe qui fonce vers l'avant plutôt que du *catenaccio* ! Eh bien, moi, j'écoute ce que demande le peuple ! » Peu importe l'équipe en face, quitte à prendre de belles raclées. C'est aussi le credo de Jean-Marc Furlan, en dépit de ses relégations successives avec Troyes : « Vous me demandez si le beau jeu représente la meilleure solution d'efficacité pour les clubs mal classés. Eh bien, oui, je le pense ! clamait-il dans *L'Équipe* en 2006. Penchez-vous sur les chiffres. Regardez les 30 derniers relégables ces dix dernières années. Combien d'équipes sont-elles descendues en pratiquant un jeu primaire, voire défensif, et combien d'autres ont suivi le même chemin en proposant un jeu technique et élaboré ? Je pense qu'il y en a au moins 26 ou 27 qui sont descendues avec un jeu primaire. Donc ce n'est pas la bonne solution. Je crois que fermer le jeu pour s'en sortir est une fausse idée. Dans l'absolu, on n'est jamais sûr de rien. En revanche, je suis certain d'avoir plus de chances de rester en L1 qu'un entraîneur qui va demander à ses joueurs de fermer le jeu. Je peux peut-être mourir avec mes idées, mais, pour moi, il n'est pas question de faire autrement. » Après tout, comme disait le général de Gaulle, « il vaut mieux avoir une méthode mauvaise que de n'en avoir aucune ».

Au printemps 2015, l'entraîneur troyen était un peu moins dogmatique : « Je ne veux donner de leçon à personne. Le football est pluriel. Tu joues comme tu veux. Sauf que, moi, j'ai mes idées et je m'y tiens. » « Ce qu'on veut, c'est gagner, mais pour gagner, il faut avoir un style, juge de son côté Raynald Denoueix. Il faut voir la manière, comment on s'y prend, comment les joueurs s'y prennent, et savoir tactiquement, à chaque seconde, sur quoi on s'appuie. Pour moi, avoir un style est nécessaire. Par exemple, à Nice cette saison (2015-2016), Claude Puel a des joueurs avec des caractéristiques précises. Ils ont pris des joueurs avec des profils particuliers pour jouer d'une manière définie, un peu comme le Barça. » Mais dans un monde du football dicté par la nécessité du résultat immédiat, il faut parfois céder au réalisme, comme le souligne Stéphane Moulin dans *L'Équipe* : « Quand ça ne gagne pas, il n'y a que les gens qui regardent les matchs qui sont contents de voir des buts. Nous, on doit rendre des comptes. Mon objectif, c'est de maintenir le club en Ligue 1. Les conseilleurs ne sont pas les payeurs. On est là pour protéger notre but et quand on a le ballon, bien l'utiliser. Mais avec les moyens qu'on a ! Il faut aussi être pragmatique. Faut-il mourir avec ses idées ? Ou avec celles des autres ? Moi, je préfère ne pas mourir. S'adapter, ce n'est pas se renier. Un club compte beaucoup de salariés. Quand on meurt avec ses idées, on fait mourir tout le monde. »

C'est en Angleterre que l'on trouve actuellement les plus réticents à la volonté de domination transcendante. Ou, si l'on prend les choses dans l'autre sens, les plus convaincus du bien-fondé de la réaction. Sam

Allardyce, longtemps en poste à West Ham, appartient à ceux-là. Il faisait son bilan personnel au *Telegraph* en octobre 2014 : « Il y a deux types d'entraîneurs. Il y a ceux qui, comme moi, évaluent l'adversaire et demandent à l'équipe de s'ajuster. Fergie [Alex Ferguson] était pareil. José [Mourinho] est pareil. Et puis il y a Arsène, qui ne s'adapte pas. Il y a Brendan [Rodgers], qui n'a pas l'air de le faire non plus. Il y a Manuel Pellegrini, qui n'a pas l'air de s'adapter, même en Ligue des champions. Leur philosophie est différente de la nôtre. La nôtre dépend plus de l'équipe que l'on affronte. La leur, c'est : "On joue toujours comme ça", et ils ne changeront pas, ils continuent à faire la même chose. C'est pour cela que l'on peut les battre. »

La conclusion est précisément le cœur du débat : une équipe est-elle plus facile à vaincre si elle joue toujours de la même manière ? Les résultats bruts disent tout et leur contraire. On peut vouloir imposer son style, mais il peut être bancal ou inadapté. Le talent du manager, la viabilité de son projet et sa capacité à obtenir l'adhésion de ses joueurs font déjà une grande différence. « On doit donner des informations, mais on ne doit pas se baser que sur l'analyse de l'adversaire, parce qu'on perd notre temps et notre crédibilité, juge Stéphane Moulin. On présente un truc et finalement, au dernier moment, l'adversaire change et tout ce qu'on a fait avant ne sert à rien. Éventuellement, ce qu'on a travaillé ne sert à rien. C'est pour ça qu'il faut aussi garder son identité, parce qu'on peut s'y raccrocher. La confiance vient de là aussi. » L'identité de jeu fait son effet dans l'espace-temps. Sur un match, il n'y a dans l'absolu pas de meilleure manière de jouer. Face à une équipe au style de jeu défini, la surprise n'existe pas, pour personne. Le dominateur pensera d'abord à lui, visant la perfection qui le fera gagner à tous les coups, tandis que le dominé cherchera des réponses au problème avant de songer à en poser – constat d'autant plus vrai si l'équipe qui impose son jeu est très forte.

L'imprévisibilité à l'échelle de quatre-vingt-dix minutes nuance les constats. À l'échelle d'une saison et de l'histoire d'un club, jouer d'une certaine manière amène en revanche succès et prestige. « Je ne pense pas qu'on puisse avoir des résultats, de façon durable, si le seul objectif est de gagner, estime ainsi Christian Gourcuff. La culture de la gagne, je crois que c'est une escroquerie. Vouloir gagner, évidemment, ça fait partie de la compétition, mais ce sont les moyens pour y arriver qui sont les fondements du sport. On ne peut pas opposer la manière au résultat. Ce ne sont pas les esthètes qui sont contre le résultat, ce sont les arrivistes qui sont contre la manière. » Sacchi, référence du domaine, a établi son diagnostic : « Ce que je sais avec certitude, c'est que toutes les grandes équipes du passé et d'aujourd'hui (Real Madrid, Ajax, Liverpool, AC Milan, Barcelone et maintenant le Bayern Munich) n'ont jamais laissé l'initiative du jeu à leur rival. » Pour être une grande équipe, il faudrait une identité qui puisse durer dans le temps. Et qu'est-ce qui peut résister à l'adversaire si ce n'est un modèle supérieur, qui s'impose à lui ?

COMMENT REGARDER UN MATCH DE FOOT ?

Mais alors, pourquoi le Manchester United de Ferguson, qu'Allardyce décrit avant tout comme réactif face à l'adversaire, a-t-il connu autant de succès ? De bonnes compétences en management, en recrutement (malgré quelques flops, comme partout) et une qualité d'effectif supérieure aux concurrents, d'abord. L'existence d'une académie forte, permettant de créer une identité Manchester affirmée, avec tout de même une façon de voir le football assez marquée, qui a imprégné Ryan Giggs, Paul Scholes et les autres. Mais aussi des concurrents peinant à tenir la distance : cités plus haut, Wenger, Rodgers et Pellegrini s'adaptent peu. Au sujet du premier, le seul à avoir ferraillé contre lui, sir Alex, a sa petite idée. « Sur les dernières années, on en a appris plus sur la manière de penser d'Arsenal, explique l'Écossais dans *My Autobiography*. Arsène a un modèle dans lequel il voit ses joueurs et la manière dont ils doivent jouer. […] Barcelone était beaucoup mieux organisé. Quand la balle était perdue, ils la chassaient. Arsenal n'avait pas ce dévouement pour récupérer la balle. »

En Premier League, Arsène Wenger fut le seul à avoir un style de jeu dominant allié à des joueurs permettant de viser le haut de tableau. Aujourd'hui, le championnat qui se présente comme le meilleur du monde est regardé avec scepticisme par nombre de techniciens, dont l'Angevin Stéphane Moulin : « Tactiquement, je trouve que c'est très pauvre, notamment sur l'aspect défensif. On sent bien que c'est "On y va !", quoi. Ça ne me fait pas "triper", je trouve ça décousu. Est-ce qu'il vaut mieux voir un film décousu, où il y a de l'action dans tous les sens, ou un film bien mené ? Chacun son point de vue. » « J'entends beaucoup dire que le championnat anglais est le meilleur et je ne suis pas tout à fait d'accord, juge Grégory Tafforeau. Mais c'est vrai qu'on calcule peut-être un peu trop en France, on réfléchit beaucoup, alors qu'eux jouent pour le spectacle. » « On attaque tout le temps, témoignait Moussa Sissoko, le milieu de Newcastle, dans *L'Équipe* en 2013. Quand tu mènes 2-0, tu n'es même pas certain de gagner. »

D'où, forcément, en plus des fans, un intérêt grandissant du public moins averti. Mais aussi une adaptation parfois difficile à des joutes européennes où la gestion des rencontres est primordiale. Pour André Ayew, passé de l'OM à Swansea à l'été 2015, cette intensité explique d'ailleurs les difficultés des clubs anglais sur la scène européenne. « Il y a une sacrée différence avec ce que tu vois ailleurs, relevait-il dans *L'Équipe*. Ici, tu ne peux pas gérer tes matchs, tu donnes toujours tout, tu reçois des coups et tu finis plus fatigué. » « Je voyais cette passion et cette intensité comme une bonne chose car c'est toujours mieux d'avoir naturellement ces ingrédients dans une équipe, nuance Rafael Benítez, qui a mené Liverpool au sacre européen en 2005. Il fallait juste enseigner aux joueurs à ne pas perdre leur lucidité par rapport aux moments d'un match. Faire les bons choix avec toute cette intensité, c'est une chose sur laquelle il a fallu vraiment travailler. »

Carlo Ancelotti, qui a entraîné dans quatre championnats européens et remporté trois Ligues des champions (2003, 2007, 2014), livre une analyse un peu plus pointue dans son livre *Mes secrets d'entraîneur* : « En Angleterre, les concepts de marquage et de couverture sont pris en moindre considération qu'en Italie. Cela prive l'action de pressing d'une protection appropriée et augmente la possibilité pour l'adversaire d'attaquer directement en profondeur avec un attaquant et de trouver de l'espace entre les lignes. […] Les équipes jouent toujours à visage découvert pendant tout le match, sans trop s'inquiéter des buts encaissés. »

Le problème n'est alors plus tant « imposer son jeu ou s'adapter » que « trouver le bon dosage pour faire gagner son équipe », normalement en permettant à ses meilleurs joueurs de briller. C'est aussi une explication au relatif succès européen de Manchester, vainqueur de justesse de deux Ligues des champions (buts dans les arrêts de jeu contre le Bayern en 1999 et aux tirs au but contre Chelsea en 2008) en vingt et une années de Ferguson, en regard des 13 titres nationaux remportés dans le même temps. Les défaites face au Barça de Guardiola symbolisent aussi un peu cette difficulté : inhabitué à affronter un modèle aussi fort et sûr de lui, le coach écossais n'a pas trouvé la solution, ayant voulu, lors de la première confrontation, en 2009, rivaliser avec le Barça dans un domaine où il est imbattable. Après quelques années en Espagne, José Mourinho a fini par y parvenir, mais ses succès n'ont été que provisoires. S'il y eut bien un Barça de Guardiola, il n'y eut pas de Real de Mourinho. Le Real reste le Real et on peut difficilement parler d'héritage Mourinho, tandis qu'il y a toujours un peu de Guardiola en Catalogne, et donc a fortiori de Cruyff. Selon l'importance que l'on attache à l'identité footballistique et à une certaine idée de la dynastie du jeu à travers les âges par rapport au résultat, on privilégiera l'un ou l'autre modèle. Une seule condition pour gagner, néanmoins : une fois qu'on a le ballon, il faut savoir quoi en faire.

**Relativité générale,
planification et périodisation**

José Mourinho ne peut sans doute pas rivaliser avec Pep Guardiola en termes de rayonnement esthétique, mais sa façon de travailler a déjà laissé une trace. Maître psychologue, il est également un avantgardiste de la préparation et de l'entraînement. Un credo, le tout avec ballon, et une idée en deux mots : « périodisation tactique ». Un concept inconnu il y a près de vingt ans, quand la France était sacrée championne du monde. Dans son documentaire *Les Yeux dans les Bleus*, réalisé au cours de la Coupe du monde 1998, Stéphane Meunier filmait les joueurs français en plein footing dans les bois environnant Clairefontaine. Mourinho, lui, condamne toute préparation dont le ballon est exempt. Alors, voir autant de footballeurs faire de la course à pied... « Les entraînements en groupe, les sessions dans les collines, la gym, les circuits, les *medicine balls*... Rien de tout cela n'entre dans la méthodologie d'entraînement de Mourinho », confie Rui Faria, son préparateur physique de toujours.

Si ses équipes n'attachent pas grande importance à la possession du ballon, tous ses exercices sont conçus avec celui-ci. « Je ne sais pas où commence le physique et où terminent le psychologique et la tactique. Pour moi, le football et le joueur sont à prendre dans leur globalité. Je ne fais pas de préparation physique. » Mourinho réfute les méthodes traditionnelles, s'inspirant de Victor Frade, professeur d'université à Porto et source d'idées pour énormément de techniciens au Portugal et en Espagne. André Villas-Boas et Leonardo Jardim sont aussi ses enfants spirituels. Tous pratiquent la périodisation tactique, et le procédé commence même à convaincre en France, où Alain Casanova fait partie des premiers convertis. « C'est une méthode basée sur le jeu qu'on veut faire pratiquer à son équipe, explique l'ancien entraîneur de Toulouse dans le magazine *Vestiaires*. En résumé, elle englobe tous les aspects du jeu – tactiques, techniques, physiques, mentaux – à partir de la dynamique du jeu. Cela part d'un projet de jeu qui concerne toutes les équipes du club. Il est adapté à toutes les catégories d'âge, mais s'appuie sur les mêmes principes. On l'a mis en place à partir d'un certain nombre de questionnements : que veut-on faire quand on a le ballon ? Quand on l'a perdu ? Quand on vient de le récupérer ? » La peur de ces coachs : entraîner dans le vide. Ne rien entraîner, loin de toute situation de jeu. Toutes les séances doivent donc simuler, imiter une situation susceptible d'arriver en match. « Les aspects tactiques sont au cœur de tout le processus, dévoile Mourinho dans le livre *Mourinho, ¿ Por qué tantas victorias ?* Et mon objectif dans les séances est avant tout de les développer : comment presser, quand presser, les phases de transition à la perte ou à la récupération du ballon, la maîtrise du ballon, le placement et le replacement... »

Un mot ressort de toutes les bouches séduites par la périodisation tactique : « globalité ». « Ma méthodologie est globale, nous travaillons les aspects physiques, techniques et tactiques en même temps, insiste ainsi Leonardo Jardim. Je crois qu'il est plus productif de travailler la dimension physique dans des situations au lieu de le faire séparément, parce que les joueurs sont plus motivés pour courir quand il s'agit de faire ce qu'ils aiment, c'est-à-dire, jouer au football. Pour cela, il faut être toujours au contact de la balle. » La balle au centre de tout. « On appelle ça "périodisation tactique" parce qu'on assemble les parties physique et psychologique, en y ajoutant l'organisation, précise Carlos Carvajal, entraîneur, portugais évidemment, de Sheffield Wednesday. Donc on court, mais on court toujours avec le ballon. Toujours. » Et la même analogie revient sans cesse, comme si tous ces coachs avaient été ensemble en classe. « Si je suis un pianiste, je n'ai pas besoin de courir dans la forêt une ou deux heures pour être un bon pianiste, affirme Carvajal. Il faut que je joue du piano. »

Rui Faria nuance, d'ailleurs, son rôle, qu'il n'assimile pas vraiment à celui d'un préparateur physique : « Dans notre option méthodologique, le préparateur physique classique disparaît et survient une complicité de travail entre l'entraîneur et l'un de ses collaborateurs qui permet de réaliser un travail globalisé. Aussi bien lors de la présaison qu'au cours de la saison. » C'est là un autre point essentiel de la périodisation tactique, qui considère une saison comme un ensemble indivisible. « Je ne veux pas que mes équipes aient des pics de performance, explique José Mourinho. Je ne veux pas que mon équipe passe d'un extrême à l'autre. Je préfère toujours garder de hauts niveaux de performance. Parce que pour moi, il n'y a pas de périodes ou de matchs plus importants que les autres. »

Chez les fidèles de la méthode, on tient à se démarquer de l'ancienne école, composée de deux courants : le travail analytique, qui peaufine chaque aspect chacun dans son coin, et le travail intégré, qui se fait toujours avec ballon mais ne va pas au bout de ses idées, selon Alain Casanova. « Pour moi, le travail athlétique intégré est un leurre parce qu'on fait croire aux joueurs qu'on travaille techniquement ou tactiquement alors qu'en réalité, la finalité est athlétique. Toute notre méthode est tactique, d'où l'expression de "périodisation tactique". L'idée, c'est que les joueurs fassent à l'entraînement ce qu'ils vont être amenés à faire en match, avec une intensité comparable. » Raymond Verheijen, ancien préparateur physique de Manchester United, pionnier de la périodisation, auteur d'un livre sur le sujet *(Football Periodization : Play With Your Strongest Team)* et critique acerbe des méthodes traditionnelles, juge le travail analytique hors sujet : « La seule façon de développer la condition physique en football, c'est de jouer au football. Si vous faites du sprint isolé, des tours de terrain, vous ne développez pas la communication, la prise de décision et l'exécution d'une décision. »

Pas toujours comprise, la périodisation tactique voit aussi ses croyants souffrir de leur particularité. Lors de son arrivée à Monaco, à l'été 2014, prenant la suite de Claudio Ranieri, Leonardo Jardim a été critiqué en interne. Sa préparation était mise en doute par le club, y compris par ses joueurs. Quelques mois plus tard, l'ASM était en quart de finale de Ligue des champions après avoir disposé d'Arsenal et ses détracteurs se comptaient sur les doigts d'une main. Si Monaco ne pratiquait pas un football flamboyant, le côté rouleau compresseur des Munegus, toujours meilleurs que leurs adversaires en seconde période, était indéniable. En football comme en tout, seuls les résultats convainquent...

Le succès de José Mourinho et de ses disciples aurait pourtant dû inviter à l'optimisme : faire tout avec ballon n'interdit pas d'avoir du coffre. « Nos préoccupations quotidiennes visent à rendre opérationnel notre modèle de jeu, rappelle le double vainqueur de la Ligue des champions. Certes, la structure de la séance d'entraînement et le programme de chaque journée sont liés à des objectifs tactiques, mais ils privilégient aussi une autre composante : la condition physique. »

Le football, qui abuse du corps pendant quatre-vingt-dix minutes entrecoupées d'une seule pause, n'est pas un sport d'endurance classique. Les footballeurs anticipent, calculent, ralentissent, accélèrent, contrôlent un objet sphérique pas toujours conciliant. Raymond Verheijen l'explique : « La communication, la prise de décision et l'exécution d'une décision forment ce qu'on appelle une "action football". En athlétisme, par exemple, Usain Bolt ne doit réaliser cette action qu'une seule fois. Il ne réalise qu'un seul sprint, puis il a terminé. Mais en football, il faut effectuer ces actions football des centaines de fois. Aussi fréquemment que possible, d'abord, parce que nous voulons jouer sur un tempo élevé. Ensuite parce qu'il faut maintenir ce tempo pendant quatre-vingt-dix minutes. Par conséquent, la communication, la prise de décision et l'exécution doivent avoir lieu le plus souvent possible et le plus longtemps possible. Voilà ce qu'on appelle la "condition physique" en football. » En somme, les joueurs pratiquent un sport délicat qui exige une attention constante. « Les gens sous-estiment le football. Ils pensent que c'est simple. Mais non : c'est un sport complexe, confirme Marco Van Basten. Vous devez avoir une bonne technique et, dans le même temps, analyser la position de votre adversaire et celle de vos partenaires. Regarder la balle, la contrôler et la porter vers l'avant. Tout ça pendant que l'adversaire essaie de vous perturber. Plus le niveau monte, plus les espaces se rétrécissent, comme le temps d'action et de réaction. [...] Vous devez donc être très astucieux pour comprendre comment utiliser ces espaces disponibles. [...] La zone d'occupation du jeu était 20 mètres plus large il y a vingt ans. Le temps dont vous disposez pour trouver la bonne solution est très court. » « Quand je dis que le football est fait d'actions à haute intensité, je renvoie également au besoin d'être en permanence concentré : c'est implicite au football », éclaire Mourinho. Alain Casanova acquiesce : « Il y a une intensité maximale au niveau physique mais surtout une intensité maximale au niveau tactique que j'appelle "intensité de concentration". » Courir sans ballon, sans opposition et sans contexte ne revêt alors plus de sens, car cela ne prépare pas à jouer au football. « S'entraîner vaut le coup seulement si cela rend vos idées et vos principes opérationnels, avertit Mourinho. Ainsi, un coach doit trouver des exercices pour guider son équipe vers ce qu'il veut voir en match. »

La périodisation tactique, qui préparerait aussi bien physiquement que les méthodes classiques, aurait de plus l'avantage de donner une identité de jeu à une équipe, de lui imprimer un style en le travaillant constamment. « L'essentiel chez une équipe, c'est d'avoir un modèle, des principes précis, de les connaître et de les interpréter, indépendamment des joueurs utilisés, prévient Mourinho. Au fond se trouve ce que j'appelle l'"organisation du jeu". Tout est en lien avec l'idée que l'on veut mettre en pratique. Nous travaillons pour reproduire au mieux notre modèle de jeu, pour assimiler les principes et les sous-principes de notre jeu, nous nous assurons que les joueurs intègrent les idées qui ne sont pas communes comme une façon de se comporter, comme s'ils parlaient la même langue. » Et comment parler sur un terrain de football si l'on ne sait que courir ? Alain Casanova paraphrase Mourinho et conclut : « La périodisation tactique est une méthode exigeante pour les joueurs, comme pour les entraîneurs. Le technicien ne peut pas se contenter d'arriver les mains dans les poches ou de reprendre un exercice vaguement entraperçu dans un livre ou un classeur, puisqu'il a la nécessité de tout rapporter à l'organisation et aux principes de jeu que son équipe veut pratiquer. Tout ce que nous mettons en place ne tend qu'à un seul objectif : donner à l'équipe les moyens de gagner en permettant à tous les joueurs de lire le jeu de la même manière. » La périodisation tactique oblige le coach à savoir ce qu'il veut faire, à avoir un dessein pour sa formation, pour ses joueurs, pour l'avenir. À lui de le communiquer à travers l'entraînement. L'essentiel de son rôle se joue dans ces moments-là, bien avant le match du week-end où la responsabilité du style incombe alors aux joueurs, à la fois créateurs de leurs propres pensées et exécutants de celle de leur entraîneur, lequel voit son influence limitée une fois le coup d'envoi donné.

Guy Lacombe : « Chaque entraîneur a son cheminement personnel »

Ancien coach de Cannes, Toulouse, Guingamp, Sochaux, Paris, Rennes et Monaco, aujourd'hui entraîneur national à la Direction technique nationale.

Quel est votre rôle en tant qu'entraîneur national ?

J'ai une réflexion en étant un peu plus au-dessus des choses. Avec Francis Smerecki [membre de la Direction technique nationale], on demande à nos stagiaires de définir un projet de jeu. Et ensuite, il y a le projet d'équipe, suivant les joueurs que vous possédez, suivant votre effectif. Le rôle d'un formateur des entraîneurs est d'être au-dessus de la mêlée. Les conseillers ne sont pas les payeurs et j'essaie de donner confiance aux entraîneurs, avec du recul. Leur dire de n'écouter qu'eux-mêmes et leur staff. Il faut être dans le moment présent. Avec Sylvain Ripoll, que j'encadre, on fait des débriefs, on analyse ses matchs. J'essaie de tous les voir.

Qu'est-ce qui est le plus important pour un entraîneur ?

Dans le cadre du BEPF [Brevet d'entraîneur professionnel de football], avec Zidane, Sagnol, Makelele, Roy et Diomède, on est allés visiter le Real Madrid, Bruges, le Bayern Munich, Marseille, Rennes et la Juventus. Ce n'est pas rien ! Et dans ce cadre-là, on a eu la chance de parler avec Carlo Ancelotti. Deux jours auparavant, on avait demandé aux stagiaires ce qui était le plus important pour un entraîneur. En sixième position est arrivé ce qu'Ancelotti a mis en premier. Il nous a dit : « La première des choses pour un entraîneur, c'est la connaissance du jeu. » Tout ce qui est tactique, tout ce qui est lié au jeu. Le jeu à trois, c'est déjà du jeu. Vous avez le ballon, vous ne l'avez pas… La connaissance du jeu, c'est très important. Après, la deuxième chose, c'est de mettre les joueurs dans les bonnes conditions. Quand vous avez ça, déjà… Vous avez un sens d'adaptabilité important.

Comment enseignez-vous l'aspect tactique ?

Pour l'enseignement tactique, ce qu'on veut, c'est parler de leur philosophie à eux. On leur demande leur projet de jeu, et on part de là. Chacun a ses convictions propres. Il y a tellement de possibilités… Il y a celui qui va s'adapter : il faudra qu'il ait les connaissances de tous les systèmes, mais de manière assez succincte. Par contre, un autre voudra jouer en 3-5-2. On a un stagiaire dans ce cas cette année [entretien réalisé en novembre 2015], on essaie d'approfondir, mais aussi de lui amener d'autres choses. Si on veut former les entraîneurs, il faudrait avoir la connaissance, l'expérience et le vécu d'Ancelotti pour pouvoir tout leur donner ! Et encore, je ne sais même pas s'il a tout en main ! C'est impossible… Et puis, chacun a son cheminement personnel. Moi, j'ai été influencé par Daniel Jeandupeux, « Coco » Suaudeau, qui est le premier que j'ai appelé quand j'ai commencé à entraîner en pro.

Quels sont les autres points sur lesquels vous insistez ?

On briefe les entraîneurs sur la connaissance du jeu, mais la communication est très importante. Il y a des entraîneurs qui font plus de com' que de tactique, à la fois avec le joueur, les dirigeants et les médias. Cela a un impact considérable. La com' dans la causerie, après les matchs avec les médias… On leur fait prendre conscience que c'est essentiel. On essaie de mettre des problématiques en place, de voir comment ils se débrouillent là-dessus et de leur proposer certaines choses. Le BEPF, c'est comme un diplôme universitaire, il y a des unités à valider. Il n'y a pas que le terrain, il y a la vidéo, l'analyse… Sur deux ans, il y a du boulot, c'est une formation riche ! On les oblige à aller voir un club à l'extérieur, c'est fondamental. Je suis allé à Milan, j'ai plus appris en une semaine qu'en deux ans.

Est-ce facile de devenir entraîneur quand on a été joueur ?

Il y a beaucoup de grands joueurs qui parlent alors qu'ils n'ont jamais entraîné des poussins. La plus grande difficulté des anciens joueurs, c'est de voir que c'est un métier différent. Quand on est entraîneur, on ne pense qu'aux autres et à son équipe, du matin au soir. C'est un saut dans le vide, dans une piscine dont on ne sait pas si elle est remplie ou vide. Si elle est vide, c'est que vous n'êtes pas fait pour ça. Certains anciens joueurs ont résolu le problème de la connaissance du jeu par un staff de grande qualité. Prendre une situation de jeu et ne pas comprendre pourquoi le joueur ne fait pas quelque chose, c'est facile de le voir. Mais mettre ça sur une feuille de papier, en tirer un exercice pour améliorer la situation et la régler en match grâce à cet exercice, c'est compliqué. Là, on les aide.

Relativité restreinte : le coaching gagnant... ou pas

Parmi les entraîneurs français les plus médiatiques, rôle de consultant sur RMC oblige, Rolland Courbis a ses marottes. Parmi celles-ci, les choix de l'entraîneur en cours de match. Son point de vue, intéressant puisqu'en contradiction avec ce que la sémantique sous-entend, pourrait être résumé ainsi : ce qu'on appelle le « coaching gagnant », c'est-à-dire faire un changement qui influe positivement sur le cours d'une rencontre, n'est-il pas la conséquence d'un coaching perdant, une erreur qui serait diagnostiquée et réparée avant qu'il ne soit trop tard ?

Il y a forcément un peu de vérité là-dedans, même si les situations sont beaucoup trop différentes pour être résumées ainsi. Certains joueurs sont meilleurs en tant que jokers, par exemple parce qu'ils sont plus explosifs qu'endurants, et les entraîneurs préfèrent parfois mettre toutes les cartes de leur côté en fin de partie, gardant un as à abattre au cas où la nécessité s'en fait sentir. Mais rien ne dit que l'idée, aussi pertinente soit-elle a priori, sera validée par les acteurs. C'est bien là le problème du sport : faire des choix gagnants quand on ne prend pas part au jeu reste très relatif et aléatoire. « On peut avoir raison tactiquement et perdre, assure Guy Lacombe. Parfois, sans ça, on aurait perdu beaucoup plus largement. » Et il cite un exemple encore frais dans sa mémoire : « Avec Rennes à Bordeaux [le 22 novembre 2008], j'avais joué en 3-4-3 avec Jérôme Leroy avant-centre, et [Jimmy] Briand et [Olivier] Thomert sur les côtés. Il fallait attirer le triangle composé des deux défenseurs et du récupérateur Alou Diarra pour les embêter. On avait travaillé ça à vide, en marchant, sur un petit périmètre. Et le lendemain, mes joueurs avaient récité ça de manière magnifique. Ce jour-là, on mène 1-0, on a une balle de 2-0 sur une récupération. C'est Kader Mangane qui a le ballon mais ne le met pas. On les a vraiment ennuyés, mais on prend un but bidon sur un raté défensif et on fait 1-1. Vous pouvez faire toutes les stratégies du monde, à un moment donné, si un mec fait une erreur... » Ça a marché, mais ça n'a pas permis de gagner. Et en faisant autrement ? Cela paraît impensable, mais son équipe aurait pu l'emporter en faisant n'importe quoi. Une stratégie visant, par exemple, à tirer au but dès qu'on passe le milieu de terrain – ce qui n'a aucun sens – finirait ainsi bien par déboucher sur un but un jour de fatigue du gardien adverse. Serait-ce pertinent pour autant ?

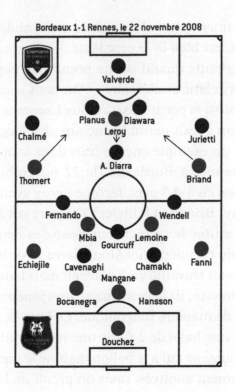

Bordeaux 1-1 Rennes, le 22 novembre 2008

Tous les entraîneurs du monde savent qu'ils endossent un rôle, dans la manière de jouer de leur équipe bien sûr – il n'y a qu'à observer les évolutions de style très distinctives à chaque changement d'entraîneur –, dans le résultat d'une rencontre aussi. Dans *The Numbers Game*, Chris Anderson et David Sally limitent cette influence sur l'issue d'un match à 10 %. Mais ce sont 10 % qui peuvent faire toute la différence. Cette analyse semble d'ailleurs limitée à l'échelle d'une seule rencontre. À plus long terme, l'impact d'un entraîneur est plus élevé, et une méthode de qualité bien intégrée par les joueurs obtiendra des résultats.

Même ceux qui prônent l'autogestion du groupe, se mettant ainsi volontairement en retrait pour que les résultats suivent, ont une influence. D'ailleurs, même dans ces cas parfois extrêmes, comme quand Franz Beckenbauer prit le pouvoir aux dépens du sélectionneur Helmut Schön en plein Mondial 1974 avec l'Allemagne de l'Ouest, il faut tout de même organiser les séances d'entraînement et assurer le devoir médiatique, devenu essentiel. Sans valider un tel cas de figure, Élie Baup est toutefois partisan d'une participation collective : « À vouloir tout maîtriser, tu enlèves une part d'initiative. L'idéal d'un manager aujourd'hui, c'est d'avoir un coaching participatif. Tu définis les idées, tu les mets en place, mais après il faut que les joueurs y adhèrent, se les approprient, et qu'eux-mêmes, dans les différentes situations, amènent leurs sensations. » Tous ne partagent pas cette idée et n'estiment pas leur apport et leur influence de la même manière. Pour Rafael Benítez, « le coach est un décideur. Faire gagner ou faire perdre, ça marche dans les deux sens ». Michel Platini, meilleur sur le terrain que sur le banc, balaie ce point de vue d'une formule lapidaire : « Un entraîneur n'a jamais fait gagner un match. » Cette phrase, définitive et certes légèrement sortie de son contexte, est le point de départ du livre *Secrets de coachs*, de Daniel Riolo et Christophe Paillet. Il est certes irréfutable que l'entraîneur ne marque jamais le but qui fait gagner le match. Mais de manière analogue, on pourrait affirmer que l'œil d'un peintre n'a jamais posé la moindre couleur sur une toile... et réaliser les limites de cette approche. « Du lundi jusqu'à la veille du match, tout le travail effectué par l'entraîneur représente au moins 60 % du résultat », estime Philippe Troussier, qui a notamment dirigé Marseille. Pourcentage aussi pour Louis Van Gaal, avec un zeste de sa légendaire modestie : « Ma plus grande qualité, c'est que je peux obtenir 10 % supplémentaires d'un joueur. Mais je ne peux le faire que si tout le monde souscrit à la même idée. » Carlo Ancelotti, lui, rappelle que le produit fini n'a pas forcément la qualité de celui espéré : « Si les joueurs font 30 % de tout ce que vous avez expliqué, vous devez être content. »

En partant du principe qu'Ancelotti a raison, cela voudrait dire que les joueurs se réapproprient tout ce qui a été vu à l'entraînement et rappelé à la causerie. Pour le meilleur, s'ils adaptent cela à la situation, grâce à une intelligence de jeu collective ; pour le pire, s'ils sont tout simplement incapables de passer de la théorie à la pratique. Cela signifie également que, comme l'adversaire est a priori dans le même cas, on n'observe réellement qu'une partie pas toujours représentative de l'affrontement d'idées entre les entraîneurs.

Le fait de ne pas pouvoir gagner quoi qu'on fasse, sentiment de relative impuissance ressenti par Guy Lacombe après le match contre Bordeaux, arrive souvent en Liga. Trop doués, le FC Barcelone et son petit attaquant argentin ? José Mourinho a son avis : « Les gens pensent de manière incorrecte. D'un côté, il y a une équipe. De l'autre côté, il y a une équipe avec Messi. C'est une histoire différente. Il a atteint la finale de la Ligue des champions avec Rijkaard, Guardiola et Luis Enrique. Quand les gens analysent les équipes, il faut se rappeler que ce garçon change tout. Vous doutez que Manchester City pourrait gagner la Ligue des champions avec Messi ? Ou qu'Arsenal pourrait la gagner avec Messi ? Ou que Chelsea pourrait la gagner avec Messi ? Ou que Manchester United pourrait la gagner avec Messi ? Vous en doutez ? Moi pas. Je dis seulement qu'une équipe avec ce garçon est une équipe différente. L'histoire n'est pas la même. » Amertume ou non derrière cette déclaration, les faits restent : Lionel Messi est tellement fort qu'il peut ridiculiser tous les systèmes mis en place pour le stopper. Il l'a prouvé en demi-finale aller de la Ligue des champions 2014-2015, contre le Bayern Munich de Pep Guardiola, qui avait ce jour-là mis en place une organisation défensive remarquable... jusqu'à un doublé génial de Messi en fin de match. En plus de dix ans, personne n'a trouvé de solution durable.

Rolland Courbis, cité par *L'Équipe*, se pose beaucoup de questions, et ce même sans avoir toujours eu de tels joueurs entre les mains. « Vous ne pouvez pas vous imaginer le nombre de fois où, après une victoire, je me demande quelle est ma part de responsabilité dans le résultat. Mais vous ne pouvez pas vous imaginer le nombre de fois, où, après une défaite, j'estimais que, personnellement, je n'avais pas perdu. Et si j'ai vu des entraîneurs que de grands joueurs rendaient très intelligents, j'ai connu des défaites où des joueurs rendaient très con l'entraîneur que je suis. Souvent, je me demande aussi si un match que les joueurs ont gagné, ils l'auraient gagné sans moi et mon staff. Par rapport à tout ce qu'il a fallu dire et faire pour y arriver, et par rapport à ce qui en a été retenu par les joueurs, il m'arrive d'en douter ! » À moins d'avoir occupé la fonction, il est impossible de savoir ce qui se passe dans la tête des techniciens quand les choses tournent mal et eux-mêmes, comme les joueurs, n'ont pas toujours la confiance au beau fixe. Au point, comme Hervé Renard à quelques jours de la fin de son bref passage sur le banc de Lille, de reconnaître être à court de solutions.

Si des entraîneurs partis du bas de l'échelle ont pu arriver à la tête de grands clubs, Roger Schmidt, José Mourinho et tant d'autres, c'est parce qu'ils ont cette capacité à bonifier leur équipe. À force d'excéder les attentes, ils ont attiré l'œil. Mais peu importe ce qui vient du banc, une équipe de district ne battra jamais le Real. « Parfois, la défaite est inéluctable, souffle Guy Lacombe. Et ce même en faisant un match extrêmement sérieux, très intelligent tactiquement, même si c'est chiant pour les spectateurs. » Il y a certes toujours une chance, mais la même que de gagner au Loto. Même si un raté adverse peut se provoquer un peu plus facilement qu'un bon numéro... « Le charme et la popularité du football viennent du fait qu'il est joué par des hommes, juge Stéphane Moulin. N'importe qui peut péter un plomb, n'importe qui peut faire une erreur. S'il n'y avait pas d'erreur, il n'y aurait pas de compétition. L'essence du foot est là : il est joué par des hommes, arbitré par des hommes, aussi. Donc l'erreur est humaine, l'erreur est permise. Et c'est d'ailleurs souvent à la suite d'erreurs qu'il y a des buts. »

Ce discours plutôt pessimiste, qui renvoie les entraîneurs à leur impuissance, Juan Manuel Lillo le comprend. L'ancien mentor de Guardiola restera plus dans l'histoire pour ses conceptions que pour la manière dont il les a mises en pratique. Mais cet intellectuel du football a les idées claires et dresse un portrait précis du job : « Notre rôle est inférieur à ce que beaucoup d'entraîneurs estiment ou veulent croire. Mais dans ces limitations, il y a des choses dont on peut dresser le contour. Il faut se demander ce qu'est un entraîneur. Certains sont plus didactiques, certains ont un désir de protagonisme, certains sont orthodoxes, certains ne le sont pas. Certains sont stimulés par la compétition, d'autres par le jeu lui-même. En tant qu'entraîneur, tout ce que vous pouvez faire, c'est empêcher autant que possible la chance de jouer un rôle. Le football a montré à de nombreuses reprises que même sans aller dans le camp adverse une seule fois, on peut quand même gagner 1-0. » Limiter le hasard, c'est ce qu'essaie aussi de faire Marcelo Bielsa, lui qui aime souligner calmement, après chaque rencontre, le nombre d'occasions créées et concédées et le mettre en rapport avec le résultat. Pas pour trouver des excuses quand ça va mal, simplement pour recontextualiser et juger le plus objectivement son travail. D'où cette analyse, très bielsiste : « Le manque de mémoire des gens dans le football est une peine. On dirait que parmi les entraîneurs, seul celui qui gagne toujours est bon. Et celui qui échoue une fois est un bon à rien. Par conséquent, tous les entraîneurs sont des bons à rien. Il y a de grands entraîneurs qui, avec de grands joueurs, eurent du succès et échouèrent également. »

Raynald Denoueix a eu du succès avec des joueurs plus ou moins bons. Sorti depuis un moment du circuit, il n'a cependant pas perdu ses convictions. Il en est convaincu : l'aspect psychologique est essentiel. « Notre influence est très forte sur les joueurs. Si tu arrives à être dans leur tête, si tu arrives à ce que ton jeu, ce soit leur jeu, c'est gagné. Tu n'as plus besoin de gueuler, tu peux laisser faire. L'influence, elle est là. Après, ce sont même les joueurs qui vont t'aider sur le terrain et guider ceux qui connaissent un peu moins les principes. Xabi Alonso, le premier match qu'il joue au Bayern, il guidait les autres. Il ne parlait même pas la langue ! L'entraîneur, il est là, dans les distances entre les joueurs. *(Il dessine.)* Il leur apprend à s'additionner, à jouer ensemble. Le plaisir de se comprendre. "Coco" [Suaudeau] disait : "Un entraînement, ça sert à être moins con." »

Cette faculté à comprendre son groupe et à le mettre dans les meilleures dispositions est une qualité unanimement reconnue de José Mourinho. « Mourinho est le coach le plus intelligent que j'ai connu, affirme Zlatan Ibrahimović. Il ne traitait pas tous les joueurs de la même façon parce qu'il sait comment agir avec chaque individu pour en tirer 100 %. » On imagine d'ailleurs bien les relations folkloriques que le Suédois aurait eues avec Denoueix quand ce dernier nous confie que « ce qui est chiant, ce n'est pas la tactique, pas les principes, ce sont les ego ». Guy Lacombe ajoute : « Le psychologique est très important. J'ai eu des groupes auxquels je proposais des choses, mais ils n'avaient pas envie. Par contre, dans certaines compétitions, on les voyait. Que voulez-vous faire à ça ? Mais si les joueurs sont avec vous… Maintenant, il faut être cocréatif, il faut vraiment les mêler au processus. Faire en sorte que les joueurs se l'approprient. » Comme en amour, les mariages ne fonctionnent pas toujours, peu importe les qualités et bonnes volontés des mariés. Mais revenons-en au terrain.

Bien sûr, on ne peut pas tirer à la place des joueurs. Encore heureux d'ailleurs, d'autant que beaucoup d'entraîneurs ont déjà eu l'occasion d'être acteurs durant leur carrière de joueur – laquelle reste un excellent moyen d'apprendre le métier et deviner ses contraintes tout en perfectionnant sa conception du jeu. Mais, comme le dit Carlos Bianchi, on peut faire en sorte que les tirs soient plus ou moins fréquents : « Un changement tactique peut faire basculer une rencontre. C'est tout le système de jeu qui peut alors être modifié. Un joueur offensif ou défensif, ça peut changer les choses. »

L'entrée de trois attaquants à la place de trois défenseurs bouleversera tout. Mais une inversion de poste entre deux joueurs aura aussi des effets, parfois presque plus importants. On est ainsi dans ce qu'on appelle la « micro-tactique ». Un terme qui désigne tout simplement les petits ajustements auxquels procède l'entraîneur pour que le système fonctionne au mieux et déstabilise l'adversaire. Pep Guardiola en est le plus emblématique représentant, lui le perfectionniste qui pointe sans cesse des directions et mime des mouvements. Philipp Lahm, qui fait de longues piges au milieu depuis l'arrivée du coach allemand, raconte ce qui a changé avec son arrivée en Bavière : « En cours de match, il va, par exemple, dire à l'attaquant de faire des courses différentes, ou ajuster légèrement la position des milieux centraux l'un par rapport à l'autre. Je pense que nous sommes maintenant encore plus flexibles, nous avons encore plus le contrôle et nous sommes plus imprévisibles. »

Les équivalences sont peu nombreuses, en bonne partie car il faut pouvoir travailler dans la durée avec des joueurs très intelligents pour que de tels ajustements soient pertinents. La plupart du temps, les problèmes à régler sont plus globaux et l'adaptation à l'adversaire imposée par la différence de niveau avec le précédent. Le Bayern, lui, affronte systématiquement plus faible que lui, sauf deux ou trois fois dans l'année. Cela laisse pas mal de latitude pour jouer aux alchimistes sans risquer grand-chose. Mais il faut aussi avoir la conviction que la possibilité d'influer sur son équipe, même dans les petits détails, existe. Dans *The Blizzard*, Roberto Martínez se range du côté des sceptiques : « On ne peut pas micro-coacher. On ne peut jamais, vraiment jamais, prendre une décision à la place d'un joueur, mais on peut lui donner le concept dont a besoin l'équipe, et lui permettre de s'exprimer, de prendre ses propres décisions, connaissant ce que ses partenaires attendent de lui à la perte du ballon, quand il faut passer aux devoirs défensifs. » De toute façon, Martínez n'est pas un grand fan de l'interventionnisme : « J'ai toujours pensé que le coaching pouvait devenir un outil négatif. Le talent fait gagner les matchs, le talent brut. [...] J'essaie d'éviter le sur-coaching, qui peut déposséder les joueurs de leur talent brut. »

Faut-il mêler l'orgueil à tout ça, c'est-à-dire supposer que Guardiola tient à tout prix à se rendre responsable des succès de son équipe ? La modestie de ses commentaires et les témoignages de ses joueurs battent l'accusation en brèche. Et puis, quand il est debout à côté de son banc, l'ancien milieu de terrain n'est pas un acteur en représentation, il est un metteur en scène investi. Un entraîneur qui semble diriger à l'extrême alors que ses joueurs, les vrais acteurs, semblent avoir une grande liberté d'action tant ils bougent un peu partout sur le terrain, rappelant l'Ajax de Rinus Michels, dont le *totaalvoetbal* était parfois aussi incompréhensible vu de l'extérieur qu'il était réfléchi. Et le bon vieux Rinus, qui surveillait notamment les sorties de ses joueurs, était bien plus autoritaire que son lointain héritier. Son successeur à l'Ajax, Stefan Kovács, plus proche de Martínez dans l'autonomie qu'il accordait à ses joueurs, a prolongé la série de Coupes d'Europe victorieuses. Alors, tant que ça gagne…

Pep Guardiola est le symbole du football actuel. Parce qu'on l'adoube ou s'y oppose, parce que son jeu est trop totalitaire pour laisser indifférent. Il y a quelques mois, il déclarait : « Ce que je veux, mon ambition, c'est d'avoir 100 % de possession. » Et tant pis si l'adversaire, avec 0 %, n'a pas le droit de jouer. Mais ce ne sont pas tant ses idées que leur réussite qui animent les discussions. Les expériences ratées n'inspirent personne. « Les bons résultats peuvent s'obtenir de beaucoup de manières différentes, reconnaît Paco Jémez. C'est la grandeur du football, personne n'a la formule magique pour dire qu'en faisant telle ou telle chose, les équipes vont gagner. » Passé un an au Barça, Tata Martino tente de réconcilier les camps en flattant son prédécesseur : « Ce qu'a fait Guardiola à Barcelone était la meilleure chose dans l'histoire du football et elle devrait inspirer la fierté. Pour louer le Real Madrid, on dirait qu'il faut critiquer Guardiola. Bien sûr, il faut féliciter le Real et l'Atlético pour leur manière de jouer et les résultats qu'elle apporte, mais on ne peut pas discréditer les autres styles de jeu. Ce qui est bien dans ce sport, c'est que tout le monde a des idées différentes sur la manière de gagner. » Et que les meilleures survivent.

Dans cet ouvrage, les questions tactiques ont été évoquées, beaucoup plus que l'arbitrage ou toutes les autres variables d'un jour. Ce sont elles qui influencent le sport dans sa globalité et rythment la vie des entraîneurs, ceux qui restent, quoi qu'il arrive, au-dessus des joueurs, en ayant le pouvoir de les aligner (ou pas) sur le terrain. Mais le piège serait de tomber dans la rationalisation totale de ce qui échappe parfois à toute forme de logique. « Aujourd'hui, on a l'impression qu'on est un bon entraîneur si on parle tactique, tactique, mais la technique, alors ? interpelle Philippe Montanier. Messi, c'est d'abord sur sa technique qu'il fait la différence, Ronaldo, idem. Bien sûr que ça compte, d'être bien organisé. Mais si, quand on a le ballon, on le reperd aussitôt... » On se souvient de Luis Aragonés, à l'époque à la tête de l'Atlético, parlant à ses joueurs en pointant le tableau blanc en criant : « Vous voyez ça ? Eh bien, ça n'est pas important. Ce qui compte, c'est vous. Oubliez la tactique, c'est le Real Madrid. Allez-y et mettez-le dans leurs fesses. » On lit Eden Hazard quand il assure à *So Foot* que « les consignes, je les prends, mais j'estime qu'on est des grandes personnes. Un coach, c'est pas comme un prof à l'école qui va dire : "Faut faire ci, demain vous devez faire ça !" On est grands, on sait ce qu'on a à faire. » Et on se met à la place de Jean-Marc Furlan qui confie : « Le foot est un sport éminemment incertain. C'est très violent à vivre, destructeur pour la vie de tous les jours, de voir un match s'échapper sur un détail alors qu'on consacre tout notre temps, vingt-quatre heures sur vingt-quatre, au foot. » Ou d'Élie Baup, presque désabusé : « Dans tous les cas, quand tu perds, c'est de ta faute. Quand tu gagnes, c'est grâce aux joueurs. C'est la mentalité en France, mais on n'en tient pas compte, on sait qu'on a une influence forte, qu'on travaille. Les joueurs le savent, ils savent qu'on a de l'importance. »

Tout évolue en permanence, le jeu comme les relations humaines. Chaque phase de jeu, chaque approche pourrait mériter à elle seule un livre entier. Et la longueur de celui-ci confirme qu'il y a pas mal de choses à dire, même sans entrer dans tous les détails. Tous les entraîneurs rencontrés, même ceux dont la communication ou les résultats peuvent brouiller l'image, ont ainsi démontré la profondeur de leur réflexion et l'étendue de leurs connaissances du football. Mais ils savent que leur pouvoir a des limites. Et c'est souvent quand le spectateur prend le plus de plaisir que l'entraîneur s'arrache le plus les cheveux. « Il arrive que la tactique soit secondaire, explique Stéphane Moulin. Cela arrive souvent quand le score est ouvert. Avant, ce sont deux blocs qui s'affrontent, mais quand le score est ouvert, une équipe va se livrer davantage. Un peu comme en Angleterre. » Raynald Denoueix témoigne : « Il peut y avoir des matchs fous. Une fois, à Anoeta, on gagne 4-2, je crois. Ça aurait pu être l'inverse ou 6-6, c'était parti dans tous les sens. Là, tu ne maîtrises plus rien. » On pourrait alors faire des centaines de schémas et écrire des centaines de pages de plus que ça n'y changerait rien. C'est aussi ça, l'imprévisible charme du football.

LEXIQUE

Postes et rôles

Ailier inversé
Joueur offensif de couloir qui évolue à l'opposé de son côté naturel. Un droitier côté gauche, par exemple. Avec la disparition des ailiers de débordement, dits « traditionnels », ainsi que du rôle de numéro 10 à l'ancienne, ces ailiers inversés sont généralement : soit des attaquants reconvertis, dont l'objectif est de partir de l'aile pour s'ouvrir le chemin du but en repiquant sur leur bon pied ; soit des meneurs de jeu excentrés, qui partent du couloir pour glisser dans l'entrejeu, entre la défense et le milieu de terrain de l'adversaire, pour trouver des lignes de passe avec leur pied droit.

Exemples : Arjen Robben, Franck Ribéry, Neymar, Cristiano Ronaldo, Gareth Bale, Eden Hazard…

Variante : « Mince, j'ai encore inversé les ailiers et les milieux défensifs ! » (Luis Fernandez)

Box-to-box

Milieu de terrain complet dont le volume de jeu et l'activité l'amènent à évoluer de sa surface jusqu'à celle de l'adversaire, défendant autant qu'il attaque. Profil historiquement associé au football anglais, mais en disparition sous l'effet de la spécialisation des rôles.

Exemples : Steven Gerrard, Paul Scholes, Yaya Touré...

Variante : « Je vais de boîte en boîte. » (Pascal Feindouno)

Carrileros

Terme espagnol initialement employé pour désigner les joueurs de couloir d'un milieu en losange (aussi appelés « *interiores* », notamment dans un milieu en V), il peut également faire référence aux latéraux occupant une position intermédiaire, entre défenseurs et milieux de terrain, dans les systèmes à trois défenseurs centraux, comme le 3-4-2-1 napolitain de Walter Mazzari (2009-2013).

Exemple : en fait, personne n'utilise ce mot.

Variante : « Dans un milieu en losange inversé, on appelle ça un *carrileros*. » (Xavier Gravelaine)

Carotte

Numéro 9 qui campe devant en attendant qu'on lui envoie des ballons. Ce joueur qui a la flemme de redescendre l'a aussi de faire le pressing. Grâce à la règle du hors-jeu, on n'en trouve plus que sur les terrains improvisés de foot amateur.

Variante : « Je ne vois pas le problème. » (Pippo Inzaghi)

Double pivot
Traduction littérale de « *doble pivote* ». Référence à l'association de deux joueurs devant la défense, chacun apportant offensivement à tour de rôle plutôt que se spécialisant dans une tâche offensive ou défensive.

Exemple : le milieu de Manchester City avec Yaya Touré et Fernandinho.

Variante : « Quand je prends le ballon, je pivote deux fois sur moi-même. » (Jérôme Rothen)

Enganche
Voir *Trequartista*.

Variante : « *Enganche ! Enganche ! Enganche !* » (Jean-Michel Larqué)

Faux numéro 9
Attaquant axial seul en pointe sur le papier, mais qui se comporte comme un milieu supplémentaire en décrochant. De plus en plus employé pour désigner des numéros 9 dont le rôle n'est pas de marquer, mais de mener le jeu offensif.

Exemples : Lionel Messi, Cesc Fàbregas avec le Barça et l'Espagne, Karim Benzema au Real Madrid…

Variante : « J'ai encore fait mon numéro de faux 9. » (Fred)

Libero
Défenseur en surplus par rapport aux attaquants adverses, chargé de couvrir les erreurs éventuelles des autres défenseurs. Dans une défense à trois centraux, le libero évolue généralement en retrait de deux défenseurs « stoppeurs », mais il peut aussi jouer devant eux et être le premier attaquant de son équipe, à l'image de Franz Beckenbauer au Bayern Munich dans les années 1970. Avec la généralisation de la défense à quatre et du marquage de zone, un défenseur central occupe tour à tour les rôles de stoppeur et de libero, en fonction du placement des attaquants adverses.

Exemples : Franz Beckenbauer, Franco Baresi, Laurent Blanc, Lothar Matthäus, Matthias Sammer…

Variante : « Je te libère pour la finale. » (Slaven Bilić à Laurent Blanc en 1998)

Mezzala
Terme italien désignant les relayeurs dans un milieu à trois, qui évoluent généralement devant une sentinelle.

Exemples : Marek Hamsik avec Naples en 2015-2016, Paul Pogba…

Variante : « Je mets ça là, on verra bien. » (Laurent Blanc à propos de Lucas Moura)

9 et demi
Attaquant de soutien mobile et technique, généralement associé à une pointe fixe, qui fait le lien entre le milieu de terrain et l'attaque par ses décrochages.

Exemples : Youri Djorkaeff, Roberto Baggio, Wayne Rooney, Carlos Tévez...

Variante : « J'en suis à 9 demis. » (Sidney Govou)

Regista
Littéralement « réalisateur ». Meneur de jeu qui évolue dans une position très reculée sur le terrain, ce qui lui permet d'organiser le jeu devant sa défense avec plus de liberté, depuis une zone moins peuplée par les adversaires. Andrea Pirlo incarne parfaitement la notion de *regista*.

Exemples : Andrea Pirlo, Sergio Busquets, Steven Gerrard lors de sa dernière saison à Liverpool, Xabi Alonso...

Variante : « Régis, t'as encore marché sur la prise de la sono. » (le réalisateur de France-Honduras avant les hymnes)

Rôle Makelele
Le « rôle Makelele », du nom de l'ancien milieu de terrain défensif français, désigne une sentinelle uniquement dédiée aux tâches défensives et donc complètement déchargée de la construction du jeu. C'était la fonction de Claude Makelele au sein de l'entrejeu du Real Madrid des Galactiques.

Exemples : Claude Makelele, Alou Diarra, Rio Mavuba, Nigel De Jong...

Variante : « J'ai souvent tenu ce rôle. » (Rocco Siffredi)

Sentinelle
Milieu défensif unique positionné devant la défense, « en sentinelle » du milieu de terrain. L'équivalent d'un libero de l'entrejeu.

Exemples : Maxime Gonalons, Michael Carrick, Sergio Busquets...

Variante : « J'ai rien vu venir. » (Alou Diarra)

Stoppeur
Défenseur chargé de marquer un attaquant adverse. Généralement moins technique et plus physique que le libero.

Exemples : Marcel Desailly, Carles Puyol, Nemanja Vidić...

Variante : « Arrête de dire des conneries, Jean-Alain. » (un commentateur de beIN Sports)

Trequartista
Expression italienne (littéralement : « trois-quarts »), qui fait référence à un meneur de jeu évoluant entre le milieu et la défense adverse. Pivot offensif de son équipe, le *trequartista* (synonyme espagnol : « *enganche* ») est un meneur de jeu, mais peut être amené à marquer lui-même des buts.

Exemple : Yannick Jauzion.

Variante : « Zizou choisissait les trois quarts de l'équipe. » (Raymond Domenech)

Principes et philosophies

Catenaccio
Tactique défensive popularisée par l'Inter Milan d'Helenio Herrera dans les années 1960. Originellement, ce système employait un libero très en retrait de quatre autres défenseurs, qui appliquaient un marquage individuel. Expression aujourd'hui largement galvaudée car employée pour désigner une équipe à l'approche très défensive.
Variante : « L'important, c'est les serrures trois-points. » (Pablo Correa)

Décrochage
Un joueur décroche lorsque, sans ballon, il quitte la zone qu'il est censé occuper dans l'organisation de base de son équipe pour demander le ballon dans une autre zone du terrain. Objectifs : créer une supériorité numérique inattendue, chercher les espaces entre les lignes adverses...
Variante : « C'est pourquoi je voudrais, enfin si vous le permettez, dézoner en paix. » (Nicolas Anelka)

Football total
« *Totaalvoetbal* » en néerlandais. Principe de jeu développé par Rinus Michels à l'Ajax Amsterdam dans les années 1970, basé sur un mouvement perpétuel, un pressing constant et la participation de tous les joueurs à toutes les phases du jeu (offensive, défensive), notamment via une permutation extrême des postes. Cela

nécessitait une grande polyvalence des joueurs et a suscité l'augmentation des exigences athlétiques.

Variante : « Au total, on n'a pas beaucoup joué au football. » (un ancien joueur de Jean Fernandez)

Gegenpressing
Littéralement « contre-pressing ». Tactique offensive sans ballon utilisée par Jürgen Klopp au Borussia Dortmund (2008-2015) et Roger Schmidt au Bayer Leverkusen (depuis 2014). Elle s'appuie sur une récupération de balle très haute et nécessite des joueurs offensifs rapides, travailleurs et disciplinés, ainsi qu'une grande intensité de pressing dès la perte de la possession. Elle repose sur un principe simple : au moment d'enclencher un mouvement offensif, les adversaires ne sont pas tous en position. Leur reprendre rapidement le ballon et jouer ensuite vite vers l'avant permet de profiter de ce désordre temporaire pour obtenir un accès rapide au but.

Variante : « Les Portugais étaient visiblement "gegenpressés" de rentrer à la maison. » (Joachim Löw lors de la Coupe du monde 2014)

Horizontalité
Désigne un jeu latéral, sur la largeur, avec peu de progression vers le but adverse et donc stérile. Fréquent lorsqu'une équipe de possession n'arrive pas à créer des décalages.

Variante : « J'ai souvent fait la différence à l'horizontale. » (Sergio Busquets)

Kick and rush
Style de jeu qui consiste à rechercher, dès que possible, un jeu direct avec de longs ballons vers l'avant. Historiquement associé au football anglais. Des journalistes britanniques ont évoqué l'influence d'un climat difficile sur la naissance de cette façon de jouer, mais cette explication est un peu simpliste (les Britanniques sont juste des rustres, en fait).

Variante : « J'aime encore plus le *headkick and run.* » (Brandao)

Marquage en zone
Stratégie défensive dans laquelle chaque défenseur a une zone à couvrir, plutôt qu'un adversaire spécifique à marquer. Le défenseur ne s'occupe que du joueur pénétrant dans sa zone. Cela permet de conserver une organisation défensive fixe, un alignement stable et de préserver la mise en place tactique de base. L'entraîneur italien Arrigo Sacchi a popularisé le marquage de zone à l'AC Milan à partir de la fin des années 1980. Applicable également sur coups de pied arrêtés, en particulier lorsqu'une équipe manque de joueurs bons dans les airs.

Variante : « Notre marquage sur corner, c'est la zone. » (Mario Zagallo, juillet 1998)

Marquage individuel
Stratégie défensive qui consiste à attribuer à chaque défenseur un adversaire spécifique. Le défenseur doit alors le marquer quelle que soit sa position sur le terrain. Délaissé aujourd'hui, le marquage individuel

a longtemps été la norme. Lors de la généralisation du WM, à partir des années 1930, les attributions de marquage se faisaient d'ailleurs souvent automatiquement, via les numéros des joueurs, qui définissaient les postes de chacun (le 4 marque le 9, le 3 marque le 7…).

Variante : « J'aime bien marquer chacun de mes adversaires. » (Nigel De Jong)

Pressing
Action de courir vers le porteur du ballon adverse et ses coéquipiers proches pour réduire leur espace et leur temps d'action. Objectifs : récupérer la possession, soit directement par une interception, soit indirectement en forçant une mauvaise passe, ou ralentir la construction de l'attaque adverse.

Variante : « J'ai inventé le pressing au Stade de Rince. » (Albert Batteux)

Sapin de Noël
Nom donné à l'organisation en 4-3-2-1, popularisée par Carlo Ancelotti à l'AC Milan. Ce schéma, large à sa base et étroit en son sommet, repose sur quatre défenseurs, trois milieux à vocation plus ou moins défensive et deux joueurs offensifs en soutien d'un unique attaquant de pointe.

Variante : « J'avoue que Diego Lugano, c'était pas un cadeau. » (Leonardo)

Tiki-taka

Terme utilisé originellement pour décrire le style de jeu espagnol lors de la Coupe du monde 2006, basé sur une succession de passes courtes au sol. Depuis, l'expression a été principalement affectée à la philosophie développée au FC Barcelone par Pep Guardiola.

Variante : « En 2014, c'était plutôt tiki-cata. » (Vicente Del Bosque)

Transition

Phase de jeu lors de laquelle une équipe passe de sa configuration offensive à son organisation défensive, et inversement, après la perte ou la récupération du ballon.

Variante : « La transition a été un peu difficile à Manchester United. » (David Moyes)

Verticalité

Désigne un jeu qui progresse rapidement vers le but adverse, dans la longueur du terrain.

Variante : « Je prenais mieux la profondeur que Fred. » (Sylvain Wiltord)

WM

Système tactique créé au milieu des années 1920 par Herbert Chapman, entraîneur d'Arsenal. Disposé en 3-2-2-3, d'où son nom (les cinq joueurs défensifs forment un M sur le papier, les cinq offensifs un W), le WM était le dispositif tactique majeur jusqu'en 1953 et le « match du siècle » entre la Hongrie et l'Angleterre.

La nette victoire hongroise (6-3) a révélé les failles de ce système et marqué le premier pas vers le 4-2-4 utilisé par le Brésil lors de son premier sacre mondial en 1958.

Variante : « Pour les arbitres, je préconise les WC. » (un supporter)

BIBLIOGRAPHIE

Articles de presse ou sur le Net

4dfoot.com
« The Greatest Football Quotations », 5 février 2012.

BBC.co.uk
« Champions League bigger than World Cup – Jose Mourinho », 19 mai 2010.

The Blizzard
Interview de Juan Manuel Lillo, « The Brain in Spain », Sid Lowe, *The Blizzard* n° 1, mai 2011.
Interview d'Alex Ferguson, Philippe Auclair, *The Blizzard* n° 4, mars 2012.
Interview de Roberto Martínez, Philippe Auclair, *The Blizzard* n° 7, décembre 2012.
Interview de Leo Beenhakker, « Don Leo' s Odyssey », Joachim Barbier, *The Blizzard* n° 7, décembre 2012.

Interview d'Andy Roxburgh, « Taking the Initiative », Nick Ames, *The Blizzard* n° 9, juin 2013.

Interview de Tomislav Ivić, « A Man for all seasons », Aleksandar Holiga, *The Blizzard* n° 10, septembre 2013.

Interview d'Óscar Tabárez, Martin Mazur, *The Blizzard* n° 11, décembre 2013.

Interview d'Egil Olsen, « The Mind has Mountains », Lars Sivertsen, *The Blizzard* n° 3, décembre 2011.

De Correspondent

« 6 secret traits that make Louis Van Gaal the humble genius he is (and mainstream media fail to see) », Michiel de Hoog, 8 août 2014.

The Daily Mail

Interview de Rory Delap, « Power and the Rory ! I knew it was getting out of hand when they asked me to throw a Christmas pudding over a double-decker », John Edwards, 16 avril 2011.

Interview de Xabi Alonso, « I was devastated to miss out on emotional Liverpool return... why Bayern Munich can win everything this season (and the FIVE managers who shaped my career) », Jamie Carragher, 21 novembre 2014.

Interview de Paolo Maldini, « AC Milan legend Paolo Maldini talks to Jamie Carragher about THAT night in Istanbul and reveals how close he was to joining Manchester United », Jamie Carragher, 22 mai 2015.

The Daily Mirror

« Don't blame Spain, blame their opponents », Roberto Martínez, 29 juin 2012.

« Liverpool warned West Ham are ready to park the bus – a TRIPLE-DECKER one », Darren Lewis, 28 août 2015.

EPLIndex.com

« Pressing Analysis : Pochettino, Sampaoli, Guardiola, Bielsa, Rodgers », 30 juin 2014.

L'Équipe

« La tradition du beau jeu », Patrick Dessault, 27 octobre 1992.

« Le miracle grec », Didier Braun, 2 juillet 2004.

Interview de Gérard Houllier, « Tout va plus vite », Didier Braun, 31 décembre 2005.

Interview de Jean-Marc Furlan, « Je peux mourir avec mes idées », Jean-Philippe Cointot, 25 novembre 2006.

Interview de Pep Guardiola, « Je suis comme un enfant », Guy Roger, 7 mai 2009.

« C'était Fort Mourinho », Sébastien Tarrago, 29 avril 2010.

Interview de Dominique Dropsy, « Quand Dropsy se faisait canarder... », Jérôme Cazadieu, 30 septembre 2010.

Interview de Laurent Lachand, « Les joueurs ont intégré les codes de la télé », Pierre-Étienne Minonzio, 8 décembre 2012.

Interview de Moussa Sissoko, « En France, un but, c'est souvent suffisant… », Guillaume Dufy, 20 septembre 2013.

Interview de René Girard, « Le plus beau compliment ? Me dire que mon équipe me ressemble », Didier Braun, 24 janvier 2014.

Interview de Michel Der Zakarian, « Je n'imagine pas un entraîneur qui n'aime pas l'entraînement », Didier Braun, 31 janvier 2014.

Interview de Christian Gourcuff, « La culture de la gagne, je crois que c'est une escroquerie », Didier Braun, 14 février 2014.

Interview d'Alain Casanova, « Ma conception du jeu ne correspond pas à ma réputation », Didier Braun, 21 février 2014.

Interview d'Ariël Jacobs, « Ce sport collectif est pratiqué par des individualistes, des égoïstes », Didier Braun, 28 février 2014.

Interview de Philippe Montanier, « Mais la technique alors ? », Didier Braun, 14 mars 2014.

Interview de Hervé Renard, « Un ambitieux souriant », Didier Braun, 21 mars 2014.

Interview de Pascal Dupraz, « Un entraîneur doit être un personnage », Didier Braun, 4 avril 2014.

Interview de José Anigo, « Je n'ai plus envie de me justifier », Didier Braun, 11 avril 2014.

Interview de Jocelyn Gourvennec, « Je ne peux pas accepter qu'un joueur banalise une passe », Didier Braun, 18 avril 2014.

Interview de Rolland Courbis, « Je rêve qu'un joueur

me demande : "Pourquoi je joue ?" », Didier Braun, 9 mai 2014.

Interview de Carlo Ancelotti, « Vous voulez que je vous montre ? », Damien Degorre et Frédéric Hermel, 24 octobre 2014.

« Monaco, c'est béton », Régis Testelin (avec J. D.), 20 décembre 2014.

Interview de Marcelo Bielsa, « On n'a jamais pu imposer notre style », Baptiste Chaumier, 6 avril 2015.

« Quelque chose de Guardiola », Lionel Dangoumau, 6 mai 2015.

« Lord of the Grass », Christine Thomas, 3 octobre 2015.

Interview de François-Charles Bideaux, « Un classique de cinéma », Rachel Pretti, 3 octobre 2015.

Interview d'Anthony Mounier, « Marquer contre Buffon, c'était magique », Baptiste Chaumier, 28 octobre 2015.

Interview d'André Ayew, « C'est la suite qui compte », Hervé Penot, 31 octobre 2015.

Interview de Stéphane Moulin, « Si on a peur d'être dernier, il ne faut pas jouer », Imanol Corcostegui, 9 novembre 2015.

Interview de Michel Denisot, « Le foot français devrait dire merci à Canal », Frédérique Galametz, 20 avril 2015.

L'Équipe Magazine

Interview de Marco Van Basten, « Comme coach, je n'étais pas assez heureux, pas assez compétent », Alban Traquet, 16 mai 2015.

lequipe.fr

« Changer de système, ça peut marcher », J. Te., 20 octobre 2015.

Interview de Juninho, « Miré (Pjanic) est le meilleur tireur de coup franc aujourd'hui », Hugo Guillemet, 25 octobre 2015.

Interview de Claude Dusseau, « Hatem sait désormais qu'il a besoin des autres », Imanol Corcostegui, 28 octobre 2015.

ESPNFC.com

« Jose Mourinho praises "managers who know how to park the bus" », Kevin Palmer, 9 juin 2015.

« Gotze talks World Cup, Bayern's season, Pep Guardiola : Exclusive », Raphael Honigstein, 12 février 2015.

Eurosport.com

« Fiorentina banking on Italy's set-piece guru », James Horncastle, 11 décembre 2012.

Eurosport.fr

« Au Barça comme avec la Roja, Xavi a joué dans la cour des grands : il raconte », François David, 22 septembre 2014.

Express.co.uk

« Liverpool boss Jurgen Klopp : Ignore me I talk a load of s**t », James Cambridge, 4 novembre 2015.

The Evening Standard

« Slaven Bilic on how West Ham beat Liverpool : We parked the bus but left the handbrake off », Tom Dutton, 29 août 2015.

Fifa.com

Interview d'Alex, « Disponible pour la sélection », 22 septembre 2008.

Interview de Juan Manuel Lillo, « Football and life are complicated », 9 février 2012.

France Football

Interview de Jérôme Rothen, « Je rentre sur le terrain du gauche », Jean-Michel Brochen, 9 mars 2004.

« Gourcuff-Romano, les tacticiens », Arnaud Tulipier, 6 août 2004.

Interview de Chris Hughton, « Les métiers du foot – Entraîneur adjoint », Philippe Auclair, 1er octobre 2004.

« Corners, coups francs, penalties : les armes fatales », Olivier Bossard, Baptiste Chaumier et Arnaud Tulipier, 2 novembre 2004.

Interview de Juninho, « Le coup franc est un jeu », Laurent Campistron, 4 avril 2006.

Interview de Claude Makelele, « Paris doit construire », Patrick Dessault et Vincent Villa, 7 avril 2009.

« Comment Benítez a inspiré Garcia », Thierry Marchand, 9 mars 2010.

Interview de Didier Deschamps et Jean-Claude Suaudeau, « La rencontre au sommet (1) », Patrick Dessault, 17 mai 2011.

Interview de Didier Deschamps, « Tout dépend de ce que propose l'adversaire... », Patrick Urbini, 11 novembre 2011.

Interview de Zdeněk Zeman, « J'écoute ce que demande le peuple », Roberto Notarianni et Antonio Felici, 19 juin 2012.

Interview de Christian Damiano, « En Serie A, le résultat conditionne tout », Patrick Urbini, 13 novembre 2012.

Interview de Michel Der Zakarian, « Le jeu à la nantaise, ça ne veut rien dire », Arnaud Tulipier, 15 octobre 2013.

Interview de Rafael Benítez, « J'aurais été capable de gérer Maradona », Dave Appadoo, 11 mars 2015.

Interview de Cris et Samuel Umtiti, « Le vrai défenseur ne lâche jamais », Dave Appadoo, 13 mai 2015.

Interview de Jean-Claude Suaudeau, « Je n'ai jamais entraîné aussi peu qu'en 1995 », Dave Appadoo, 20 mai 2015.

Interview de Jean-Marc Furlan, « J'ai mes idées et je m'y tiens », Olivier Bossard, 3 juin 2015.

FourFourTwo.com

Interview d'Andrés Iniesta, « How to boss the midfield », Andy Mitten, 9 décembre 2010.

Interview d'Ángel Di María, « The art of wing play », Sid Lowe, 1er juillet 2011.

Interview de Ruud Van Nistelrooy, « Time your run to perfection », Ben Welch, 26 août 2011.

Interview de Nemanja Vidić, « Tackle any threat », Ben Welch, 13 décembre 2011.

Interview de Gareth Southgate, « Lay the perfect offside trap », Ben Welch, 16 janvier 2012.

Interview de Franco Baresi, « How to defend like a master », Ben Welch, 8 mars 2012.

Interview de Patrick Vieira « How to be a midfield destroyer », Ben Welch, 27 novembre 2012.

Interview de Carl Jenkinson, « Handling different types of opponent », Ben Welch, 14 janvier 2013.

Interview de Rio Ferdinand, « Ultimate Defender », Ben Welch, 12 mars 2013.

Interview d'Ole Gunnar Solskjaer, « Match the tactically », Ben Welch, 5 avril 2013.

Interview de Michu, « Break through the defence », Ben Welch, 7 juin 2013.

Interview de Sébastien Bassong, « How to defend the ball in behind », Andrew Murray, 17 septembre 2013.

Interview de Tom Ince, « Score from the wing », Ben Welch, 7 octobre 2013.

Interview de Luis Enrique, « How to play the pressing game », Andy Mitten, 12 décembre 2013.

Interview de Lucas Leiva, « The Spoiler », Ben Welch, 14 février 2014.

Interview de Mario Götze, « Be a creative spark », Oliver Trust, 10 juin 2014.

Interview de Roberto Carlos, « Play like a Brazilian full-back », Andrew Murray, 28 juillet 2014.

Interview de Daniel Alves, « Suffocate the opposition », Andrew Murray, 15 décembre 2014.

Interview de Sergio Agüero, « Shake off your marker », Andrew Murray, 16 janvier 2015.

Interview de Marco Verratti, « How to be a deep-lying playmaker », Alberto Santi, 3 mars 2015.

Interview d'Aymeric Laporte, « The art of being a modern defender », Andrew Murray, 12 mars 2015.

Interview de Stewart Downing, « Pose a threat across the frontline », Ben Welch, 11 mai 2015.

The Guardian

« Six reasons Greece are in the final », Jon Brodkin, 3 juillet 2004.

« José Mourinho : I will never coach Barcelona », 29 avril 2010.

Interview de Xabi Alonso, « Spain benefited from players going to England », Sid Lowe, 11 novembre 2011.

Interview de Daniel Alves, « At Barcelone we are taking football back to its origins », Sid Lowe, 16 avril 2012.

« The false nine is an accepted role but with different interpretations », Jonathan Wilson, 30 décembre 2013.

« Chelsea are a small team who play like Stoke, says Manuel Pellegrini », Daniel Taylor, 21 septembre 2014.

Interview d'Alvaro Arbelo, a « Anfield is unique. I've told my team-mates to enjoy it », Sid Lowe, 20 octobre 2014.

Interview d'Arjen Robben, « You can discuss anything with Pep. At 3 h he' s happy to talk », Donald McRae, 14 février 2015.

« Barcelona's Sergio Busquets knows Manchester City pose serious threat », Sid Lowe, 22 février 2015.

« Jurgen Klopp's Liverpool and the importance of gegenpressing », Jonathan Wilson, 16 octobre 2015.

« Pep Guardiola's quest for perfection : "What I want is to have 100 % possession" », David Hytner, 5 novembre 2015.

JotDown.es

Interview de Paco Jémez, « Cruyff ha sido influencia en todo », Álvaro Corazón Rural, 29 juillet 2013.

Just Kickin' It Podcast

« An interview with Raymond Verheijen on Football Fitness vs Isolated Fitness », 16 novembre 2015.

Líbero

Interview d'Isco, *Revista Líbero* n° 12, mars 2015.

Marca.com

Arrigo Sacchi, « Atlético is a real team », José Luis Calderon, 18 février 2014.

Marcadorint.com

Interview de Roger Schmidt, « Nunca quise ser entrenador », Guillermo Valverde, 2 novembre 2015.

LeMonde.fr

« Emmanuel Petit et Leonardo refont France-Brésil... 1998 », 2 mars 2015.

Onze Mondial

Interview de Claude Puel, « Un entraîneur sommeille en chacun de nous », Philippe Rodier et Raphaël Cosmidis, 18 septembre 2015.

« PSG, Bielsa, Mourinho... Bienvenue dans la tête d'un coach ! », Philippe Rodier, 30 juillet 2015.

El País

Interview de Louis Van Gaal, « El holandés quiere mandar ; el español, que le manden », Luis Martín, 15 février 2006.

« Osorio », Pep Guardiola, 26 juin 2006.

« Sentirlo », Pep Guardiola, 2 mars 2007.

Interview de Cesc Fàbregas, « A veces creo que pienso demasiado en el fútbol », Luis Martín, 14 octobre 2012.

Interview de Paco Jémez, « Soy un enamorado del desorden », Diego Torres, 7 novembre 2014.

Panenka-Mag

Interview d'Alain Casanova, « Concernant Toulouse, les gens sont influencés par les médias », Vivien Couzelas, 7 novembre 2013.

Perarnau Magazine

« El Juego de posición », Dani Fernandez, 6 février 2012.

« Charla con Xabi Alonso », Martí Perarnau, 10 mars 2014.

« Pressing, counterpressing and counterattacking », Adin Osmanbasic, 1er juin 2015.

« Differences between Sacchi's, Klopp's and Guardiola's counterpressing concepts », Rene Maric, 16 octobre 2015.

Soccer Anywhere
Interview de João Sacramento, « Opposition Scouting at AS Monaco », James Davies, février 2015.

So Foot
Interview de Xavi, *So Foot* n° 115, avril 2014.
So Foot, hors-série « Best of Tactique », décembre 2014.
Interview de Luciano Spalletti, « L'entraîneur, ce n'est pas un philosophe », *So Foot* n° 45, juin 2007.
Interview d'Eden Hazard, « Quand tu défends, c'est que tu n'as pas le ballon, et moi, je préfère l'avoir », Emilien Hofman et Pierre Maturana, *So Foot* n° 126, mai 2015.

Sofoot.com

Interview de Pablo Lavallen, « La Volpe, c'est l'université du football », Thomas Goubin, 4 septembre 2013.
Interview de Paco Jémez, « Nous voulons appartenir à nos supporters », Robin Delorme, 24 janvier 2015.
« Stoke ne veut plus faire du Stoke », Quentin Müller, 3 mars 2015.
« Le Rayo, mieux qu'un Barça du pauvre », Robin Delorme, 8 mars 2015.
Interview de Rodéric Filippi, « J'essaie de faire une

formation de chauffeur poids lourd », Gaspard Manet, 2 avril 2015.

Interview de Paulo Dybala, « Ceux qui disaient que je ne valais rien le regrettent aujourd'hui », Markus Kaufmann, 4 avril 2015.

Interview de Ricardo Zielinski, « Le système de jeu, c'est le moins important », Markus Kaufmann, 25 juin 2015.

« À la recherche du coup franc parfait », Ugo Bocchi, consulté le 19 novembre 2015.

« Jardim et Monaco, le mariage parfait ? », Faute tactique, 9 décembre 2014.

Soccer Journal

« Tactical Periodization : Mourinho's best kept secret ? », Juan Luis Delgado-Bordonau and Alberto Mendez-Villanueva, mai-juin 2012.

Spielverlagerung

« Juego de Posicion under Pep Guardiola », Adin Osmanbasic, 25 décembre 2015.

« Zonal Marking/Zonal Coverage », Rene Maric, 1er juin 2014.

De Telegraaf
Chronique de Johan Cruyff, septembre 2015.

The Telegraph

« Mourinho left to moan as Spurs blockade the Bridge », Henry Winter, 20 septembre 2004.

Interview de Sam Allardyce, « West Ham's owners are best I've ever had and deserve this success after not sacking me », Henry Winter, 24 octobre 2014.

Interview de Carlos Carvajal, « Deep thinker Carlos Carvalhal aiming to upset Arsenal in the League Cup with Sheffield Wednesday », Jonathan Liew, 26 octobre 2015.

Uefa.com

« All or nothing for Paco at Rayo Vallecano », Richard Martin, 3 mars 2015.

Vestiaires

« Jouer ensemble, c'est penser le jeu ensemble », Christian Gourcuff, *Vestiaires* n° 4, mai 2009.

« Quel système de jeu pour votre équipe ? », Christian Gourcuff, *Vestiaires* n° 7, septembre 2009.

« Principes de jeu offensifs et défensifs », Jean-Marc Furlan, *Vestiaires* n° 8, octobre 2009.

« Travailler les coups de pied arrêtés », Frédéric Hantz, *Vestiaires* n° 8, octobre 2009.

« Cadrer le porteur », Christian Gourcuff, *Vestiaires* n° 11, janvier 2010.

« Le jeu : la cohérence comme enjeu », Christian Gourcuff, *Vestiaires* n° 22, janvier 2011.

« A-t-on le droit de gêner le gardien ? », Ghislain Printant, *Vestiaires* n° 47, février 2013.

« Comment se préparer à affronter un ténor du championnat ? », Didier Ollé-Nicolle, *Vestiaires* n° 55, novembre-décembre 2013.

« Corners et coups francs : les joueurs "à la ramasse" », Jérémy Dos Santos, *Vestiaires* n° 55, novembre-décembre 2013.

« Une semaine avec Alain Casanova », n° 56, janvier-février 2014.

« Zone intégrale et zone mixte », Gilles Salou, n° 63, mars-avril 2015.

Interview de Jean-Claude Suaudeau, « Le mouvement, c'est offrir la liberté à son partenaire », Julien Gourbeyre, n° 64, mai-juin 2015.

La Voix des Sports

Interview de Francis Gillot, « Quand on est joueur, le coach on s'en fout, en fait », Richard Gotte, 15 décembre 2014.

Wired.co.uk

« The winning formula », Joao Medeiros, 23 janvier 2014.

World Soccer

Interview d'Otto Rehhagel, « Greece coach Otto Rehhagel », 6 mai 2010.

Ouvrages

Ancelotti Carlo, Ulivieri Renzo, Novellino Walter, Lippi Marcello, Sacchi Arrigo et Zauli Alessandro, *Soccer : Modern Tactics*, 2011, 140 p.

Ancelotti Carlo, *Mes secrets d'entraîneur*, Solar, 2015, 348 p.

Anderson Chris et Sally David, *The Numbers Game – Why Everything you Know About football is Wrong*, Penguin Books, 2013, 400 p.

BENÍTEZ Rafael, *Champions League Dreams*, Headline Book Publishing, 2012, 304 p.

BERGKAMP Dennis, *Stillness and Speed : My Story*, Simon & Schuster Ltd, 2014, 272 p.

BLOCISZEWSKI Jacques, *Le Match de football télévisé*, Apogée, 2007.

CLAUSEWITZ Carl von, *De la guerre*, Éditions de Minuit, 1955.

DOUCET Claude, *Football : Perfectionnement tactique* Amphora, 2005, 223 p.

EMAULT Gérard, *50 ans de Ballon d'or*, France Football Éditions, 2005.

FERGUSON Alex, *My Autobiography*, Hodder & Stoughton, 2013, 416 p.

GALEANO Eduardo, *El Fútbol a Sol y Sombra*, Siglo XXI, 4ᵉ édition, 2012, 292 p.

GHEMMOUR Chérif, *Johan Cruyff, génie pop et despote*, Hugo Sport, 2015, 388 p.

LYTTLETON Ben, *Onze mètres – La solitude du tireur de penalty*, Hugo Sport, 2015, 380 p.

OLIVEIRA Bruno, AMIEIRO Nuno, RESENDE Nuno et BARRETO Ricardo, *Mourinho, ¿ Por qué tantas victorias ?*, MCSports, 2007, 200 p.

PERARNAU Martí, *Herr Pep*, Roca Editorial, 2014, 400 p.

RIOLO Daniel et PAILLET Christophe, *Secrets de coachs*, Hugo & Cie, 2011, 310 p.

SIMEONE Diego, *Partido A Partido*, Plataforma, 2014, 208 p.

SUN TZU, *L'Art de la guerre*, Hachette, coll. « Pluriel », 2000.

Torres Diego, *Prepárense para perder, La Era Mourinho 2010-2013*, Ediciones B, 2013, 288 p.

Verheijen Raymond, *Football Periodization : Play With Your Strongest Team*, World Football Academy.

Vio Gianni, *Più 30 per cento*, www.allenatore.net, 2004, 110 p.

Wilson Jonathan, *Inverting the Pyramid : The History of Football Tactics*, Avalon Publishing Group, 2013, 418 p.

Winner David, *Brilliant Orange : The Neurotic Genius Of Dutch Football*, The Overlook Press, 2008, 288 p.

Winner David dans son ouvrage *Those Feet : A Sensual History of English Football*, Bloomsbury, 2005, 268 p.

Index

Ribéry, Franck, 131, 154,
322, 457
Rijkaard, Frank, 123, 155,
238, 323, 417, 447
Riolo, Daniel, 239, 274, 445
Ripoll, Sylvain, 99, 100, 250,
439
Riquelme, Juan Román,
143, 293
Rivaldo, 95, 304
Rivelino, 144
Robben, Arjen, 41, 42, 95,
131, 154, 301, 321, 322,
350, 457
Robert, Laurent, 86
Rodgers, Brendan, 317, 349,
426, 428
Rodriguez, James, 143
Ronaldinho, 304
Ronaldo, 406
Ronaldo, Cristiano, 70, 77,
158, 165, 260, 312, 416,
455, 457
Rooney, Wayne, 142, 461
Rothen, Jérôme, 395, 459
Roussey, Laurent, 236
Roux, Guy, 99, 189, 208, 226,
227, 228, 229, 230, 231,
232, 233, 252, 253, 254,
260, 261, 274, 286, 406, 499
Roxburgh, Andy, 21, 33
Rummenigge, Karl-Heinz,
313

S

Sacchi, Arrigo, 10, 18, 56,
84, 101, 119, 128, 199,
200, 201, 202, 203, 216,
220, 234, 237, 238, 239,
240, 250, 253, 263, 278,
302, 309, 315, 316, 319,
416, 427, 465
Sacramento, João, 385, 410
Sacristán, Eusebio, 155
Sagnol, Willy, 57, 131, 439
Sally David, 165, 166, 175,
275, 444
Salou, Gilles, 249, 250, 257,
258
Sammer, Matthias, 118, 460
Sampaoli, Jorge, 307, 319, 422
Sánchez, Alexis, 300
Santana, Felipe, 122
Santos, 32, 82, 94
Santos, Nilton, 128
Schmidt, Roger, 190, 193,
210, 212, 213, 319, 448,
464, 499
Scholes, Paul, 153, 428, 458
Schön, Helmut, 445
Schweinsteiger, Bastian,
312
Seedorf, Clarence, 43
Seirul-Lo, Francisco, 322,
340
Seitaridis, Yourkas, 78, 79
Sellers, Théo, 176
Serres, Éric, 364
Shaqiri, Xherdan, 360
Shawcross, Ryan, 356
Shevchenko, Andreï, 163
Siffredi, Rocco, 461
Silva, Thiago, 121, 251

REMERCIEMENTS

À tous les techniciens et anciens joueurs que nous avons eu la chance de rencontrer, tous aussi passionnants et passionnés les uns que les autres. Leur éclairage a été très précieux et nous a ouvert les yeux sur de nombreux aspects dont on n'avait qu'une conscience partielle en tant que simples observateurs amoureux du jeu. Merci donc à Stéphane Moulin, Johan Micoud, Élie Baup, Raynald Denoueix, Roger Schmidt, Guy Lacombe, Guy Roux et Pascal Grosbois pour le temps qu'ils ont bien voulu nous accorder.

Un grand merci tout particulier à Christian Gourcuff, désarmant de gentillesse, qui nous a fait l'honneur de rédiger la préface de cet ouvrage.

À notre éditeur Benoît Bontout, qui nous a fait confiance et était convaincu, à notre grande surprise, qu'un livre qui parlait de tactique pouvait avoir un intérêt éditorial.

À Jérôme Latta, notre chef d'espadrilles des *Cahiers du foot*, qui nous a encouragés dans notre envie de parler tactique dans les *Cahiers*. Ce projet a aussi été permis par son abnégation, au fil des années, à préserver les *Cahiers*.

À Philippe Gargov, pour le soutien qu'il a pu nous apporter. Les Dé-Managers ne seraient pas ce qu'ils sont sans lui.

Table des matières

Les Dé-Managers :
pour parler tactique pas pour meubler,
à retrouver sur
www.cahiersdufootball.net

Directeur : Jean-Louis Hocq
Responsable d'édition : Benoît Bontout
Assistant d'édition : Hugo Gadroy
Création graphique et couverture : Emeric Thérond
Mise en pages : Nord Compo
Fabrication : Emmanuelle Laine

Cet ouvrage a été achevé d'imprimer en avril 2021
dans les ateliers de Normandie Roto Impression s.a.s.
61250 Lonrai (Orne)
N° d'impression : 2102112

Imprimé en France